Governança de DADOS

Governança de Dados - Práticas, Conceitos e Novos Caminhos
Copyright © 2019 da Starlin Alta Editora e Consultoria Eireli. ISBN: 978-85-508-1069-0

Todos os direitos estão reservados e protegidos por Lei. Nenhuma parte deste livro, sem autorização prévia por escrito da editora, poderá ser reproduzida ou transmitida. A violação dos Direitos Autorais é crime estabelecido na Lei nº 9.610/98 e com punição de acordo com o artigo 184 do Código Penal.

A editora não se responsabiliza pelo conteúdo da obra, formulada exclusivamente pelo(s) autor(es).

Marcas Registradas: Todos os termos mencionados e reconhecidos como Marca Registrada e/ou Comercial são de responsabilidade de seus proprietários. A editora informa não estar associada a nenhum produto e/ou fornecedor apresentado no livro.

Impresso no Brasil — 1ª Edição, 2019 — Edição revisada conforme o Acordo Ortográfico da Língua Portuguesa de 2009.

Publique seu livro com a Alta Books. Para mais informações envie um e-mail para autoria@altabooks.com.br

Obra disponível para venda corporativa e/ou personalizada. Para mais informações, fale com projetos@altabooks.com.br

Produção Editorial Editora Alta Books **Gerência Editorial** Anderson Vieira	**Produtor Editorial** Juliana de Oliveira Thiê Alves **Assistente Editorial** Illysabelle Trajano	**Marketing Editorial** marketing@altabooks.com.br **Editor de Aquisição** José Rugeri j.rugeri@altabooks.com.br	**Vendas Atacado e Varejo** Daniele Fonseca Viviane Paiva comercial@altabooks.com.br	**Ouvidoria** ouvidoria@altabooks.com.br
Equipe Editorial	Adriano Barros Bianca Teodoro Carolinne Oliveira Ian Verçosa	Keyciane Botelho Larissa Lima Laryssa Gomes Leandro Lacerda	Livia Carvalho Maria de Lourdes Borges Paulo Gomes Raquel Porto	Thales Silva Thauan Gomes
Revisão Gramatical Gabriella Araujo Luciano Gonçalves	**Diagramação** Joyce Matos	**Capa** Thauan Gomes		

Erratas e arquivos de apoio: No site da editora relatamos, com a devida correção, qualquer erro encontrado em nossos livros, bem como disponibilizamos arquivos de apoio se aplicáveis à obra em questão.

Acesse o site www.altabooks.com.br e procure pelo título do livro desejado para ter acesso às erratas, aos arquivos de apoio e/ou a outros conteúdos aplicáveis à obra.

Suporte Técnico: A obra é comercializada na forma em que está, sem direito a suporte técnico ou orientação pessoal/exclusiva ao leitor.

A editora não se responsabiliza pela manutenção, atualização e idioma dos sites referidos pelos autores nesta obra.

Dados Internacionais de Catalogação na Publicação (CIP) de acordo com ISBD

B236g   Barbieri, Carlos

        Governança de Dados: Práticas, conceitos e novos caminhos / Carlos Barbieri. - Rio de Janeiro : Alta Books, 2019.
        288 p. : il. ; 17cm x 24cm. –

        Inclui bibliografia.
        ISBN: 978-85-508-1069-0

        1. Dados. 2. Governança de Dados. I. Título.

2019-1431   CDD 005.13
                                                                   CDU 004.62

Elaborado por Vagner Rodolfo da Silva - CRB-8/9410

Rua Viúva Cláudio, 291 — Bairro Industrial do Jacaré
CEP: 20.970-031 — Rio de Janeiro (RJ)
Tels.: (21) 3278-8069 / 3278-8419
www.altabooks.com.br — altabooks@altabooks.com.br
www.facebook.com/altabooks — www.instagram.com/altabooks

ASSOCIADO

Para

Beth, por tudo, sempre e para sempre.

Ana Luiza, Ivan, Rodrigo e Maria Clara, Flávio, Ana Márcia e João Lucas, minhas paixões.

Luiz Antônio, meu irmão, pelo apoio distante geograficamente, mas sempre presente na minha vida e Joel Gerken, que me ensinou coisas de dados que eu não teria aprendido sozinho. Obrigado, Tai e Juquita.

Sobre o Autor

arlos Barbieri, engenheiro, formado em 1970 pela UFRRJ, mestre em Engenharia de Sensores Remotos pelo INPE (Instituto Nacional de Pesquisas Espaciais), obtido em 1974, com cursos de pós-graduação em Informática também pelo INPE, terminado em 1976. Trabalhou na Cemig de 1977 a 2002, onde foi responsável pelas áreas de Administração de Dados, Bancos de Dados, Business Intelligence, Apoio ao Desenvolvimento e Novas Tecnologias. Foi o coordenador geral do projeto Bug do Milênio da empresa e o coordenador executivo do projeto de e-Business, ocupando o cargo de Gerente da Assessoria de Tecnologia de Informática da empresa. Desenvolveu, na área de dados, diversos trabalhos de consultoria, treinamento e palestras em empresas em Portugal e no Brasil. Foi colunista do jornal Computerworld, onde, desde 1988, escreveu mais de 200 artigos sobre dados e tecnologia da informação. É autor dos livros Modelagem de Dados (1994), publicado pela IBPI/PRESS; BI-Business Intelligence: Modelagem e Tecnologia (2001), publicado pela Axcel Books; e BI2-Business Intelligence: Modelagem e Qualidade (2011), publicado pela Elsevier. Todos os livros foram adotados em diversos cursos de graduação e pós-graduação no Brasil. É professor de cursos de pós-graduação da PUC Minas em BI, BD, e Arquitetura de Software distribuído, nas disciplinas de Governança de Dados. É um dos três primeiros brasileiros certificados em CDMP-DMBoK® DAMA (Data Management Association) e o primeiro em DGS (Data Governance and Stewardship). Trabalha há mais de 40 anos na área de dados e atualmente é consultor em Governança de dados. Foi revisor convidado do Modelo DMM (Data Management Maturity) do CMMI Institute, lançado em agosto de 2014, e participou do DMBoK® V2, lançado em 2017, como "reviewer and commenter". Faz parte da equipe da DAMA Internacional que está montando o novo processo de certificação CDMP. Foi coordenador da célula de Projetos e Qualidade da Fumsoft, Sociedade Mineira de Software, que envolve consultoria em MPS.BR, projetos de Qualidade de Serviços, Governança e Qualidade de Dados e Projetos SebraeTec. Nessa área, foi responsável pela equipe de consultoria, que desenvolveu trabalhos em mais de 120 empresas no Brasil.

Endereço Lattes: http://lattes.cnpq.br/3385128360547283

Agradecimentos

Cláudio Lúcio do Val (A3Data), pela parceria de muitos anos em trabalhos de consultoria e pelas discussões em inteligência artificial e Big Data, campos nos quais é um "expert".

Andriele Ribeiro, pela colaboração no capítulo em que falei de DMBOK® e PMBOK®. Andriele foi da minha equipe de Consultores e Avaliadores do MPS.BR e é hoje uma das maiores autoridades brasileiras em PMBOK®.

Charles Alvarenga, brilhante consultor e analista de dados, com quem discuti exemplos reais de Big Data e IoT quando o assunto ainda era morno nos EUA, mas já praticado aqui na Bysat, em BH, sem que nem a Academia percebesse.

Evilene Santos e Luciana Mendes, brilhantes analistas da minha equipe da Fumsoft, que me apoiaram em todos os momentos desses caminhos de projetos de consultoria, às vezes desafiadores e tortuosos. À Lili Duarte, que chegou depois, mas sempre com um apoio presente e amigo.

Luciana Bicalho e Fernanda Farinelli, ex-alunas e brilhantes profissionais de TI e de dados, que me ajudaram em diversos temas deste livro, fazendo as revisões de muitos conceitos e enriquecendo estas linhas com suas visões e um senso especial que só as mulheres inteligentes possuem.

Melanie Mecca, diretora do CMMI® Institute, responsável pelo DMM^{SM}, pelo apoio no uso desses conceitos e pelo convite para que eu participasse da equipe de revisores da versão original do Modelo DMM^{SM}; e Danette McGilvray (Granite Falls Consulting) pelo convite para sugestões de melhorias no seu consagrado livro *Executing Data Quality Projects*, segunda edição, que já está chegando.

Rossano Tavares (*in memoriam*), ex-presidente da DAMA Brasil, pelo consentimento no uso e nos direitos dos conceitos do DAMA DMBoK® V2 e por ter trazido para o Brasil essa fundamental organização, ajudando muito a semear as ideias de GD. RIP, Rossano.

Ao Antônio Braga, pela introdução, divulgação e aplicação no Brasil do DMM^{SM} do CMMI® Institute.

Bergson Lopes Rego, presidente da DAMA Brasil, e Manoel Dutra, competentes profissionais da área de dados, pelos esforços constantes no desbravamento dos conceitos de Governança e Gestão de Dados no Brasil.

Priscila Papazissis Matuck e Gideão Neri, brilhantes profissionais de DW/BI, pela presença constante nas nossas discussões sobre GD e BI, além de Rommel Carneiro e Tadeu Faria, coordenadores e propulsores dos cursos de dados da PUC Minas.

GD e o importante conceito de Agilidade. Falaremos, sobre o conceito de GD ágil, lean, rápida, com foco em aspectos de equilíbrio entre a agilidade desejada nos processos de hoje e o controle necessário para sua sustentabilidade. Caminharemos para o final, com um capítulo 10 onde falaremos da figura emergente do CDO, Chief Data Officer. No capítulo 11, falaremos sobre a convergência entre o conhecido PMBOK® e o emergente DMBoK® (com apoio da minha amiga Andriele Ribeiro). No capítulo 12, faço uma espécie de "wrap-up" com GD Thinking. No capítulo 13, já quase como elementos anexos, falo sobre o Manifesto dos Dados, um importante movimento de consciência sobre esses recursos, pilotado por nomes expressivos da área. No capítulo 14, um artigo provoca as diferenças entre as figuras do gerente e do regente. Espero que gostem...

NOTAS DE RECONHECIMENTO
DE DIREITOS E MARCAS

Como falar sobre Governança de Dados é impossível sem que se cite os fundamentos encontrados nos mais importantes frameworks do mundo, DAMA DMBoK® e Data Management Maturity Model DMM^{SM}, que discutem esses assuntos, ficam registrados abaixo o reconhecimento dos direitos e das marcas de todas essas fontes sobre GD. Para os assuntos, baseados nessas referências, não foram usados textos diretos dos compêndios citados, nem imagens originais lá publicadas. Para tal, foram produzidos diagramas e imagens absolutamente inéditos, não sendo usado nenhum elemento gráfico do material original. Todos os textos foram interpretados e elaborados pelo autor. Todas as referências estão citadas na Bibliografia da obra.

AS SIGLAS E MARCAS REFERENCIADAS

- DAMA DMBoK® V1 e V2 são marcas registradas da Data Management International.
- DAMA® é marca registrada da Data Management International.
- Data Management Maturity (DMM)^{SM} Model é marca registrada do CMMI Institute®.
- Capability Maturity Model Integration (CMMI®) é marca registrada do CMMI Institute®.
- Data Management Capability Model (DCAM)™ é marca registrada do EDM Council.
- MPS, Melhoria de Processo de Software, é marca registrada da Sociedade Softex.
- PMBOK® é marca registrada do PMI, Project Management Institute.

Capítulo 1

UMA BREVE HISTÓRIA DOS DADOS

INVENÇÕES PILARES DA COMPUTAÇÃO E O DADO DIGITAL

Em março/abril de 1948, nos Laboratórios Telefônicos da Bell, foi anunciada a invenção de um dispositivo que fazia tudo o que a então válvula termiônica fazia, porém de maneira impressionantemente mais simples. Um concurso interno foi criado para se definir seu nome e nasceu assim o "transistor", a segunda mais importante invenção de 1948. No mesmo ano, uma monografia publicada na *Revista Técnica dos Sistemas Bell* (edições de julho e outubro) tinha um título simples comparado à importância do que se propunha e do conceito que dali se originaria. Chamava-se "Uma teoria matemática da comunicação" e foi aí que o autor, Claude Shannon, um brilhante engenheiro, criou a palavra *bit*. Pronto, estava ali a primeira grande invenção daquele ano. A criação do transistor e a formulação do conceito de codificação de informação, mediante um átomo binário, fundamentaram o nascimento do que seria o processador e a base da computação moderna. Os bits, alinhados em conjunto de 8 para formar um *byte*, transformavam-se em um elemento capaz de representar uma letra ou um número, ou seja, um dado. Nasciam assim os dados armazenados na forma digital, substituindo escritas, ábacos e outros meios de registros e de cálculos. Dos primeiros computadores originados naquela metade do século passado aos *clusters* de processadores de hoje, os dados continuam sendo o elemento fundamental. Na essência, são quase os mesmos na sua forma orgânica de representar informações, conhecimentos e sabedoria e desfilaram por esse tempo todo apenas variando suas estruturas e com algumas extensões em seus tipos.

lei antitrust, que fazia caducar os direitos sobre certas propriedades intelectuais, caso a inventora/detentora dos conhecimentos não se apressasse em materializá-los em produto. Larry Ellison, dessa forma, chegou na frente da Big Blue (IBM) no mercado emergente dos bancos relacionais e a história subsequente já é conhecida. Nasceu a Oracle e ele foi o primeiro **Larry** a influenciar, de certa forma, a história dos dados pelo lançamento do primeiro SGBD relacional. Outros Larrys impactariam o mundo dos dados, conforme veremos adiante.

Assim apareceu uma nova demanda de dados. Os dados, nas formas que estavam definidos, atendiam a uma necessidade que se chamava de processamento transacional. Ou seja, aquelas estruturas e linguagens atendiam bem as demandas do processamento "basicão" das empresas. Rodar folhas de pagamento, sistemas com emissão de notas fiscais e pedidos, controle de almoxarifados, controle de frotas, etc. Outras coisas eram demandadas na camada gerencial, diferente das camadas operacionais da empresa.

OS DADOS INFORMACIONAIS PARA AMBIENTES DE TOMADAS DE DECISÃO

Naquele momento tornava-se forte uma nova demanda, que reclamava pela necessidade da produção de relatórios ditos "gerenciais". Precisava-se de ferramentas que trouxessem dados de uma forma mais integrada nos segmentos de negócios, amistosas no seu uso e com possibilidade de visualizações agradáveis, via gráficos. Chegamos aos dados "informacionais", nada mais do que os mesmos dados básicos já existentes, agora estruturados por "dimensões", como tempo, geografia, tipo, etc., que permitiriam segmentação e busca mais efetivas. Por exemplo, um relatório que mostrasse o consumo médio de energia elétrica para clientes do tipo "padaria" (tipo), localizados em Contagem (geografia), entre os meses de fevereiro e março de 1987 (tempo). Observe que agora os mesmos dados (já existentes) deveriam ser estruturados por dimensões (When, Where, Why, Who, etc.) e produziriam dados derivados (média, soma, etc.). Chegamos nos dados agora estruturalmente modificados, visando atender o chamado segmento de inteligência de negócios, coloquialmente apelidado de BI.

Novas demandas exigiriam novas estruturas de dados. Novamente os dados foram copiados para habitar uma nova forma estrutural (modelo dimensional), em novos tipos de arquivos (*data marts*). A necessidade de se acumular os dados ao longo da dimensão tempo, criando um viés histórico, produziu outros depósitos chamados de "armazéns de dados" (*data warehouse*). O nome remete ao lugar onde há o acumulo controlado dos dados transacionais, que crescem vegetativamente com a incorporação constante de novos fatos (vendas, empréstimos, etc.), vindos do mundo operacional da empresa. Mas nada de descartes de dados e, no máximo, transferências para armazenamentos secundários. No meio desse caminho, entre o transacional e o informacional, os dados passam por depósitos intermediários, chamados de ODS, Operational Data Store, hoje com um neologismo mais elaborado no mundo de Big Data, chamado de Data Lake. São depósitos passageiros que servem para a filtragem, limpeza e consolidação dos dados, que normalmente podem ser buscados em fontes transacionais distintas, com formatos diferentes. Daí a necessidade de escová-los adequadamente antes deles entrarem no depósito, cujo conteúdo tem uma plateia seleta (camada gerencial).

O conceito de Data Lake trouxe um aspecto mais liberal, permitindo que você faça a ingestão dos dados "in natura", da forma que ele estiver no formato encontrado, deixando a elaboração e refinamento para depois. Além disso, os Data Lakes chegaram com (ou para) o tratamento dos novos tipos de dados surgidos (dados não estruturados), fugiam do rigor dos dados anteriores e agora poderiam armazenar imagens, e-mails, sinais, etc.

Um aspecto importante a se observar: os dados, diferentemente de outros ativos organizacionais, podem ser copiados ou replicados. Você não copia um veículo da frota da sua empresa, devido a sua materialidade óbvia, mas copia o registro que representa um veículo da frota da sua empresa. A intangibilidade dos bits de Shannon permite essa propriedade única dos dados, quando pensados como ativos. Essa transferência, via cópia e manipulação de dados entre camadas transacionais e informacionais, tem também um objetivo fundamental de profilaxia. Garantir a qualidade aos dados, evitando que elementos incompletos, campos sem significados, dados com erros ou com precisões duvidosas contaminem tomadas de decisões corretas, fundamentais no mundo informacional. Chama-se ETL (Extração, Transformação e Carga) e tem um forte viés de integração de dados, mas a palavra-chave é qualidade.

QUALIDADE DOS DADOS

Aqui começaram a surgir os primeiros conceitos de "qualidade dos dados". Os dados, quando passam do mundo transacional para o informacional, necessitam de uma avaliação com relação à qualidade da sua estrutura e do seu conteúdo. Afinal, há estatísticas que apontam que os dados com baixa qualidade podem levar a perdas entre 15% a 25% da receita da empresa. Referências de especialistas como Tom Redman e Larry English (o segundo **Larry** que influenciou no mundo dos dados) confirmam esses números que assustam. Além disso, estamos, nesse momento, preparando os dados para que a alta gerência tome decisões críticas. Logo, os dados passaram a merecer esse novo olhar de qualidade. Endereços deverão estar padronizados, CEPs verificados, nomes completos, valores preenchidos, dados com conteúdos precisos, etc. O conceito de qualidade de dados se baseia em definições formais de precisão, exatidão (acurácia), integridade, disponibilidade, completude, etc.

Fazendo uma rápida recapitulação até agora: os dados nasceram de *bits* alinhados, formaram registros em arquivos convencionais, evoluíram para BDs mais estruturados

(Atomicidade, Consistência, Isolamento e Durabilidade), por um conjunto grande de máquinas pequenas, conectadas e orquestradas para substituir a grande máquina solitária? Começou o crescimento da computação descentralizada.

PROTOCOLOS DE TRANSACIONALIDADE DE DADOS: ACID OU BASE E O TEOREMA CAP

Essas máquinas gigantes e relativamente isoladas umas das outras serviram bem para tratar os dados com certos volumes e exigências de integridade e isolamento, definidas pelo protocolo ACID, mencionado acima e explicado a seguir. Os dados poderiam ser acessados de forma segura, garantindo a sua integridade em troca, mas a disponibilidade oferecida seria relativamente comprometida. Ou seja, em um ambiente centralizado, com sabor ACID, cabem bem sistemas de alta criticidade com relação à integridade e à segurança. A disponibilidade imediata seria o preço a se pagar, pois esses sistemas, por serem centralizados, criam certos "gargalos" em função de tudo ser direcionado àquela máquina grande. Criava-se filas dentro dos processadores com consequente contenção no atendimento de acesso aos dados. A metáfora é mais ou menos a de quando você tem um caixa único no banco. Para processar o seu atendimento, há uma contenção e perda de performance, não havendo disponibilidade imediata.

Dessa forma, novamente buscou-se uma forma diferente para se arquitetarem os dados. Que tal se mudarmos a arquitetura centralizada para outra com milhares de máquinas menores, com os dados sendo distribuídos ou replicados em várias delas? Ou seja, agora estou particionando (*Partition*, letra P) os meus dados. Isso aumentaria a disponibilidade (*Availability*, letra A), pois agora tenho 5, 10 ou 100 máquinas onde posso buscar o dado desejado, caso uma delas esteja fora do ar, por exemplo. Por outro lado, a consistência (*Consistency*, letra C) ficará "relativamente" comprometida. OK, vejamos. Algo que for atualizado na máquina 1 terá de ser replicado (enviado) para as outras máquinas que contêm o mesmo dado para que haja sincronismo. Porém esse sincronismo levará um tempo para ser feito (no mínimo, o de transmissão), e não esqueçamos que poderemos ter alguém lendo aquele mesmo dado, ainda desatualizado, na máquina 5, por exemplo, onde a atualização ainda não chegou. Como não há almoço grátis, enquanto eu melhorei a disponibilidade para acessos (A), replicando o mesmo dado em várias máquinas na Internet, acabei comprometendo, em certo grau, a consistência (C). Essa tripla combinação de letras (CAP, ou seja, Consistência, Disponibilidade e Particionamento) é a base do teorema CAP, que baliza os processamentos de dados descentralizados.

BANCOS NOSQL

Assim, pela necessidade imperiosa da Internet, apareceu a criação desses arquivos evoluídos (com relação aos relacionais), sempre em direção à maior flexibilidade e processados por sistemas batizados de NoSQL. Uma nova casta de bancos de dados surgiu, com certo retorno à era dos FMS, agora com topologia distribuída em centenas de máquinas e com o simpático logo do elefantinho (Hadoop). Nascido nos laboratórios das grandes empresas da Internet (Google, Yahoo), o Hadoop e os NoSQL chegaram para ficar. O NoSQL significava *no* de não, que depois evoluiu para *no* de *not only,* numa sinalização de menor prepotência. E os dados?

Os dados continuavam como elementos fundamentais, agora distribuídos e replicados em várias máquinas. Continuavam representando fatos numéricos alfa e passaram a armazenar também *coisas* de outra natureza (imagens, sons, sinais, documentos), tal como se tinha imaginado no BLOBs de anos anteriores, agora com maior facilidade no tratamento. Para fazer o contraponto ao ACID (dos modelos anteriores), cria-se o protocolo com sabor BASE, uma espécie de gracejo "químico" de propostas opostas. Os dados, nesse protocolo, ficam agora basicamente disponíveis, ou seja, a disponibilidade é maior (letras BA, de *basically available*) do que no ACID (lembrem-se de que agora há n máquinas me oferecendo o mesmo dado que preciso buscar). O *Soft state* (letra S) significa que os dados poderão não ficar totalmente consistentes (consistência é *soft*) o tempo todo, que é a contrapartida da maior disponibilidade, mas serão consistentes, garantidamente, em um tempo futuro (*eventually* consistente, letra E). Aqui há uma armadilha linguística, já que "eventualmente" (eventually), em português, denota uma certa possibilidade, mas não garantia. Em inglês, denota que vai acontecer garantidamente, em um futuro adiante. Assim, *eventually consistent* garante que aquele dado que não está consistente no momento daquele acesso estará consistente em um tempo futuro. Essa demora no sincronismo pode impactar transações financeiras ou de registros de alta criticidade, mas atende plenamente acessos descompromissados de quem bota o olho em posts do Facebook, Twitter, etc. Dessa forma, os dados continuam os mesmos, mas com as variações do ambiente ao seu redor.

Esses novos depósitos de dados, na forma NoSQL, acabaram chegando para atender certas variações nos dados. Enquanto o modelo relacional atendia, de forma generalizada, qualquer tipo de aplicação, os NoSQL vieram com maior grau de especialização. Há basicamente quatro sabores de depósito de dados no ambiente NoSQL (Chave-valor, Tabela Multicolunar, Documentos e Grafos) para atender os diferentes tipos de necessidades. **Chave-valor**, que serve para representações simples de valores chaveados e oferece alta escalabilidade e performance. Depois aparecem os BDs colunares, cujas características centram-se em estruturas matriciais, com colunas complexas, em que cada uma delas pode ter outras dentro (o que arrepiava os adeptos da 1ª Forma normal, do relacional). Esse tipo de NoSQL permite o conceito de famílias de colunas, com muito boa escalabilidade e ótima performance para processamentos mais complexos.

Saímos de sistemas de tomada de decisão gerencial, sistemas de inteligência de negócios e buscamos os sistemas de inteligência artificial (a mesma IA dos anos 1970) agora returbinada por algoritmos mais lapidados e máquinas mais poderosas, atuando em conjunto. Também vêm com um label moderninho de "inteligência aumentada", porque "artificial soa muito... 'artificial'". Com algoritmos que tentam mimetizar o comportamento dos neurônios, os dados serão oferecidos a esses analisadores que tentarão inferir se você é um bom pagador e merece o empréstimo que solicita ou pelos traços faciais de uma fotografia depreender a sua homoafetividade.

Assim, transitamos entre dois momentos: no primeiro, em que os dados são processados por gerenciadores de BD e tratados por comandos sobre os quais você tem controle. No outro, os dados começam a ser analisados também por algoritmos estatísticos que buscam inferir sobre alguém ou alguma coisa, baseado nos dados, com certa e preocupante característica de independência. O Centro de Pesquisa do Departamento de Defesa americano já tem estudos analisando o que chamam de XAI, ou Explainable Artificial Intelligence. Isso, no fundo, é a busca por algoritmos de IA, dos quais você sempre saberá quais foram os passos executados para se chegar naquela decisão tomada. Analisam e avaliam com muito cuidado o que chamam de inscrutable AI, ou seja, aquele aprendizado de máquina ou algoritmo em que você não consegue penetrar (é inscrutable, impenetrável ou inexplicável), não permitindo, dessa forma, entender os caminhos que o levaram a te definir como um mau pagador, ou a considerar você com propensões suicidas. O seu perfil de pagador poderia ser inferido a partir dos dados de compras anteriores e a sua propensão suicida baseada nos seus posts de FB. Os caminhos da pesquisa apontam para uma IA chamada GAI (Governed Artificial Intelligence), que poderá ser observada, entendida e controlada. Se você acha que estamos falando de filmes do Tom Cruise, sugiro que faça dois cursos que fiz (EAD, só paga pelo diploma): um na Universidade de Michigan (Ethics on Data Science) e outro na Universidade de Seattle (Ethics and Law in Analytics and AI). Dessa forma, os dados começam a sugerir que devem aparecer, pelo seu uso, outras dimensões de qualidade, como aspectos éticos e legais ligados à privacidade, propriedade dos dados, discriminação, inferências cuidadosas, etc. Os níveis de baixa qualidade dos dados, que representam perdas pecuniárias, arranhões de reputação e comprometimentos de compliance ganham agora novos elementos de preocupação. Um conjunto de dados que contenha inconsistências, seja de conteúdo, de estrutura, no todo ou em partes amostrais, pode se tornar uma fonte de preocupação, na medida em que não entendermos os algoritmos (códigos) que os processam. Ou seja, os dados deverão, cada vez mais, ser controlados mediante uma gestão eficiente e uma governança presente, que estenderá o seu radar também para a forma automática e independente com que são tratados e os resultados produzidos.

DADOS, INFORMAÇÃO, CONHECIMENTO E SABEDORIA

Mas, afinal, como podemos definir conceitualmente os dados e suas derivações de informações, conhecimento e sabedoria? Gosto de usar uma representação bem simples para essa parte: a representação binária 00100110. São 8 bits formando um byte. Cada um na forma de 0 ou 1. Aquele mesmo de que falei no início, criada por Shannon. Sendo um número binário, ele representa 38. Os bits apagados (zero) valem zero, e os bits acesos (1) valem da direita para a esquerda, respectivamente, 2 (2**1), 4 (2**2) e 32 (2**5). Isso representa o dado 38 (32+4+2). Colocado dessa forma, esse é o dado 38, na sua forma mais orgânica. O que significa isso? Bem, 38 pode ser uma temperatura corporal, considerada febril, um calibre de revólver que vale muito na Baixada Fluminense ou uma medida linear de extensão ou de peso. Nesse momento, você tem somente o dado na sua forma mais elementar. O dado, pode-se notar, precisa de contexto para ser entendido, pois a sua fria configuração de bits pouco informa. Se eu disser que isso é uma medição de temperatura em grau Celsius, estou dando contexto. Agora já temos informação. É um dado de temperatura, em escala Celsius, e teríamos outros metadados associados como a data/hora da medição, o dado associado a quem nos referimos (o paciente), etc. Constituímos a **informação**, dando ao dado um certo entorno ou contexto. A próxima camada seria a de **conhecimento**.

Conhecimento é definido como o ato de entender coisas (a informação, por exemplo) por meio da razão ou do experimento ou experiência. Ele exige as sinapses cerebrais para ajuntar outros ingredientes. O conhecimento nos diria que uma "temperatura corporal de 38 ºC significa febre" e que um antitérmico deve ser ministrado. Ou seja, expandimos a informação em direção a (ou pela agregação de) conhecimento. Finalmente, chegamos ao quarto patamar, que é a sabedoria. A sabedoria é uma espécie de experiência acumulada no tempo, revista e com certos contornos de vivência e empirismo, associados com percepções e pontos de vista populares. A sabedoria poderia dizer que, caso o antitérmico demore para funcionar, um banho frio pode ser aplicado e ajudará no controle da febre. Ou seja, saímos do dado, passamos pelas camadas de informação, conhecimento e sabedoria. Dessa forma, percebe-se que o dado, que é o elemento atômico disso tudo, precisa de contexto (metadados) para começar a agir e produzir informação. Na realidade, os termos "dado" e "informação" são normalmente usados de forma intercambiada no tratamento desse ativo. Vejamos a seguir:

DADOS OU INFORMAÇÕES?

Com a evolução desses conceitos, algumas dúvidas semânticas se mostram recorrentes: É sobre Dados ou sobre Informações que pretendemos implementar um programa de controle, gestão ou governança? Embora haja definições diferentes para dados (estrutura elementar da cadeia informacional, que será transformada em informação no patamar

DADOS E TIPOS

Continuando falando dos dados, observa-se que eles têm algumas classificações que facilitam o seu entendimento e melhoram a nossa percepção na forma de como gerenciá-los. Podem ser classificados como Dados Mestres, Referenciais, Transacionais, e Históricos. A figura 1 mostra essa visão.

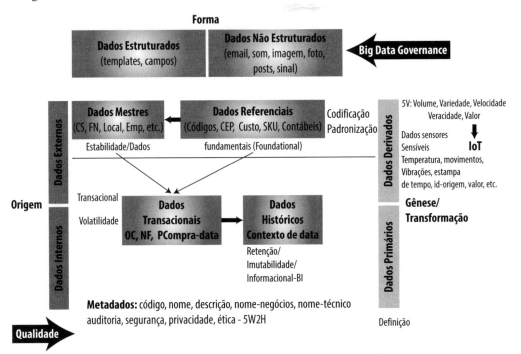

Figura 1: Classificação dos dados: Mestres, Referenciais, Transacionais e Históricos

1. **Mestres** são os dados base ou pilares das empresas. Todas elas têm variados tipos de dados mestres: Cliente, Fornecedor, Pessoas, Produtos, Lojas, Obras de Arte de um museu, etc. Os mestres tendem a ser mais estáveis, não muito relacionados com o tempo e sustentam as grandes transações de uma empresa. São chamados dados de fundação (*foundational*) e através deles são produzidos os dados transacionais. Por exemplo, um **Cliente** do WalMart compra **Produtos** numa **Loja**. Veja que há três dados mestres (produto, loja, cliente) se relacionando em um ato de **Compra**, que é um dado transacional.
2. **Referenciais:** são dados meio primos dos Dados Mestres. São certos atributos, normalmente associados aos Mestres e que merecem pela sua volatilidade uma certa gerência especial. Por exemplo: CEP (atributo de endereço de alguém ou de alguma coisa), Código Internacional de Doenças (atributo fundamental do dado mestre **Doenças** em um ambiente de sistemas de saúde, por exemplo). Podemos

entendê-los como códigos ou tabelas *look-up* que são usadas em sistemas com o objetivo de padronização, mas, pela variação que podem sofrer, devem merecer uma Gestão separada. São normalmente obtidos de fontes externas definidas por entidades oficiais (CID, CEP, código de aeroportos, códigos de cidades, de estados, de países etc.), mas podem ser produzidos internamente, de acordo com o negócio da empresa. Têm forte associação com os dados mestres, na maioria das vezes, codificando algumas de suas propriedades.

3. **Transacionais** são dados dinâmicos, produzidos em função da movimentação de negócios da empresa, como: Notas Fiscais, Ticket de Compra, Pedido de Compra, Pedido de Serviço, Matrícula de aluno, etc. Conectados com a dimensão tempo, têm data como elemento essencial para caracterizar um evento e estabelecem relacionamentos entre Dados Mestres. Têm valores e cálculos como atributos. Por exemplo, naquele caso do **Cliente** do WalMart que compra **Produtos** numa **Loja** da rede. Veja que há três dados mestres se relacionando em um ato de compra, e o dado transacional que representa aquela compra é a Nota Fiscal ou o Ticket. Os dados referenciais entram como qualificação ou codificação dos dados mestres, principalmente, mas podem aparecer em dados transacionais (tipo de consulta médica, por exemplo).

4. **Históricos:** São dados originados dos dados mestres, referenciais e transacionais que são guardados em uma linha de tempo (por exemplo, o dado mestre Funcionário tem guardado os seus atributos ao longo do tempo, mesmo os que variaram, como estado civil, escolaridade, endereço, formação, etc.). Os dados transacionais entram normalmente na composição dos dados históricos, com os valores vendidos, consumidos, comprados, realizados, etc. São as métricas ou medidas capturadas. Esses são os dados que habitam os *Data Warehouses* e *Data Marts* e que permitem tomadas de decisão. São esses dados que também são levados às camadas de *Analytics* para aprofundamento estatístico, tratamentos de *mining*, projetos de *Data Science,* etc. A dimensão tempo é fundamental na presença desses dados históricos, pois é ela que dá o alinhavo temporal nas diversas manifestações do mesmo dado.

Observe bem que, no entorno dos dados mostrados, há certas dimensões que são importantes de se entender e que qualificam ou caracterizam esses dados.

Veja, por exemplo, que os dados podem ser classificados como **Estruturados** (registros clássicos de empregado, com nome, endereço, CPF, estado civil, etc.), **Semiestruturados** (um e-mail que contém dados estruturados na forma de *from* (*sender*), *to* (*receiver*) e os copiados e não estruturados como o texto livre) ou dados **Não estruturados** (na forma), representados por imagens, sons, desenhos, sinais, etc. Nesse ponto merece destaque o surgimento da Governança de Big Data, tema que será discutido adiante. A Governança de Dados, que surgiu dentro do âmbito do *normal* data, agora se ajusta aos conceitos crescentes de Big Data e IoT (Internet das Coisas).

Completude: Falta CEP no endereço?	Unicidade: Dois funcionários diferentes com o mesmo CPF?	Razoabilidade: Data da receita é anterior à data de preenchimento da compra na farmácia?	Integridade: O mesmo dado tem valores coerentes em bases diferentes?
Temporalidade: Dados no tempo exigido. Marcação de assento de voo, em tempo real?	Validade: Dado de acordo com regras: formato (8,2), tipo (double, int, XML, imagem, etc.), range válido.	Cobertura: Amplitude geográfica dos dados para realizar o alcance de negócios. Ex: tenho dados do Brasil, mas pretendo entrar na Argentina.	Precisão: Moro no Cruzeiro, mas no meu CEP está o da Pampulha. O CEP está com formato *válido e valor existente*, mas não é *preciso*.

Figura 2: ALGUMAS DIMENSÕES DE QUALIDADE DE DADOS E EXEMPLOS

ENTENDENDO O CONCEITO DE ARQUITETURA DE DADOS

CONCEITO DE ARQUITETURA

Primeiro vamos dar uma olhada no conceito de arquitetura. Arquitetura pode ser entendida como a ciência ou arte (ou mistura das duas) que planeja a criação de unidades (de alguma natureza), pensadas com certa independência, porém interligadas, e que quando integradas formam um todo homogêneo, funcional e flexível. Observe que o "valor" desejado do produto final (seja casa, área urbana, rodovia etc.) deve ser sempre o grande "drive" de um projeto arquitetural. A harmonia buscada na solução é no sentido de que essas partes, embora possam ter sido criadas/projetadas com certa independência e até em momentos diferentes, devem oferecer um encaixe ou conexão que as transforme num "todo" funcional e útil. Veja, por exemplo, a casa que você possa desejar fazer em Alphaville. As partes daquela construção deverão estar detalhadas no projeto, apresentando conexões harmoniosas: os quartos, os diferentes banheiros, a sala de TV, a sala de jantar, área de lazer, a churrasqueira, etc. deverão observar as conexões e integrações com as outras partes. Uma churrasqueira, por exemplo, dificilmente ficará nas imediações do quarto de casal, já a quadra tenderá a ficar próxima da piscina. Dessa forma, as partes planejadas podem até ser construídas separadamente, desde que uma "cola" invisível que as conecte buscando a melhor funcionalidade, seja pensada, centrada na harmonia do todo. Embora não tenha a mesma materialidade, o conceito de arquitetura de dados guarda as mesmas ideias, embora com certas particularidades. Suas camadas com códigos e estruturas associadas a eles, também podem ser construídas em tempos diferentes e devem ser planejadas para se integrarem em encaixes rápidos e harmoniosos. A não materialidade dos dados e códigos facilita a aplicação de conceitos de agilidade, prototipação rápida e abordagem por tentativa e erro, pois podem ser feitas por interfaces de códigos que não demandam derrubar paredes...

ABSTRAÇÃO

Outro ponto fundamental de se entender nas arquiteturas é que elas são desenhadas e mostradas em graus diferentes de abstração. A tal casa de Alphaville, por exemplo, certamente seria mostrada dessa forma. Primeiro, um croqui ilustrando as fachadas, suas áreas externas de lazer e serviço, jardins, etc. Depois viriam as plantas com detalhes estruturais, elétricos, hidráulicos. Assim também é a arquitetura de dados, planejada e demonstrada em vários níveis de abstração: do conceitual ao implementável, passando por detalhes de especificações físicas e de descrições de camadas de tecnologias. A abstração é um grande facilitador para se entender as coisas, permitindo trilhar camadas de gradativas complexidades, até se chegar à compreensão do todo. O importante é que tais camadas sejam sempre analisadas contra o valor buscado no projeto, refletido pelos requisitos explicitados e aprovados por quem os solicitou.

O conceito de Arquitetura de Dados é a primeira área de conhecimento (ou área de Processo) da engrenagem DMBoK®. E não é sem razão. A arquitetura de dados tem como objetivo o entendimento das peças mais importantes, dentro de um ambiente arquitetural de sistema. Ela oferece em variadas visões as diversas camadas de dados de uma empresa, visando o seu melhor entendimento e uso. Como os dados não existem materialmente, pois são configurações binárias mergulhadas e escondidas em depósitos digitais variados, como arquivos convencionais, bancos de dados, data warehouses, data marts, data lakes, etc., é fundamental que, para efeito de entendimento e assimilação, tenhamos essas abstrações projetadas de forma clara.

ARQUITETURA DE DADOS INTEGRADA COM OUTRAS

Há diferentes tipos de arquiteturas e dentro do conceito corporativo e organizacional há subdivisões. O exemplo mostrado através do "cartoon thinking" da figura 3 ilustra, dentro de um contexto simples de uma rede de Lojas para vender pão de queijo, essa visão das variadas camadas. Observe que temos a Arquitetura de Dados em conjunto com a sua irmã siamesa (Arquitetura de Processos), a de Sistemas, de Tecnologia e de Negócio.

A Arquitetura de Negócios é a mais importante, pois define o "porquê" das coisas. É a resposta ao *Why*, dentro do famoso jogo do 5W2H. Ela define os objetivos (onde quero chegar), a estratégia (como quero chegar), os elementos que serão necessários para que isso aconteça, ou seja, no nosso exemplo, o conhecimento do mercado, perfil dos clientes da região, tipo de negócios (franquia ou não), etc. Nenhum negócio deve nascer sem pensar nela.

A Arquitetura de Dados mostra, a seguir, os principais elementos de Dados, fundamentais ao Negócio. É o primeiro grau de abstração onde serão delineados os principais elementos de dados, na forma de Entidades ou Classes, suas descrições mais formais, seus atributos mais importantes e seus relacionamentos derivados e necessários ao cumprimento dos objetivos do negócio. Ali você registrará, por exemplo, no contexto da nossa metáfora, os dados principais, como os tipos de produtos (tipos de pães de queijo), descrições, seus atributos principais, preço de custo estimado, de venda, os elementos que formam a receita (queijo, polvilho, etc.). Claro que há outros dados que entram como uma camada de suporte ao negócio principal e se relacionam com outros elementos como funcionários, veículos, vendas, compras etc., no fundo atrelados aos outros processos.

Já a Arquitetura de Processos metaforicamente mostrará, por exemplo, alguns fluxos fundamentais para que tudo isso funcione. O processo de compra dos ingredientes, o processo de fabricação dos produtos (aplicação da receita da vovó), o processo de venda e distribuição, o processo de franquia, etc. Observe que esses processos consumirão e produzirão dados, estreitando a relação siamesa entre esses dois pilares (Dados e Processos), raízes fundamentais de tudo. Os dados, sem processos, serão elementos inertes e sem objetivos práticos. Os processos, sem dados, serão "engines" ligados, gastando energia à toa, pois não consomem nem produzem nada.

Para complementar essa metáfora, digamos de sabor bem mineiro, há a Arquitetura de Sistemas, que são agrupamentos de processos, que podem ser manuais, mas normalmente são automatizados, e que tratam, do ponto de vista de execução e funcionamento, dos dados e seus irmãos siameses (os processos) e por onde transitam. Ali se encaixam os sistemas de Lojas, Atendentes, Fornecedores, etc., que podem estar assentados em tecnologias variadas.

E finalmente a Arquitetura de Tecnologia, que serve como base e plataforma onde essas coisas acontecem, compostas de computadores, máquinas, equipamentos, softwares, redes internas, internet, etc. Observe que quando você analisa a arquitetura de processos, com estes consumindo e produzindo dados, há o registro do *Where* e do *Who*, ou seja, as unidades funcionais/áreas de negócios (Where) por onde aquele processo circula e quem são as pessoas (Who) que neles estão envolvidos. Permeando todas essas arquiteturas há o *When*, com um sabor mais temporal, de quando as coisas todas acontecem, com a sua ordenação e posição relativa no tempo e os outros dois, relativos a valores e quantificações (How much e how many), que definem indicadores numéricos fundamentais. Com isso você entende melhor as diferentes arquiteturas e o 5W2H, principalmente se estiver saboreando um maravilhoso pão de queijo.

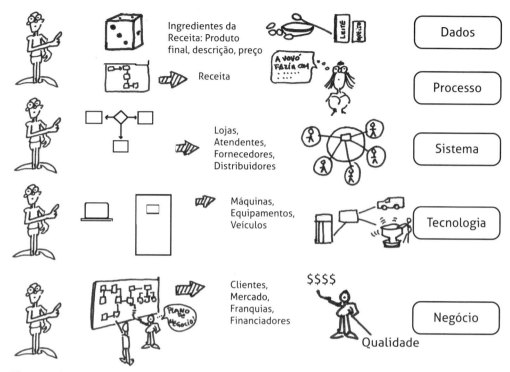

Figura 3: CARTOON THINKING: ARQUITETURA CORPORATIVA

ARQUITETURA DE DADOS

Como o livro objetiva discutir dados, falaremos, com mais detalhes, dessa arquitetura em especial. Na Arquitetura de Dados podemos identificar subtipos, focados em particularidades de tratamento e armazenamento dos dados. Por exemplo, há a subarquitetura de dados transacionais (aqueles que fazem a empresa rodar), integrada com os dados mestres e referenciais sobre coisas vendidas, compradas, pagamentos, recebimentos, codificações, etc., e a de dados informacionais, que abrigam aqueles dados que são transformados em informações e permitem tomada de decisão pela gerência. No fundo, os dados informacionais são os transacionais e mestres tratados sob certa ótica, e trabalhados com agregações, filtros, estatística aplicada, dimensões variadas, etc. Depois temos a arquitetura inferencial, resultante de novos conceitos que chegaram com a IoT, Big Data e IA. Os dados de IoT e de Big Data marcam essa nova fase digital por que passa a nossa sociedade, quando produzidos em volumes e velocidades muito grandes e através de elementos como sensores, aparelhos médicos, aparelhos de segurança, medidores inteligentes de energia, etc. Associada a todos eles, há uma camada de metadados, que merece uma observação cuidadosa e especial, pois nos remete ao pleno entendimento dos dados. Os metadados, metaforicamente, são aquelas plaquinhas que ficam ao lado dos "réchauds" nas bancadas de comida a quilo e que permitem entender o que está borbulhando dentro deles. Sem esse entendimento, você poderá tomar uma decisão errada e optar por um prato que não gosta ou que não pode comer. Metadado é aquilo que se usa muito sem perceber e sem dar ao conceito a sua devida importância.

Graficamente podemos representar essas arquiteturas em diferentes níveis de abstração, que tendem a variar em detalhes, na medida que se dá "zoom" para observá-las. Isso é fundamental para o seu entendimento, pois evita que você, num primeiro momento, ofereça um gráfico complicadíssimo, somente entendido por especialistas.

ARQUITETURA DE DADOS: DETALHE 1

Observe a figura 4, onde aparecem diversas camadas associadas à Arquitetura de Dados. De baixo para cima, começamos pela Estratégia e Requisitos de Negócios (*Why*), seguido pelos dados em si, representados pelas áreas de assunto (subject areas), espécie de rótulos para um conjunto de dados associados atendendo a um negócio específico. Formam, juntamente com os metadados, o *What* do 5W2H. Depois vem a camada de *How*, que mostra como os dados são usados, estruturados, entregues e controlados. Aqui nesta camada aparece o conceito fundamental de DLCM, Data Life Cycle Management, ou gerência do ciclo de vida dos dados, no fundo, o entendimento de como os dados perpassam pelos diferentes processos (áreas de negócios) que atuam sobre eles (leitura, cópia, atualização, etc). Isso também leva ao conhecimento do *Who* e no fundo é uma espécie de mapeamento dos dados em movimento. A seguir vem as formas com que os dados poderão ser entregues, compondo diversas subarquiteturas (transacionais, informacionais e inferenciais). No último componente desta arquitetura, se encontra um conceito que é o "core" do nosso livro. O box onde está Governança e Gerência de Dados, que representa a forma de controlar isso tudo no domínio dos dados. Controlar diretamente os dados e os aspectos do seu entorno. Ao lado, na forma de "cartoon thinking", estão mostrados componentes do *Who*, que representam papéis fundamentais nesta nova visão sobre os dados. Há os Owners de dados, ou sejam aqueles que representam as áreas de negócios que são as mais críticas e sensíveis àqueles dados e tem responsabilidade final sobre eles.

Neles estão os data stewards, ou gestores de dados, que são os responsáveis por tomar conta deste tipo de recurso (dados, metadados e qualidade) e que normalmente trabalham com a equipe de TI, responsável pela custódia dos dados (armazenam, tiram backup, rodam programas, etc.). Esses dois papéis normalmente participam da equipe que avalia e acompanha a gerência e a qualidade dos dados, dentro do escopo de governança e gestão.

Figura 4: ARQUITETURA DE DADOS I

ARQUITETURA DE DADOS: DETALHE 2

Já na figura 5, agora de cima para baixo, começamos com os dados estratificados em modelos (CLF: Conceitual, Lógico e Físico), já dentro de uma linguagem que liga a visão negocial simplificada (modelo conceitual) com outra contendo maiores níveis de detalhes (físico). O primeiro nível mostra somente os grandes conceitos e blocos de dados (conceitual). A seguir vem o nível Lógico, que mostra os dados, ainda sem aspectos de TI, porém com mais ingredientes de entendimento (relacionamentos, alguns atributos, etc.) e, no outro, chega-se na abstração mais técnico-operacional (Físico), com detalhes de implementação e de tecnologia. Nesta, há as formas de armazenamentos mais voltadas para dados estruturados (dados convencionais) e outras, para dados não estruturados (imagens, sons, sinais, post, etc.). Há os Bancos de Dados tradicionais, normalmente estruturados no modelo relacional, os DW, Data Warehouses, que representam armazenamentos integrados de dados oriundos de diferentes fontes, onde o aspecto de retenção ao longo do tempo é fundamental. Normalmente são mantidos em estruturas relacionais. Há os DM, Data Marts, propostas de armazenamentos de dados, na forma dimensional, cujo objetivo é reter dados em subconjuntos por assunto ou áreas de negócios e que usam estruturas vocacionadas para o acesso de dados com rapidez (modelo dimensional).

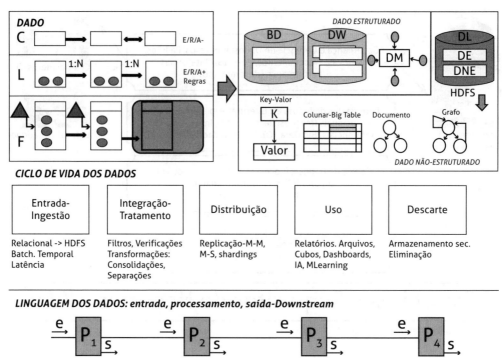

Figura 5: Arquitetura de dados II

Para o lado de dados prioritariamente não estruturados aparece o conceito integrador de DL, Data Lakes, semelhante a DW e ODS, Operational Data Store, com a diferença que podem ser armazenados de forma mais simples e direta (sem a necessidade de um esquema pré-definido), normalmente com os sistemas de storage distribuído e que podem comportar dados de variadas naturezas (imagens, voz, texto, exames médicos, streaming, etc.). Aí chegamos na categorização das novas formas de bancos de dados, conhecidos como pós-relacionais, cujos conceitos repetimos aqui: chave-valor, que serve para representações simples de valores acessados por uma única chave e oferecem alta escalabilidade e performance. Depois aparecem os BD colunares, cujas características centram em estruturas matriciais, com linhas contendo colunas complexas, onde cada uma delas (coluna), pode ter outras internamente. Permitem o conceito de famílias de colunas, com muito boa escalabilidade e ótima performance para processamentos um pouco mais complexos. Depois temos os BD de Documentos, normalmente centrados em linguagem XML e Jason, focados em armazenamentos de documentos, com altíssima performance neste tipo de necessidade. Finalmente os BD de Grafos, definidos para estruturas e semânticas complexas, com relacionamentos entre os "nós" e com alta recursividade.

ARQUITETURA DE DADOS: DETALHE 3

A seguir há uma camada com o ciclo de vida genérico dos dados, com o objetivo de detalhar um pouco mais a camada de processos. Aí aparecem alguns deles como Ingestão, que representa o ponto de entrada dos dados no sistema, a Integração/Tratamento, onde processamentos são aplicados aos dados, objetivando o alcance do estado necessário à sua manipulação (filtros, integrações, limpezas, etc.), a Distribuição, que representa a entrega dos dados em vários níveis e camadas, seja por cópia maciça dos dados, replicações, fluxos contínuos, etc. Há a camada de Uso, com maior detalhamento dos tipos de aplicações que consumirão os dados (sistemas transacionais, informacionais e inferenciais). Finalmente chegamos no Arquivamento, que focaria nas ações de seu final de ciclo, com processamentos de cópias, backups, produção de arquivos de retenção em storage secundário, terciário e descarte.

Na camada de ingestão poderá haver subarquiteturas diferentes, dependendo dos dados que estão chegando, normal data ou big data. Para big data, os novos tipos de fontes de dados (dados não estruturados ou semi) chegarão a essa sub camada, chamada de zona de aterrisagem (landing zone), em estruturas Hadoop-like, com as características próprias deste tipo (alta velocidade, alto volume, em fluxos contínuos, sem obrigatoriamente ter um schema definido, etc.). São os chamados Data Lakes. Nos casos de dados estruturados esses dados poderão chegar nos ODS ou, dependendo, nos próprios Lakes também. Ambos são camadas intermediárias que estão conectadas com as partes de tratamento e integração. Dali os dados poderão ser distribuídos para as camadas de Uso, onde estarão os bancos de dados tradicionais relacionais sustentando os DW e Marts, ou os novos bancos NoSQL, dependendo do tipo e complexidade do uso requerido.

LINHAGEM DE DADOS

Um conceito importante que vem a seguir é a definição de Data Lineage, ou linhagem de dados, que significa o entendimento de cada passo ao longo dos processos, observando quais dados e metadados entraram em cada bloco de processamento, quais dados saíram, quais foram os processamentos efetuados, regras aplicadas, etc. Quando houver um problema específico no fluxo de processamento dos dados, a linhagem será de grande valia para você depurar os pontos e as causas do problema. Uma forma de você entender o conceito de linhagem de dados é imaginar, por exemplo, o seu processamento de imposto de renda. Observe na figura 6, que mostra que, quando você faz a sua declaração, os seus dados transitam por várias etapas.

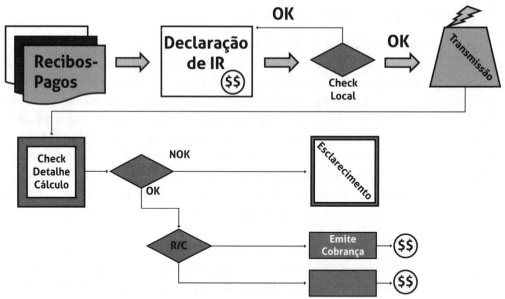

Figura 6: Linhagem de dados:Declaração de IR

Cada uma delas pode ter alguns processamentos, que vão produzindo resultados intermediários (saídas), que serão consumidas em pontos subsequentes como entradas (fluxo up stream, como é chamado). Cada ponto de processamento desses, representa um estágio bem conhecido, com detalhamento dos dados/metadados entrados e outros produzidos. Os dados entrados na ponta inicial da linhagem (os dados de ganhos, pagamentos daquele ano, número de dependentes e despesas médicas) serão tratados nesses diversos processos até se alcançar os estágios finais onde haverá novos dados produzidos (relativos à cobrança do imposto devido ou relativos à restituição). Conhecer os detalhes desse caminho é fundamental para se depurar erros que podem aparecer num ponto mais adiante do fluxo, mas que podem ter sido produzidos em estágios anteriores (relativamente chamados de down stream). Hoje já existe um conjunto de ferramentas capazes de fazer o mapeamento da linhagem de dados, via análise de fluxos, por "data discovery" ou engenharia reversa e de mantê-los atualizados.

Nessa parte, deixamos um pouco os aspectos físicos de dados, onde estivemos imersos por algumas páginas e voltamos a uma reflexão importante que nos remete a ver os dados como um ativo organizacional.

DADOS COMO ATIVOS ORGANIZACIONAIS

O que é isso? Observe que vários tipos de elementos (imóveis, veículos, pessoas, etc.) já são considerados ativos organizacionais e habitam os balancetes das empresas. Algumas empresas já pensam em colocar os seus dados neste mesmo patamar. Isso mesmo. Pelo valor intrínseco que os dados possuem e que, potencialmente, podem oferecer, cada vez mais esses elementos estão subindo nessa escala de valoração e caminham nessa direção.

Os ativos têm ciclos de vidas, como nós, os humanos e mortais. Os dados também. Vão da criação ao arquivamento, semelhante a nós, que iniciamos o nosso ciclo em uma maternidade e terminamos no Hope Woods (mais conhecido como Bosque da Esperança), com diversas atividades *in-between*. Os dados, quando vistos como ativos, têm certas diferenças, comparados com os ativos tradicionais, como veículos, imóveis, etc. Os dados podem ser replicados, copiados, transmitidos, o que os ativos mais físicos não permitem. Por isso, conhecer esses ciclos dos dados é fundamental para observamos a sua linhagem (*data lineage*) e, quando houver qualquer problema de erros graves, entendermos em que ponto aquilo aconteceu e quais as ações para evitar a recorrência do problema. Quantas vezes você já fez reflexões na vida do tipo "Uau... em que ponto, eu errei"? Isso é uma busca inconsciente pela linhagem de dados, embutida, digamos, em fatos encadeados. Veja o exemplo anterior que mostra a linhagem dos dados quando de uma declaração de imposto de renda.

FRAMEWORKS DE GESTÃO DE DADOS

Aqui chegamos aos frameworks de gestão de dados. Com o objetivo de alinhar visões e facilitar implementações de projetos de dados, existem algumas referências que deverão ser lidas. Há muito, várias instituições de credibilidade e reputação internacional têm apresentado ideias e soluções para os problemas de dados, perpassando por todos esses pontos discutidos acima, consolidados na forma de áreas de conhecimento, processos, etc. Constituem proposições que apresentam as melhores práticas para o tratamento dos dados, aplicadas em grandes empresas do mundo e mantidas por associações profissionais sérias. Temos o modelo DCAM, Data Management Capability Model, do EDM Council, mais voltado para a indústria financeira; o Modelo Data Management Maturity(DMM)^{SM} do CMMI® Institute, hoje associado ao ISACA, com foco maior em aferição de maturidade de dados de organizações; e o mais tradicional de todos, o DAMA DMBoK®. O DMBoK® é um conjunto de melhores práticas, existente nos EUA (mantido pela DAMA, Data Management Association) desde os anos 1980, que suporta um conjunto de ações sobre os dados. Tem o famoso "círculo" do DMBoK®, com a Governança de Dados no centro e diversas gerências de dados em torno dela.

Para melhor entendimento, escrevi (com apoio de Fernanda Farinelli) dois documentos, que podem ser acessados, no site da Fumsoft (www.fumsoft.org.br). Um deles é uma visão comentada do DMBoK® V1, onde passamos por todas as Gerências e descrevemos cada uma. O outro é de uma Pesquisa que fizemos no Brasil, em parceria com a DAMA® Brasil. Essa pesquisa é para vocês entenderem e terem um flagrante de como o assunto "Governança e Gestão de dados" estava e, por projeção, está sendo tratado no Brasil. A pesquisa é de 2013 e foi centrada no DMBoK® V1. O DMBoK® V2, cujos detalhes serão discutidos adiante, foi lançado em julho de 2017 e recomendamos fortemente que você o adquira, pois representa uma das visões mais evoluídas sobre Governança e Gerência de dados existente hoje.

RESUMO DA ÓPERA

Terminamos este capítulo fazendo uma alerta para esse novo momento da era digital, quando os dados começam a desempenhar um papel fundamental. O seu crescimento exponencial, sua variedade, as infinitas possibilidades de aplicações em outras plataformas, como celulares e tablets, além do aparecimento de sensores e máquinas gerando dados merecem certos cuidados. Tudo isso nos levará a uma posição irreversível: os dados deverão apresentar dois novos desafios. Os tecnológicos, sobre os quais falamos bastante neste capítulo, já estão bem encaminhados. Com a chegada da computação quântica e dos qubits, 70 anos depois, e já presentes em laboratórios e experimentos, veremos, em algum momento futuro, a mudança de paradigma iniciado por Shannon. Entretanto os dados, embora internamente representados diferentemente, continuarão sendo os mesmos a nos expressar informações, conhecimento e sabedoria.

O outro ponto, de maior magnitude será a sua gestão adequada. Um olhar organizacional sobre esses ativos, garantindo que serão produzidos, consumidos e gerenciados corretamente, será o maior desafio a se enfrentar, até porque os dados sempre estiveram fortemente acoplados a fatores culturais solidificados em muitos anos. E isso não se muda com hardware e software e sim com o peopleware. Assim, anotem, Governança de Dados, como desafio, é menos de Governança, menos de dados e muito mais de pessoas...

Capítulo 2
INTRODUÇÃO À GOVERNANÇA DE DADOS

OS DADOS

Qualquer empresa que mantenha mínimas intenções de sobrevivência sustentável nesta arena leonina de competitividade no entorno dos anos 202x deverá ter um foco nos dados, agora com uma visão muito mais elaborada do que sempre devotou a esses recursos. Conforme já enfatizado, esses elementos deverão ser gerenciados como ativos organizacionais e não mais vistos como itens colaterais de sistemas e processos. Serão definitivamente considerados como fator crítico, em um momento em que os temas Big Data, Internet das Coisas (IoT) e aprendizado de máquinas se tornam coloquiais em uma sociedade intensamente digital e inovadora. Além dos aspectos de volume, velocidade e variedade com que são produzidos, os dados passam a ter outras dimensões na sua análise: a qualidade irrestrita do seu conteúdo, os aspectos legais que os envolvem, a ética com que deverão ser tratados e a capacidade de sua transformação em valores diretos, dentro do conceito de monetização e transformação digital. Isso agregará, no mosaico da governança de dados, outros aspectos a serem considerados. Virão pelo crescente desenvolvimento no uso de IA, com algoritmos sob certo escrutínio e máquinas autônomas que se alinham no horizonte da próxima década. Jargões de marketing já surgem alardeando que *data is the new oil* ou *data is the new soil*. Há quem diga que serão mais preciosos, desde que as empresas acordem para a necessidade da sua devida gestão e governança. Sem isso, a empresa pode se transformar um data lake (lago de dados) em um data swamp (pântano de informações).

DADOS: NOVA REALIDADE NOS ANOS 202X

Hoje, com o mundo empresarial premido por valores como reputação, competitividade, globalização, regulamentações, robotização, veículos autônomos e inteligentes etc., os cenários sobre dados serão diferentes. Nos novos tempos de hoje, com uma grande taxa de fusão/merge e parcerias de empresas, o aspecto de replicação de cadastros de dados mestres e referenciais nas empresas tornou-se um problema recorrente. Informações sobre clientes, fornecedores, produtos etc. são replicados à medida que as empresas são incorporadas, com potenciais efeitos negativos. Dependendo do tamanho da empresa, a correção desses problemas, visando a integração de muitos silos dispersos de dados, pode tornar-se inviável. Já se fala numa convivência harmoniosa e com certo grau de controle, que se denominou chamar de "dados em contextos".

Além dessas replicações por aquisições de empresas, outros tipos de dados como os semiestruturados e não estruturados (e-mails, fotos, vídeos, etc.), em volumes cada vez maiores, passaram a ser produzidos no âmbito da economia digital e do crescimento da portabilidade. Novamente, uma luz amarela foi acesa nos domínios da administração desses insumos fundamentais. Com o aparecimento de carros autônomos, cidades inteligentes e algoritmos de máquinas cada vez mais complexos e impenetráveis, sugerem também que algo deverá ser repensado nesse campo. A apatia que se estabeleceu sobre esses importantes ativos organizacionais nas décadas passadas deverá ser revista com os cuidados demandados pela sociedade da informação.

Assim, os conceitos de governança de dados ganham novos ares e lugares, visando não somente a organização desses acervos, mas também aspectos típicos desses novos tempos. Teremos milhões de sensores previstos para o final da década, com a IoT compondo um papel alavancador no já exponencial conceito de Big Data. Os cuidados singulares com a segurança de dados, GDPR na Europa e LGPD no Brasil, a necessidade da sua definição negocial clara e sem ambiguidade, uma maior fluidez e gestão na sua distribuição e um uso democrático e controlado se tornaram alguns drivers dessa nova fronteira. Associa-se a isso o crescimento de dados que abastecem algoritmos de inteligência artificial, criando modelos automáticos de tomadas de decisão, via técnicas de aprendizado de máquinas. Hoje já existem pesquisas sobre como controlar esses algoritmos produzidos por redes neurais profundas, que acabam se tornando inalcançáveis (inscrutable).

A inteligência artificial ganha novos caminhos com a preocupação dos algoritmos, digamos, indomáveis, com consequências imprevistas no resultado final. A Universidade Stanford publicou, em setembro de 2017, a implementação de um algoritmo de IA que infere a ideologia de gênero das pessoas com mais de 80% de precisão. O estudo, claro, levantou debates sobre aspectos éticos no uso nos dados. A Universidade Carnegie Mellon apresentou, em novembro de 2017, um estudo de IA capaz de detectar padrões de pensamentos suicidas, o que reforça o aspecto de que a ética deverá ser também considerada na gestão dos dados. Além disso, existem alguns vetores apontando para o fato de que a governança de dados poderá ser quase obrigatória, dentro de uma capa regulatória, que demandará que o valor dos dados seja considerado um ativo da empresa e que a sua qualidade seja traduzida em métricas, compondo indicadores-chave de desempenho das áreas de negócios. Isso foi definido pelo fato de que a qualidade dos dados implica riscos corporativos que a nova TI e o novo papel de CIO ou a figura emergente do CDO (Chief Data Officer) deverão estar preparados para mitigar.

Finalmente os conceitos de *Infonomics*, termo cunhado por Douglas Laney, que significa a metrificação em escala direta ou indireta do valor do dado. Por exemplo, quanto vale o conjunto de dados georreferenciados de sete milhões de consumidores de uma concessionária de energia elétrica? Quanto valem as inferências possíveis de serem produzidas por um gigantesco conjunto de dados de serviço de busca? Diferentemente dos tempos em que os dados eram simples combustíveis de programas Cobol ou eneplicados pelas áreas negociais das empresas, agora eles se tornam elementos fundamentais do capital intelectual da empresa, geradores que são de informação e conhecimento. Por tudo isso, a Governança de Dados se torna um tema recorrente e obrigatório nos países mais evoluídos, e as empresas deverão preparar-se para adotá-la ou, no mínimo, entendê-la com a profundidade com que merece ser discutida.

CONCEITOS INICIAIS DE GOVERNANÇA DE DADOS

A Governança de Dados é um termo produzido na esteira dos jargões que brotaram a partir do termo raiz "governança". Extraída do contexto maior da governança corporativa e tangenciando pontos da Governança de TI, a de dados foca em princípios de organização e controle sobre esses insumos essenciais para a produção de informação e conhecimento das empresas. O controle mais estrito e formal de dados não é um desafio surgido nos dias de hoje. Os dados, dentre os insumos corporativos, são aqueles que mais apresentam características de fluidez, perpassam diversos processos e sofrem mais transmutações, pois são trabalhados em diversos pontos do seu ciclo de vida, dando origem a outros, além de nem sempre possuírem uma fonte e um destino claramente formalizados.

Com o advento dos bancos de dados, nos anos 1970, essa necessidade de maior controle formal sobre esses ativos apareceu com o nome de Administração de Dados. Algumas empresas desenvolveram áreas e processos para definir controles sobre esses recursos, mas sempre com resultados relativamente frágeis. A Administração de Dados (AD) objetivava a definição controlada de modelos integrados, regras de utilização, criação de dicionário de dados, em que cada elemento pudesse ter uma definição corporativa única, com maior riqueza nos metadados (definição dos dados), além de critérios para uso e aplicações de padrões de segurança. Tudo isso se mostrava importante e atraente. Porém, o sucesso e a efetividade que se conseguiu na administração de bancos de dados não pôde ser repetida na área de Administração de Dados. Vários pontos podem ser analisados como possíveis justificativas para essa baixa adoção: um deles, o fato de que qualquer proposta deve estar pronta no momento certo em que sua necessidade é plenamente demandada. Talvez a AD já estivesse quase pronta, porém faltou a força da necessidade, o que impediu a sua plena adoção naquela época. Ela sempre foi vista como uma prática de TI e não de negócios. Os dados continuaram sob a esfera da tecnologia, quando deveriam ser considerados insumos de negócios.

Além desses fatores, o surgimento de soluções empacotadas, como os ERPs, relativizou a importância da AD, visto que os pacotes já traziam no seu cerne modelos de dados preestabelecidos aos quais as empresas deveriam se ajustar. Ou seja, os modelos conceituais de dados, um dos objetivos da AD, já chegavam prontos às empresas, definidos, integrados e empacotados por soluções blindadas de ERP. O fenômeno do processamento descentralizado, encaixado no conceito de downsizing, também influiu na diminuição de importância daquela proposição, visto que os dados passaram a ser democraticamente distribuídos por entre departamentos da empresa, dificultando o seu controle. Dados eram duplicados, replicados e "eneplicados", à medida em que os departamentos desejavam ou precisavam, e a TI se mostrou incapaz de domar esse fenômeno. Os dados passaram a não ter dono, perdendo-se os conceitos fundamentais de responsabilidade e "accountability" sobre eles.

DEFINIÇÃO DE GOVERNANÇA DE DADOS

A definição de Governança de Dados (GD) é ampla e plural. É um conceito em evolução, que envolve o cruzamento de diversas disciplinas, com foco central em qualidade de dados no sentido mais amplo deste conceito. Passa por busca de maturidade da empresa na gerência desses recursos, melhoria na valoração e produção dos dados, monitoração de seu uso, além de aspectos críticos de segurança, privacidade, ética e aderência a regras de *compliance,* associadas a eles. Para tal, as empresas deverão definir objetivos organizacionais e processos institucionalizados, que serão implementados dentro do equilíbrio fundamental entre TI e áreas de negócios, entendendo que os dados não são mais do domínio de tecnologia e sim um ativo organizacional.

Por meio da GD, as empresas hoje também definem mecanismos para analisar os processos que se abastecem de ou produzem os dados, criando um sentido maior de qualidade conjunta entre esses dois elementos seminais, dados e processos, contribuindo para o conhecimento da cadeia produtiva de informação e conhecimentos. Esses conceitos, atrelados ao ciclo de vida e linhagem dos dados, já são considerados em empresas mais maduras. Como processo organizacional, a GD estabelece políticas, padrões, processos, procedimentos (Ps da GD, discutidos adiante) e diretrizes corporativas, legislando sobre os dados e atribuindo papéis específicos para se tratar esses elementos com responsabilidade e accountability (responsabilidade objetiva e direta). Novos papéis já existem nesses domínios. Os proprietários (owners), gestores (stewards) em variadas posições e funções negociais se encontrarão com os já existentes administradores de dados, de bancos de dados, arquitetos de dados, etc., residentes na TI. Disso sairá uma Governança de Dados harmônica e organizacional, integrando negócios com processos de gestão e gerência de dados.

Governança de dados, Governança Corporativa e Governança de TI

Outro ponto que suscita discussões, dentro do escopo de subclassificações, pode ser caracterizado pela pergunta: a Governança de Dados está mais para a Governança de TI ou para a Governança Corporativa? Em março de 2016, fui convidado por Fernando Gebara e Gisele Villas Boas, do Comitê Brasileiro da ISO, para dar um parecer sobre a Norma ISO/IEC 38505-1, *The Application of ISO/IEC 38500 to the Governance of Data*, ainda em discussão, que discorre sobre Governança de Dados e Governança de TI. Fiz as seguintes considerações:

> *"Há uma indireta conotação, que não se consolida ao longo da norma, de que a Governança de Dados é um subdomínio da Governança de TI, que, por sua vez, é um subdomínio da Governança Corporativa. A última parte é absolutamente verdadeira, mas a primeira não necessariamente. Considerando a interpretação que se dê do termo "subdomínio", poderá haver uma discordância, pois a Governança de Dados hoje é vista com certa independência da Governança de TI, na medida que os dados caminham para ter o status de um ativo da organização e não uma propriedade da tecnologia. Os dados pertencerem à TI é uma visão enfraquecida. Claro que a TI está e estará sempre envolvida com os dados, visto que quase 100% desses ativos são tratados digitalmente, o que, na maioria das vezes, é da responsabilidade da TI. Entretanto, a TI, nesse novo leiaute, ganha a importante missão de ser a "custodiadora" dos dados. Interessante é que essa colocação feita na introdução não é reiterada e, pelo contrário, acaba se diluindo ao longo dos capítulos restantes da norma. Em uma das partes, por exemplo, fica evidenciado claramente que a GD de que fala a norma é a Governança de Dados da organização, neutralizando o foco de que está associada à governança de TI. O entrelace dos conceitos de Governança de Dados e Governança de TI na norma parece vir mesmo do fato manifestado de que os dados serão sempre*

Figura 1: Relações entre Governança: Governança Corporativa, Governança de TI e Governança de Dados

custodiados (ou habitarão) sistemas de TI (o que é verdade), mas isso não consolida a tese de que a GD esteja associada (mais direta ou mais fortemente) à área de TI, como pode fazer supor a afirmação inicial, já comentada, de que a GD é um subdomínio da Governança de TI, que, por sua vez, é um subdomínio da Governança Corporativa. Dessa forma, fica a sugestão para que a Norma deixe esse ponto mais bem esclarecido."

Com essa miríade de termos correlatos e classificações, a sugestão é: pense de forma prática e não gaste muito tempo nem sinapses para acumular essas aparentes divergências semânticas. A figura 1 ilustra as relações entre Governança Corporativa, Governança de Dados e Governança de TI.

ALGUNS FRAMEWORKS PARA DEFINIÇÃO DOS COMPONENTES DA GOVERNANÇA DE DADOS

Há alguns frameworks que sugerem o conceito e a forma de implementação de GD. São produzidos por organizações neutras, outros vêm de gigantes da indústria e todos, de certa forma, mostram alguns caminhos comuns. Dentro dessa linha de arcabouço conceitual de GD, discutiremos alguns desses frameworks que contemplam essas variedades de conceitos e propostas.

Framework de Governança de Dados – 5W2H

O framework de Governança de Dados da figura 2 mostra, por exemplo, os componentes principais que embasam a sua proposta, centrada na abordagem do 5W2H:

1. **O quê?** (What): definir claramente a Governança de Dados como um componente dentro da visão de Governança Corporativa, voltada para os recursos de dados, as informações e os conhecimentos da empresa, o seu uso controlado, a sua qualidade e as diretrizes para a sua produção, consumo e gestão.

2. **O porquê** (Why): como os domínios de dados de uma empresa são amplos e sensíveis, há que se definir claramente os objetivos que se deseja alcançar com a adoção de um programa de Governança de Dados. Por exemplo, pode-se se basear na missão da empresa e em alguns de seus valores, analisados sob certos prismas:
   - Dimensão empresa, mercado e clientes: a constante preocupação com a dinâmica do mercado, que pode envolver aspectos de regulação, aderência às normas e aos relacionamentos com clientes, além de fatores surgidos por fusões e parcerias, etc.
   - Dimensão da qualidade: pode ser baseada na qualidade corrente de dados do sistema, no número de erros e reclamações decorrentes dessa qualidade e dos riscos pelas perdas de valores reais ou de reputação, devido aos problemas originados na manifestação da baixa qualidade desses ativos, ou de implicações regulatórias.

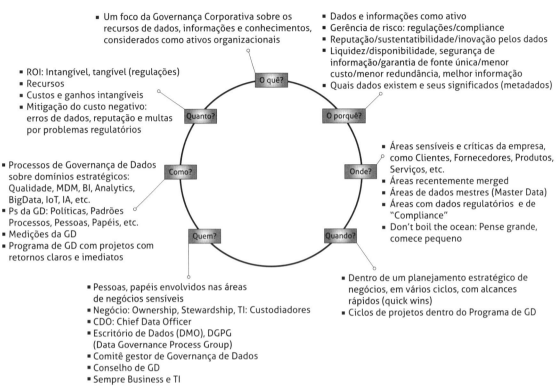

Figura 2: FRAMEWORK: GOVERNANÇA DE DADOS I, BASEADO NOS 5W2H.

- Segurança dos dados: pelo crescimento do volume de dados, o aumento da conectividade da empresa e o consequente volume de acessos aos dados, criando fronteiras mais expostas e aumentando as chances de invasões, adulterações e uso indevido de dados e informações. Os aspectos de privacidade de dados são fatores também considerados nesse ponto, com o surgimento de regulações gerais como GDPR e LGPD, ou específicas no campo financeiro como BCBS 239 e DFAST.
- Liquidez e disponibilidade da informação: pela crescente necessidade de obter mais rapidamente as informações competitivas e confiáveis, demandadas por áreas estratégicas da empresa, nem sempre com os dados integrados e íntegros. Além disso, pela demanda por novos aplicativos em novos domínios (mineração de comportamento de clientes, de colaboradores, gerência de projetos, IoT, Big Data, etc.), a geração e retenção cada vez maior de conhecimento do negócio da empresa, sempre considerando o dado como elemento central na produção de informação e derivação de conhecimento.

Uma forte motivação organizacional é fator preponderante na adoção corporativa e no engajamento e comprometimento com um programa cuja implementação não é trivial. Ela envolve esforços e investimentos, além de fortes alterações culturais, visando quebrar paradigmas enraizados, como o "proprietarismo", as "paróquias" de dados e a indulgência sobre o descontrole a que esses importantes ativos foram relegados.

3. **Onde** (Where): como qualquer programa de natureza organizacional, deverá seguir os preceitos de pensar global e agir local. Definir claramente que áreas deverão ser focos prioritários dos trabalhos de GD é um dos primeiros passos. Por exemplo, áreas críticas em que residem os MDs (Master Data, dados mestres e referenciais), como clientes, fornecedores, produtos, locais, etc. Os dados considerados mestres já são focos de uma perna da GD, denominada MDM, Master Data Management. Também as áreas de Regulação, Risco e Compliance se posicionam como duas das mais comuns como o "berço" inicial da Governança de Dados. As áreas escolhidas deverão ser sempre aquelas que apresentam maior sensibilidade aos negócios, permitindo uma abordagem que objetive a produção mais consistente de dados e informações para a geração de conhecimentos estratégicos e melhoria nos processos de tomadas de decisão da empresa e minimização de riscos.

4. **Quando** (When): planejar a implementação dos programas de GD em ciclos, com iterações que possam produzir melhorias metrificadas em termos de qualidade, controle e segurança de dados. Um projeto dessa natureza certamente requererá iterações com entregas periódicas de resultados, que permitam a sua reavaliação constante e o seu amadurecimento ao longo do caminho. Uma abordagem com ciclo de vida "cascata" em um processo dessa natureza certamente implicará altos riscos. De novo, vale a filosofia de pensar em muitas entregas, menores e que tragam valor aos negócios.

5. **Quem** (Who): identificar e trabalhar com os principais envolvidos nas áreas críticas definidas, contemplando os CCC: Creators, Consumers e Custodians, que, traduzidos, seriam os criadores, consumidores e custodiadores dos dados. Dentre os criadores e consumidores, definir com clareza os conceitos de Owners de dados, aquelas áreas que são as mais críticas e impactadas por problemas relativos aos dados, conforme descrito anteriormente. Essas áreas deverão apontar os gestores de dados, figuras envolvidas no negócio da área, com domínio e conhecimento para acompanhar os dados, sua criação, definição, metadados, regras e qualidade. Definir um grupo capaz de conduzir as ações propostas, em uma espécie de Escritório de Dados que, por meio de reuniões, acompanhe o desenvolvimento e a implementação da estratégia, envolvendo todos os interessados e definindo caminhos e alterando rotas, quando necessário. Seria algo equivalente ao PMO para os projetos e ao SEPG (Software Engineering Process Group) para implementações de melhorias de processos. Seria um DGPG (Data Governance Process/Program Group) ou DMO (Data Management Office), não importando a sigla, mas sim o seu objetivo. Uma visão superior com um conselho de governança de dados, composto por elementos de várias áreas de negócios e TI, atuando como uma camada de supervisão é fator

fundamental na solidificação do programa, na consolidação da parceria "TI+Negócios" e na resolução de conflitos.

6. **Como** (How): pensar em definir as regras e as diretrizes do processo de GD, mediante políticas que deixem claro quais são as restrições, suas aplicações e os envolvidos. Também a definição dos direitos, padrões e responsabilidades associadas ao uso, à atualização e à liberação das informações. Definir como se pretende a implantação dos mecanismos ou subprojetos de melhoria e alcance dos objetivos traçados na missão. Por exemplo, implantando um Plano de Qualidade de Dados, baseado na filosofia de TDQM (Total Data Quality Management), do MIT, para as ações de melhoria de qualidade, ou desenvolvendo projetos na área de MDM (Master Data Management) para tratamento de cadastros mestres considerados estratégicos. Definir objetivos e métricas que possam ser usadas para medir o alcance do programa, dentro da ótica de que somente se gerencia aquilo que se mede. Por exemplo, diminuição de erros em dados, redução de número de reclamações/erros por liberações de sistemas e produtos, redução de multas regulatórias, redução de dados mestres duplicados em áreas recentemente submetidas à fusão/merging, diminuição da proliferação de bancos de dados setorizados, etc.

7. **Quanto** (How much): o programa de GD deverá contemplar um conjunto de projetos que, por definição de prioridades, implicará custos de várias naturezas. Custo de pessoal envolvido, custo de software/hardware, custo de treinamento, consultoria e mentoring, etc. Tentar obter ROI inicial pode ser uma tarefa difícil, devido aos ganhos intangíveis que a qualidade traz ou que a falta dela implica diretamente na imagem, na marca e na reputação da empresa. Uma boa estratégia a se adotar é trabalhar com o "custo negativo": imagine o custo de uma área pública de Saúde, com dados mal controlados sobre cidadãos atendidos em suas unidades. Imagine, por hipótese, que dois cidadãos atendidos têm o mesmo nome: José Ferreira dos Santos. Imagine também que um tem diabetes (hiperglicemia), e o outro tem crises de hipoglicemia. Pense nas complicações produzidas se as fichas forem trocadas por falta de uma identificação mais efetiva de registros, ou seja, um descontrole na qualidade dos dados. Imagine o quanto os problemas de qualidade de dados podem significar em termos de reputação ou de valores mais significativos do que esse! Larry English, no seu *Information Quality Applied* (2009), da Editora Wiley, mostra, no capítulo 1, uma tabela com dezenas de exemplos que ilustram o alto custo da baixa qualidade.

Framework de Governança de Dados – IBM

Alguns frameworks, como dissemos, são propostos por empresas de tecnologia ou consultoria. A IBM, por exemplo, define um framework de GD, conforme a Figura 3. Os elementos que compõem a sua proposta são:

- **Resultados:** Nesse contexto, a IBM propõe duas grandes ações: a primeira foca nos riscos apresentados pelos dados com relação aos aspectos de qualidade, com impactos sobre a reputação corporativa, e aos aspectos de aderência a normas nacionais e internacionais. Os riscos deverão ser identificados, qualificados, quantificados e depois analisados para definir mecanismos de mitigação, contingência, aceitação ou transferência. Além disso, nesse mesmo contexto de resultados (outcomes), a IBM aponta a necessidade de valoração dos ativos de informação, ou seja, um processo de aculturamento corporativo que reflita sobre os valores dessa nova camada de ativos de informação, ainda hoje com uma formalização relativamente incipiente.

Figura 3: FRAMEWORK: GOVERNANÇA DE DADOS II. FONTE: IBM.

- **Viabilizadores:** No framework apresentado, a IBM aponta elementos que viabilizarão a implantação de um programa de GD (Governança de Dados). A parte mais proeminente mostrada é a conscientização sobre a importância da GD e a definição de uma estrutura organizacional que estabeleça um nível mútuo de responsabilidade entre TI e áreas de negócios, aplicada sobre os dados em diferentes camadas de gerência. Nesse contexto, são destacadas as políticas que definem direcionamentos estratégicos que apontam o comportamento desejado pela empresa a respeito da forma de atuação dos envolvidos no programa. Também surge como viabilizador o conceito de data stewardship (gestão de dados), disciplina de controle de qualidade para garantir um cuidado focado nos dados, visando à sua melhoria e a gerência de riscos envolvidos. Há também o papel, normalmente desempenhado pela TI de "data custodian" ou custodiadores de dado, conforme já falado. O conceito de custódia se aplica no sentido de que os dados, sendo um ativo corporativo e, portanto, não pertencentes a ninguém, estarão, ao longo do seu ciclo de vida, sob os cuidados operacionais dessa área. Algumas propostas sugerem a combinação de criadores de dados (creators) com proprietários (owners). Independentemente da forma estabelecida, essas definições estratificadas de responsabilidade deverão ser aprovadas, exercidas, gerenciadas e auditadas.

- **Disciplinas centrais**: Nessa parte do framework, aparece a Gerência de Qualidade de Dados, composta de processos definidos para medir, melhorar e certificar a qualidade e a integridade dos dados, nos seus diferentes domínios, de produção a teste e arquivos históricos (archival). A essa proposta se associa a Gerência do Ciclo de Vida da informação, com processos definidos para coleta, uso, retenção e eliminação de informações. Essa camada se complementa com as considerações sobre segurança e privacidade da informação, visando ao controle e à proteção desses ativos, com relação à sua utilização. Esse item está cada vez mais aquecido em função dos aspectos de riscos que isso pode implicar nas pessoas.
- **Disciplinas de apoio:** Nesta última camada do framework da IBM, aparecem disciplinas de suporte, com ênfase na arquitetura dos dados, objetivando a definição ou documentação de modelos de dados, no âmbito dos dados estruturados ou não estruturados, que visam garantir o entendimento que facilitará a disponibilidade e distribuição desses ativos. Uma arquitetura de dados e seus modelos não poderão prescindir da definição dos metadados, que representam a semântica dos elementos, regras de negócios e tipos de dados e que fazem a junção entre o conhecimento humano e os processos automatizados. Finalmente o framework se fecha com uma camada na qual serão gerados procedimentos de controle, como auditoria, visando a monitoração do processo e as consequentes ações de ajustes de rumo consideradas necessárias.

EDM (Enterprise Data Management Council) e DCAM (Data Management Capability Assessment Model)

O Modelo do EDM Council, da comunidade bancária/financeira, tem absoluta concentração nesta área. Fazem parte do EDM Council, dentre outros, ABN AMRO Bank, Accenture, Abu Dhabi Investment Authority, JPMorgan Chase & Co., Banco do México, Banco Santander, Bank of America e MUFG Bank. Oferece o FIBOS-Ontologia para negócios da indústria financeira, além de um modelo de avaliação também com foco em processos dessa esfera. O modelo apresenta 8 componentes: estratégia de gestão de dados, ambiente de controle de dados, arquitetura de tecnologia, qualidade de dados, casos de

EDM COUNCIL
(Enterprise Data Management Council)
FIBOS
ONTOL
Assessment
NETWORKING
FIBOS: Financial Industry Business Ontology
Ontologia para indústria financeira. Termos, fatos e relacionamentos associados com o segmento financeiro.
DCAM-Data Management Capability Assessment Model
Modelo de Avaliação de melhores práticas de dados na indústria financeira.
Rede de contatos e fórum entre consultores, provedores, indústria de SW, sempre com foco na indústria financeira.

Figura 4: VISÃO DO EDM COUNCIL, COM OS TRÊS GRANDES OBJETIVOS, ADAPTADO PELO AUTOR. FONTE: EDM COUNCIL.

EDM COUNCIL
(Enterprise Data Management Council)
Estratégia de Gestão de Dados
Ambiente de Controle de Dados
Arquitetura de Tecnologia
Qualidade de Dados
Casos de negócios de Gestão de Dados
Arquitetura de Dados
Governança de Dados
Programa de Gestão de Dados
8 Componentes
37 Capacidades
115 subcapacidades

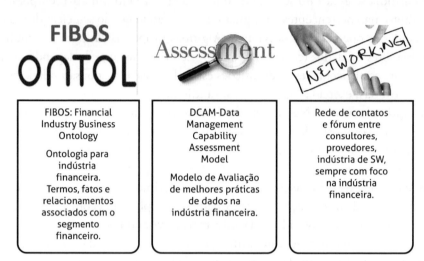

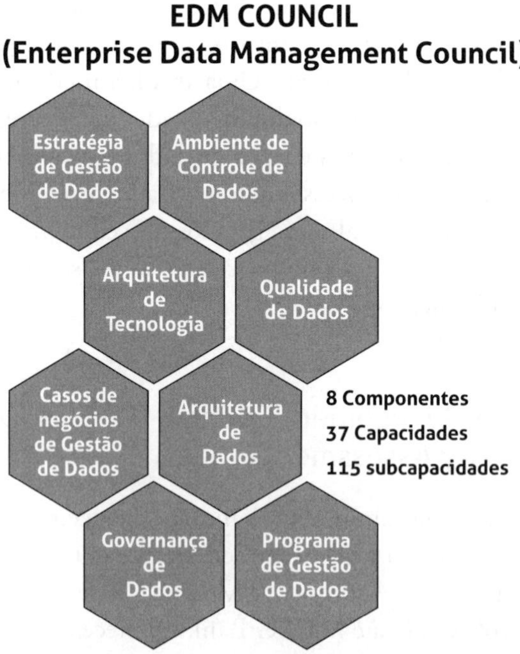

Figura 5: VISÃO DO EDM COUNCIL-DCAM™, DATA MANAGEMENT CAPABILITY MODEL, COM AS ÁREAS DE GESTÃO DE DADOS E FOCO NO ECOSSISTEMA FINANCEIRO, ADAPTADO PELO AUTOR. FONTE: EDM COUNCIL.

negócios de gestão de dados, arquitetura de dados, governança de dados e programa de gestão de dados. Esses elementos se dividem em 37 capacidades e 115 subcapacidades. O EDM Council chegou a fazer parceria com o modelo Data Management Maturity(D-MM)[SM] do CMMI® Institute na elaboração das primeiras versões do DMM[SM], mas o casamento descolou e o DMM[SM] acabou sozinho, sem o genoma do DCAM-EDM. Esse modelo contém diversas práticas semelhantes ao DMM [SM] e DAMA DMBoK®, embora com foco voltado para a indústria financeira. As figuras 4 e 5 ilustram o EDM Council e o DCAM.

Modelo Data Management Maturity (DMM)[SM] do CMMI® Institute

O Modelo Data Management Maturity (DMM)[SM] foi gestado no mesmo berço de onde saíram os famosos modelos CMM® e CMMI® (CMMI® Institute da Universidade Carnegie Mellon) e, por isso, promete certo vigor. Hoje também tem elos estabelecidos com a ISACA (Associação de Auditoria e Controle de Sistemas de Informação), reconhecida pela paternidade do COBIT 5, o que tende a torná-lo mais forte ainda. Lançado em 2014, tem, na data de publicação deste livro, alguns casos de uso significativos: a Microsoft, a Fannie Mae (Federal National Mortgage Association), uma das maiores empresas de empréstimo imobiliário dos EUA, a área de Estatística do Federal Reserve (Banco Central Americano), o fundo de pensão Ontário Teachers, a Freddie Mac (outra gigante do mercado de hipotecas) e a brasileira Neoway, de Florianópolis (cujo foco é a venda de informações por assinatura, via plataforma de Big Data). Além dessas, as empresas patrocinadoras do DMM[SM], como Booz Allen Hamilton (gigante centenária na área de Consultoria), Kingland Systems (Consultoria) e Lockheed Martin (indústria do segmento aeroespacial e defesa), são potenciais usuárias, além da Microsoft, listada como uma das primeiras a aplicar o framework. Recentemente a área de saúde dos EUA anunciou o PDDQ (Patient Demographic Data Quality), modelo desenvolvido tendo como referência o DMM[SM]. O modelo original DMM[SM], desenvolvido pelo CMMI® Institute, contou na sua equipe de revisão com três brasileiros: Antônio Braga (Crest Consulting), Carlos Barbieri (CBCA-Fumsoft) e Mario Faria, na época, radicado nos EUA.

Tendo sido o primeiro modelo neutro de avaliação de maturidade em gestão de dados (os outros existentes gravitavam em torno de instituições de consultoria e de software), o DMM[SM] tem potencial de crescimento, até no Brasil, mas esbarra no alto custo de mão de obra para formação de especialistas, parte desenvolvida em vários treinamentos nos EUA, com valores altos. Na essência, o DMM[SM] apresenta uma correta proposta de gestão de dados, oferecendo, conforme a figura 6, 6 Categorias e 25 áreas de processos, detalhadas na figura 7. O seu foco, entretanto, como os seus primos mais antigos (CMM® e CMMI®) é mais de um guia para avaliação, embora, com suas práticas funcionais e práticas de infraestrutura divididas em níveis, sugira possíveis formas de implementação. Mas, mesmo assim, continua com forte sabor de um método para se saber onde estamos em termos de Gestão de Dados, e menos no como podemos chegar lá. Pode ser usado com o DMBoK® V2 como elemento de verificação inicial, antes de se aplicar as práticas da DAMA DMBoK®. A equipe de tradução do DMM^{SM} para o português teve Antônio Braga, gerente do projeto de tradução, Analia Irigoyen, Bernardo Braga, Carlos Barbieri, Carlos Becker, David Yoshida, David Zanetti, Mariano Montoni, Nanete Tavares, Nilson Salvetti, Rafael Aguiar e Sarah Kohan. O Guia do DMM^{SM} poderá ser adquirido em português, através de contato com a Crest Consulting.

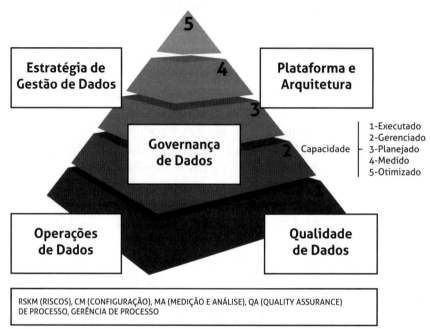

Figura 6: Visão geral DMM, Data Management Maturity (DMM)^{SM} Model, CMMI Institute®, adaptado pelo autor. Fonte: CMMI Institute®, Copyright: CMMI Institute®

Figura 7: Visão geral DMM, Categorias e Data Management Maturity(DMM)^{SM} Model, CMMI Institute®, adaptado pelo autor. Fonte: CMMI Institute®, Copyright: CMMI Institute®

Gestão, Governança e Gerência de Dados: DAMA DMBoK® V2

Esta parte do capítulo objetiva analisar os pontos de evolução do DAMA DMBoK® V2, The Data Management Body of Knowledge, segunda edição, lançado em julho de 2017 nos EUA, pela DAMA, Data Management Association.

O objetivo não é detalhar o modelo, mas sim enfatizar os pontos de evolução que o colocam, na minha visão, acima das melhores práticas mundiais de gestão de dados, como o Modelo Data Management Maturity (DMM)^{SM} e DCAM (EDM Council), além de analisar o seu upgrade com relação ao DAMA DMBoK® V1 de 2009. O objetivo central é fornecer uma visão sintética tal como foi feito no trabalho publicado em 2013 (Uma visão sintética e comentada do DAMA DMBoK® V1, disponível no site da Fumsoft e acessível neste link: goo.gl/kqVSBk).

Recomendamos fortemente a aquisição do Modelo Completo, o que poderá ser feito no site da DAMA Brasil (versão em português: www.dama.org.br), ou no site da Technics Publications (versão em inglês: https://technicspub.com).

DAMA DMBOK® V2: INTRODUÇÃO

Lançado em julho de 2017, o DAMA DMBoK® V2 foi escrito com uma grande gama de colaboradores, inclusive do Brasil (Ademilson Monteiro, Antônio Braga, Carlos Barbieri, Manoel Francisco Dutra, Mário Faria, Luciana Bicalho e Rossano Tavares, presidente da DAMA Brasil e Primary Contributor do capítulo de Qualidade de Dados). Também mereceram destaque figuras importantes do ambiente de Dados dos EUA, como Melanie Mecca (DMM^{SM} do CMMI® Institute), April Reeve, Danette McGilvray, entre outros.

Diferente da versão DAMA DMBoK® V1, oficialmente The Dama Guide to the Data Management Body of Knowledge (DAMA DMBoK® V1 Guide), primeira edição, que tinha os nomes de Mark Mosley, Michael Brackett, Susan Earley e Debora Henderson como destaques de capa, o DAMA DMBoK® V2 não cita autores específicos na capa. Todos os créditos foram referenciados internamente.

Há uma justa menção em homenagem à Patrícia Cupoli, falecida em julho de 2015 em um acidente automobilístico. Patrícia esteve várias vezes no Brasil, aplicando as provas de CDMP, Certified Data Management Professional (quando as realizei, em 2013 e 2014), e foi umas das grandes contribuidoras do Modelo DAMA DMBoK®, em ambas as versões, e também forte incentivadora das certificações CDMP no Brasil.

DAMA DMBOK® V2: ESTRUTURA

O modelo DAMA DMBoK® V2 está estruturado em 17 capítulos, sendo que 11 estão relacionados com as áreas de conhecimento (houve acréscimo de uma com relação ao DAMA DMBoK® V1: Integração e Interoperabilidade), além de outros assuntos relevantes, como Ética no tratamento de dados, Big Data&Ciência de Dados; avaliação de maturidade em gestão de dados; papéis e organização da gestão de dados e gerência

GOVERNANÇA DE DADOS: CONCEITOS, PRÁTICAS E NOVOS CAMINHOS

de mudanças na gestão de dados. Alguns desses capítulos, pelo aspecto temporal, são praticamente novidades quando comparados com o DAMA DMBoK® V1 (Big Data&-Ciência de Dados e Modelos de Maturidade, por exemplo) e outros foram expandidos e enriquecidos, transformando o DAMA DMBoK® V2 em uma fonte quase incomparável de referência em Gestão de Dados. Essa nova versão (DAMA DMBoK® V2) apresenta um conjunto de ideias na forma de frameworks e se vale de alguns exemplos como o Modelo de Alinhamento Estratégico e o Modelo de Informações de Amsterdã.

MODELO DE ALINHAMENTO ESTRATÉGICO

O primeiro, proposto por Henderson e Venkatraman, no fundo, fundamenta os direcionadores para uma abordagem de implementação de gestão de dados. Tratam da dualidade Dado e Informação e de seus relacionamentos e tem um forte conteúdo conceitual, com tangências entre Estratégias de Negócios, Estratégias de TI, Organização&Processo e Sistemas de Informação. No fundo, versa sobre algo fundamental: a dificuldade de percepção de valores resultantes de investimentos em TI, justamente pela falta de alinhamento desta com os objetivos de negócios, somado com a falta de processos que mantenham vivos esses laços de conexão entre os dois. Isso vem ao encontro do que temos falado sobre a importância do Why, dos 5W2H em projetos de dados, que deve vir sempre atrelado aos aspectos de negócios. Antes, por exemplo, da empresa partir para um grande projeto de Big Data, pergunte o "porquê" e busque retornos convincentes para o business da empresa. Nunca crie um Data Lake porque ele é algo diferente de um DW ou de um ODS.

MODELO DE INFORMAÇÕES DE AMSTERDÃ

O Modelo de Informações de Amsterdã, desenvolvido na Universidade de Amsterdã, em 1997, tem como objetivo ser uma ferramenta de posicionamento e interrelação entre funções de gerência de informação. Tem um eixo horizontal onde aparecem três domínios de Governança, como Negócio, Informação/Comunicação e Tecnologia e um eixo vertical onde aparecem os níveis de profundidade da governança, como Estratégia, Estrutura e Operação.

Esses dois modelos estabelecem alguns dos pilares conceituais do DAMA DMBoK® V2 e aparecem mais, na minha opinião, para dar uma certa tonalidade negocial e acadêmica na proposição, que se centra mesmo no conhecido Framework do DAMA DMBoK® V1, com os elementos já estudados e implantados até então, como o Diagrama DAMA DMBoK® (DAMA Wheel) estendido por outros elementos, além dos fatores Ambientais e do Diagrama de Contexto de áreas de Conhecimento.

COMPOSIÇÃO

O Diagrama DAMA DMBoK® (DAMA Wheel), conforme a figura 8, agora aparece com 11 áreas de conhecimento (AC), trazendo, como novidade, a fatia de Integração e Interoperabilidade de dados (inexistente explicitamente no DAMA DMBoK® V1, embora fosse tratado em várias disciplinas como MDM, DW, QD, etc.), além de mudanças nos nomes das fatias/disciplinas, que perderam a palavra Management (Gerência). Somente a AC Documento e Conteúdo permaneceu com a palavra "Management". No texto, a AC Metadados é referenciada também como Gerência de Metadados.

Os *Fatores Ambientais*, conforme figura 9, sofreram algumas modificações. No DAMA DMBoK® V1 apareciam: Organização&Cultura; Atividades; Entregáveis; Papéis&Responsabilidades; Práticas&Técnicas e Tecnologia. No DAMA DMBoK® V2, permanecem Papéis&Responsabilidades; Atividades, (surge o item Ferramentas); Organização&Cultura; Técnicas (sem práticas) e Entregáveis. A palavra Tecnologia entra com Processo e Pessoas em um nível de agregação acima, ficando Pessoas (Papéis e Responsabilidades); Processos (Atividades e Técnicas) e Tecnologia (Ferramentas e Entregáveis).

Os *Diagramas de Contexto* de áreas de conhecimento também foram modificados, conforme figura 10.

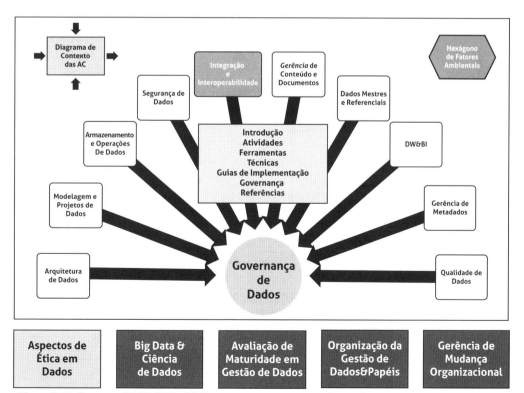

Figura 8: Visão geral DAMA DMBoK® V2, adaptado pelo autor. Fonte: DAMA-DMBoK® V2.

50 ⋮ Governança de Dados: Conceitos, Práticas e Novos Caminhos

- Pessoas:
  - Papéis&Responsabilidades
  - Organização&Cultura
- Processos:
  - Atividades
  - Técnicas
- Tecnologia:
  - Entregáveis
  - Ferramentas

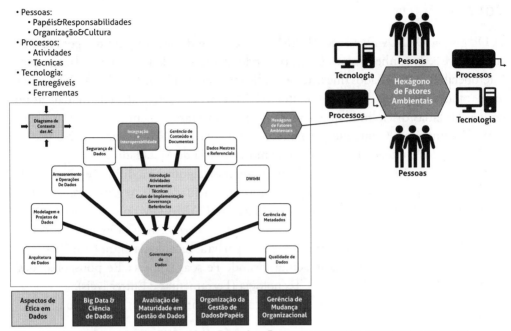

Figura 9: Diagrama do DAMA DMBoK® V2 Evoluído: Fatores ambientais, adaptado pelo autor.
Fonte: DAMA DMBoK® V2.

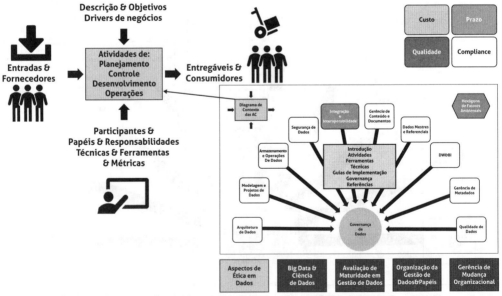

Figura 10: Diagrama do DAMA DMBoK® V2 Evoluído: Diagrama de contexto, adaptado pelo autor.
Fonte: DAMA DMBoK® V2.

No DAMA DMBoK® V1 apareciam, para cada disciplina/fatia: Definição, Missão, Objetivos, Entradas, Fornecedores, Participantes, Ferramentas, Entregáveis primários, Consumidores e Métricas. No miolo, as Funções daquela fatia.

No DAMA DMBoK® V2, aparecem: Definição (sai Missão), Objetivos, Entradas, Fornecedores, Participantes, Entregáveis, sai primário, Consumidores. As Métricas, Técnicas e Ferramentas aparecem como direcionadores técnicos, enquanto dos objetivos saem os direcionadores de negócios. Aparecem também, para cada área de conhecimento um ciclo de vida composto de: Planejamento (P), Controle (C), Desenvolvimento (D) e Operações (O).

EVOLUÇÃO

Nesse contexto, o DAMA DMBoK® V2 apresenta um framework mais evoluído, conforme figura 11, quando comparado à frieza do antigo Diagrama DAMA DMBoK® V1 (DAMA Wheel). Nesse diagrama há o aparecimento de novos conceitos, além das 11 disciplinas/fatias tradicionais. Há uma camada superior de Supervisão, a governança de dados (que, na roda DAMA DMBoK® V1, ficava no centro), com elementos novos como Valoração de Dados, Princípios e Ética sobre os dados, além das conhecidas Políticas e Stewardship. São aspectos fortemente ligados à mudança cultural, como lembra o primeiro bloco deste framework. No meio, aparece um outro bloco, com ênfase na gerência de ciclo de vida, por onde desfilam as Áreas de Conhecimento, separadas por Planejamento e projeto (Arquitetura e Modelagem e Projeto de Dados); Uso e melhoria (Armazenamento e Operação de dados, Integração e Interoperabilidade, MDM (Mestres), RDM (Referência), DW e aparece Big Data, como novidade) e Ativação e manutenção (BI, Uso de Dados Mestres, Gerência de Conteúdo e Documento, Monetização de Dados, Análise Preditiva e Data Science). Observe que os conceitos emergentes de Big Data, Data Science, Monetização, etc. agora já aparecem no radar detalhado do DAMA DMBoK® V2.

Finalmente, como bloco de atividades pilares, aparece: Gerência de Riscos, englobando Segurança, Privacidade e Compliance, Gerência de Metadados e Gerência de Qualidade de Dados.

Esse novo diagrama do DAMA DMBoK® V2, agora em blocos e camadas, expande a antiga DAMA Wheel e incorpora conceitos que se faziam necessários nesse novo ecossistema de dados. Dessa forma, o novo framework apresenta a sua DAMA Wheel evoluída, com todos os elementos anteriormente descritos e elementos entrantes como Data Science, visualização de dados, monetização de dados, análise preditiva, Stewardship e Ownership (gestão e propriedade dos dados), "drivers" para mudança cultural, princípios e ética sobre os dados, classificação de dados, valoração de dados e avaliação de maturidade em dados. Esses conceitos são fundamentais no novo ambiente de dados, onde pontos como Monetização estão a reclamar estudos e visões acadêmicas mais profundas para se designarem valores diretos sobre os dados.

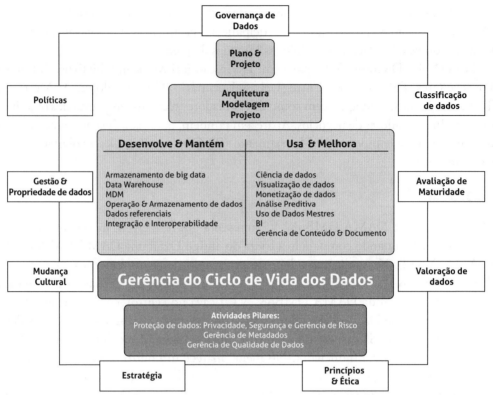

Figura 11: DIAGRAMA DO DAMA DMBoK® V2 EVOLUÍDO, ADAPTADO PELO AUTOR. FONTE: DAMA DMBoK® V2.

Com as 11 Áreas de Conhecimento, detalhadas em Introdução (Drivers de negócios, objetivos e princípios e conceitos essenciais); Atividades; Ferramentas, Técnicas, Guias de implementação, relacionamento com a Governança de Dados e Métricas, o novo framework preenche lacunas importantes que existiam na versão 1. Além disso, a adição dos novos conceitos ou novas visões trouxe uma modernidade ímpar ao seu Corpo de Conhecimento. Por exemplo:

ÉTICA

Os aspectos de Ética em tratamento de dados, expandidos em um capítulo separado (era tratado de forma mais discreta no DAMA DMBoK® V1), são um dos grandes pontos do DAMA DMBoK® V2. Hoje, em função da criticidade de aspectos de Privacidade, Segurança e Regulação (Compliance) e em função do crescimento de informações na Sociedade Digital, é fundamental que seja abordado com maior profundidade, como nesta nova versão. Por exemplo, os conceitos pilares de GDPR estão amplamente discutidos no DAMA DMBoK® V2 e são hoje um tema de vital importância no domínio da Ética de Dados, visando a preservação dos direitos à segurança e privacidade. A importância da discussão dos aspectos de ética de dados cresce rapidamente na sociedade digital.

Por exemplo, em setembro de 2017, a Universidade de Stanford publicou um trabalho, divulgado por toda a imprensa mundial, sobre um método de reconhecimento facial, usando IA, que teria alta precisão na definição de "gays". O uso do Watson da IBM no apoio de diagnóstico de câncer também nos leva a um patamar de conceitos éticos, na medida em que os diagnósticos, feitos por mecanismos de inferência, como redes neurais, podem sugerir certos resultados não garantidos, ensejando novos cuidados no tratamento dos dados. Esse e outros aspectos sobre ética no uso dos dados deverão, gradativamente, elevar a importância de se usar os dados com sensibilidade e visões que respeitem as pessoas, princípios e escolhas. Isso abrirá um novo espaço para a Governança e Gerência de Dados passarem a observar os dados com este novo olhar. Com o crescente uso de AI com algoritmos focados em Machine Learning (ML), a GD já começa a se posicionar.

Esses algoritmos, alguns em forma de caixa preta, deverão merecer a observação da GD na medida em que as decisões tomadas, os resultados obtidos ou as opções escolhidas não são necessariamente reveladas pelos algoritmos de ML. Formados pelo refinamento sucessivo dos modelos, mediante variadas simulações, torna-se um desafio da GD entender quais foram os caminhos de decisões tomados para se chegar àquela inferência. Talvez aí estejam surgindo novos processos de GD, como QA (Quality Assurance) de resultado de dados inferenciais. Considerando que podemos entender o ecossistema de Machine Learning como composto de três camadas vitais – dados, modelos e decisões tomadas –, a GD deverá estender seu olhar em direção aos outros dois (modelos e resultados), já que os dados sempre estarão sob a sua capa. Mesmo assim, os dados e metadados deverão ser bem conhecidos, com seu grau de qualidade definido, e suas possíveis tendências e distorções de conteúdo conhecida s. Os modelos, embutidos em algoritmos caixas--pretas, por sua vez, exigirão conhecimento dos coeficientes de calibração das variáveis que conduziram ao resultado inferencial. Por vezes, os algoritmos serão desvendados pelos registros parciais de seus caminhos escolhidos até a conclusão. Para cada decisão intermediária, teremos que buscar o mapeamento do seu racional, em uma espécie de log interno dos seus "ifs" e "elses". E isso não é trivial em algoritmos de redes profundas, que aprendem automaticamente e, por vezes, através de iterações e ciclos numerosos, incapazes de serem rastreados.

GOVERNANÇA DE DADOS

A função de Governança de Dados, além de já ser uma Área de Conhecimento (AC) separada, também foi colocada dentro de cada Área de Conhecimento, com olhar específico de controle sobre aquela gerência, facilitando a implementação da GD. Isso enriquece cada uma das outras AC, já sugerindo pontos que a Governança tem de observar. Por exemplo, dentro da nova AC DII-Integração e Interoperabilidade de dados, a Governança de Dados deverá estender sua visão para acordos de compartilhamento de dados, linhagem de dados e métricas de integração de dados.

GERÊNCIA DE MUDANÇAS

Aspectos de Gerência de mudança organizacional também são discutidos em um capítulo separado e mencionados em algumas ACs, como em Governança de Dados, quando há a necessidade de se perceber qual a propensão da empresa para mudanças organizacionais e culturais, fatores preponderantes no sucesso de GD. Os cuidados que se deve ter com a introdução de GD, quebrando fatores cristalizados como "proprietarismo dos dados", são de suma importância e um dos grandes Fatores Críticos de Sucesso da empreitada. Uma recente pesquisa feita pela FSFP, First San Francisco Partners, em setembro de 2017, sobre a situação de governança de dados nas empresas americanas, mostra alguns pontos interessantes acerca destes aspectos de mudanças:

1. Sobre a função de GD ser praticada de forma dedicada da empresa: 70% responderam que sim e 27,08 responderam que não (funciona só parcialmente).
2. Sobre os maiores obstáculos para o estabelecimento da estratégia de GD: Quase 40% disseram que é a falta de recursos (staff, TI, etc.), 20,83% refletem a dificuldade de se comprovar o valor (business case) e 18,75 dizendo que GD não é considerada importante.
3. Também os aspectos acerca das variadas estruturas organizacionais para GD (Centralizada, Descentralizada, Híbrida e Federada) se valem de aspectos culturais, além de geográficos e negociais e estão relacionados com mudanças.

BIG DATA&CIÊNCIA DE DADOS

Esses conceitos, em 2009, existiam em outra proporção e com denominações diferentes. Big Data era representado por VLDB, Very Large Data Bases, unicamente com dados estruturados e Ciência de Dados por tratamentos estatísticos computacionais. Agora eles ganham profundidade dentro do DAMA DMBoK® V2, tornando-o atualíssimo no atual ecossistema de dados.

MATURIDADE EM DADOS

O conceito de Avaliação de Maturidade, que, em 2009, já era forte em processos, como CMMI e MPS.BR (no Brasil), mas incipiente em dados, mereceu um capítulo à parte. Havia, naquele momento, algumas proposições de Avaliação de Maturidade de dados, sugeridas mais por empresas de tecnologia/consultoria, como IBM e Gartner, mas o assunto somente ganhou corpo (no domínio de dados) a partir da chegada do DMM[SM], em 2014, lançado pelo CMMI® Institute, hoje associado ao ISACA, forte em Cobit, ITIL e Governança de TI. O DMM[SM] e o Cobit 5 hoje já oferecem uma espécie de ferramenta (Cobit5/DMM Practices Pathway Tool) que permite mapear os resultados de seus componentes, introduzindo a melhoria de Gestão de Dados, agora diretamente em empresas que usam o Cobit5.

O novo framework da DAMA DMBoK® V2 ressalta esse importante conceito para a mesa dos decisores, que podem pensar em iniciar um Programa de GD, conhecendo antes o estado atual das práticas de dados nas empresas.

PRINCÍPIOS DE GESTÃO DE DADOS

Foi reformulado com ênfase em elementos que devem servir de balizamento para a definição de Estratégias e Políticas que subsidiarão a organização, em busca de maior valor por meio dos dados. Esses princípios continuam coerentes nos dois modelos.

O NOVO DAMA DMBOK® V2

Dessa forma, o DAMA DMBoK® V2 chega e ganha contornos de maturidade e modernidade, se posicionando como o mais completo framework disponível para apoiar a implementação de Gestão/Governança de dados nas empresas, com conceitos imprescindíveis no tratamento dos ativos organizacionais de dados. Traz assuntos recentes como Big Data, Ética nos Dados e Avaliação de Maturidade, tudo no entorno do contexto do diagrama evoluído do DAMA DMBoK® V2. Esse novo framework, dessa forma, posiciona-se como fonte obrigatória para todas as empresas que vislumbram a busca de uma Gestão e Governança de dados moderna, consistente e efetiva, sintonizada com os últimos conceitos emergentes de dados. Se você pensa em caminhar em direção à GD, não deixe de ler ou ter para consultas, o DAMA DMBoK® V2.

RESUMO DA ÓPERA

Como pode ser percebido pela análise desses frameworks mostrados, alguns elementos são seminais na formação dos conceitos de GD. A definição de uma estrutura corporativa formal, composta por elementos de negócios e de TI regida por políticas amplas de dados, é fundamental para o estabelecimento das primeiras camadas de GD. A conscientização de uma empresa que se convence de que os ativos de dados e informações não poderão mais ser vistos como produtos colaterais da execução de processos empresariais é um desafio e algo que deverá ser buscado. Como esse processo de GD não se mostra trivial, essas empresas certamente começarão por implementações e modificações culturais gradativas, alcançando patamares crescentes de maturidade, conceito discutido em outro capítulo. Uma das formas mais comuns de adoção de GD é por meio de projetos especiais de dados. Dessa forma, usa-se um projeto estruturante, de extrema importância para a empresa e, por meio dele, introduzem-se as sementes de GD.

Projetos de BI, de Qualidade, de dados regulatórios, de MDM e GDPR/LGPD estão entre os tipos mais usuais de projetos que servem como alavancadores. Esses projetos estruturantes, cada vez mais, percebem que de nada adiantará o investimento em novas plataformas, caso os dados não estejam devidamente "governados". E, por governados, não se entende mais somente a resolução física de duplicatas, ou de conflitos de hierarquias semânticas, problemas clássicos em certos domínios. Também torna-se fundamental a necessidade de definição dos papéis de gestores de dados (data stewards) e de responsáveis por dados (data owners), que se transformarão em referências responsáveis (accountability) por aquele ativo específico, dentro do contexto organizacional. Tudo isso orientado por políticas, padrões, processos etc. definidos e aprovados por estruturas de governança. Já surgem observações sobre formas de Governança de Dados, variando de uma postura mais passiva até uma mais proativa. A diferença fundamental são os fatores indutores. Uma abordagem mais passiva, na realidade, espera por fatores reativos, como um problema de compliance ou regulação, ou uma grande fonte de erros em dados, por exemplo, com impactos em reputação ou perdas financeiras. Já a Governança mais proativa tem as bases fincadas em estratégias de negócios que definem estratégias de dados e que dão origem à definição de um programa organizacional, com ampla base de apoio da alta gerência e alto comprometimento dos stakeholders.

Em ambos os casos, métricas serão demandadas e o processo (MED, Medições) se torna importante na medida em que surge para produzir indicadores sobre o andamento do programa e dos resultados alcançados. A resolução de problemas associados a Dados Mestres, por exemplo, com projetos de MDM é um dos grandes elementos indutores da GD. Os conceitos de CDI (Clientes e seus relacionamentos), PIM (Product Information Management: Produtos, Fornecedores e Preços), RDM (Reference Data Management: dados de referências, como CEP, CID, unidades de medida, de moedas, etc.) são subclassificações desses projetos e representam uma grande oportunidade para o nascimento do programa de GD, pois tratam dados fundamentais do business da empresa. Em um seminário em NYC do qual participei, a apresentação da gerente de Governança de Dados de uma das maiores empresas automobilísticas do planeta ilustrou a necessidade da empresa definir um programa global chamado CDG, Customer Data Governance, com o objetivo de pôr ordem nos dados de clientes (revendas), até então com sérios problemas de qualidade e confiabilidade. A entrada do novo CIO, em 2012, que mereceu até capa de revista na imprensa americana, deu início a esse movimento de melhor gerenciar os dados de clientes, criando uma Governança focada nesse tipo de ativo, com a estratégia de ampliar, futuramente, em direção também aos outros tipos de dados mestres (produtos, locais, etc.). A abertura do evento, feita pelo Chief Research Officer, do MDM Institute, deu o tom dessa ideia: "During 2015 and 2016, Global 5000 companies will increasingly mandate: No MDM without DG framework". Ou seja, antes de se falar em MDM, pense em governar seus dados...

Capítulo 3
GOVERNANÇA E GESTÃO DE DADOS NA PRÁTICA

Com o crescimento do volume de dados, há uma clara percepção de que as empresas já estão atrasadas com relação a um olhar mais cuidadoso em direção aos seus problemas potenciais de dados. A isso se acrescenta a amplificação dos riscos e das consequências tecnológicas e gerenciais que chegarão com o desembarque de outras tendências apontadas, como Big Data, IoT e Inteligência Artificial, que, para muitos tipos de negócios, mudarão a escala dos dados e as dimensões dos problemas e soluções por eles gerados.

ABORDAGENS

A forma mais usual de se buscar entender qual a situação atual de uma empresa com relação aos seus dados é mediante processos de avaliação/diagnósticos em áreas de negócios. Isso pode ser feito por reuniões com técnicas de dinâmicas de dados em grupo ou por entrevistas e pesquisas sobre maturidade de dados na empresa.

Dinâmicas de dados

As abordagens por dinâmicas convocam os envolvidos principais a participar do entendimento dos problemas de dados, de forma mais aberta e direta, especialmente considerando um ativo sensível e capilarizado, como são os dados de uma empresa. As dinâmicas poderão ser feitas, baseadas em temas mais críticos sobre dados da empresa, com granularidade variável. Por exemplo, *como estão os nossos dados mestres na empresa*?

Em uma visão mais vertical, *como minimizar os riscos de compliance dos nossos dados, junto aos nossos reguladores? Ou como vamos pensar na definição de um Escritório de Dados*

(DMO), a partir de um grande projeto de BI? Esses seriam exemplos de temas que poderiam compor discussões nesses caminhos. Envolvem-se, dessa forma, os diversos *stakeholders* em sessões de discussões e aprendizados colaborativos. São ações sempre muito ricas, que trazem *insights* importantes, clareando problemas e *dores* vigentes, manifestadas pelas áreas convidadas. Tem o lado positivo de provocar o envolvimento de pessoas (áreas de negócios e TI) chaves no uso/consumo/tratamento de dados, sinalizando o sentido de colaboração e cooperação, fundamentais num projeto dessa natureza. Essas dinâmicas produzem formas interativas de identificações atuais de problemas (*Oncotô*, no mineirês) e proposições de soluções (*Proncovô*, idem), que são apenas táticas simplificadas e lúdicas de comunicação e envolvimento. Ganha-se, aqui, pela abertura das discussões e pelo envolvimento de áreas, caminhos para apoios e patrocínios de mudanças que podem não ser tão triviais na implementação sem a digital de muitos do alto escalão da empresa.

ABORDAGENS DE AVALIAÇÃO DE MATURIDADE E DE ESTADO NA GESTÃO DOS DADOS

Outra forma, não excludente da primeira, é a aplicação de abordagens mais formais de Avaliação (*Assessment*) de dados. Nesse caso, podem ser aplicados diferentes modelos existentes, diretamente ou adaptados, visando entender o estágio atual de maturidade e capacidade no tratamento desses ativos. Hoje há modelos que podem servir de referência para essas abordagens mais formais. Por exemplo, o DMM^{SM} (Data Management Maturity Model), o DAMA DMBoK®, ou até o Cobit 5, agora que a ISACA incorporou o CMMI® Institute, principalmente se a sua empresa é do ramo financeiro.

Essas abordagens usam técnicas de avaliação de maturidade em áreas/domínios específicos de dados, classificando as diversas práticas em níveis de maturidade e na capacidade de implementá-las. Oferecem, assim, uma visão sobre o estado da empresa com relação às práticas de dados (Governança e Gerência) e sugerem caminhos de ajustes e evolução. Por exemplo, a avaliação formal aponta como sua empresa se encontra, em práticas de Arquitetura, Governança ou Qualidade de Dados ou Metadados, realizando entrevistas nas áreas envolvidas e montando um score, que no fundo indicará a maturidade e capacidade de implementação.

COMO COMEÇAR?

Uma empresa poderá iniciar a sua abordagem pela aplicação do modelo mais estruturado de entrevistas e reuniões e, depois, sugerir uma dinâmica para certos assuntos que mereçam uma discussão mais profunda. Também, poderá fazer o caminho inverso, iniciando com uma abordagem dinâmica motivadora que poderá ser detalhada, adiante, por um conjunto de entrevistas e pesquisas mais estruturadas. Essa tem sido a mais usada em nossas abordagens.

Neste capítulo, focaremos, de início, na abordagem mais colaborativa e interativa do MGD-Canvas, método que estamos aplicando há muitos anos em empresas às quais prestamos consultoria e em dinâmicas de cursos de pós-graduação e treinamentos *in-house*. A ideia é aplicar as técnicas de uso de Canvas, em grupos determinados, centrados sobre certos domínios de problemas de dados que mereçam a análise e discussão da empresa. Assim, pense nos problemas de negócios que podem estar relacionados com problemas de dados. Comece por:

ESCOLHER O TEMA/PROBLEMA

De início você deverá escolher com cuidado o tema das dinâmicas. Pense sempre primeiro no *Why* (Por quê). Analise o porquê da Governança de Dados na sua empresa. Pense nos problemas de negócios associados a problemas de dados. Problemas de dados podem ter amplitudes variadas, gravitando sobre pontos específicos. O mais recomendável aqui é ter uma visão gerencial de quais problemas de dados são os mais críticos, percebidos e sentidos, mesmo com uma lupa que (ainda) não esteja tão calibrada. Por exemplo, por que os projetos de BI não trazem os resultados esperados? Ou por que os dados regulatórios têm apresentado problemas junto à agência reguladora que fiscaliza os nossos negócios? Poderão ser dores mais genéricas como o porquê de existirem várias definições do mesmo dado, ou específicos, como nos preparamos para a aderência da empresa ao GDPR ou ao LGPD, que afetam (ou afetarão) as nossas empresas.

PROBLEMAS DE DADOS

Para ilustrar, com experiências reais, mostro, a seguir, uma lista de problemas de dados, observada nessas diversas dinâmicas, das quais participei como consultor: Basta olhar cuidadosamente que você verá que as empresas apresentam um conjunto padrão de problemas de dados, às vezes mascarados por nomes diferentes, mas iguais em sua essência. Ao longo desses vários anos de aplicação do MGD, Melhoria de Gestão/Governança de Dados, temos observado problemas comuns nas diversas empresas, os quais seguem sintetizados.

1. Não há uma plena visão das necessidades ou importância dos dados da organização, faltando uma estratégia definida sobre esse importante recurso.
2. A empresa não possui um controle sobre os seus dados, o que dificulta acesso a relatórios ou aos bancos de dados existentes, pela variedade, dispersão e redundância existente. Isso normalmente se dá pelos chamados "silos" de dados. Há claramente redundância de dados, manifestada pela presença duplicada do mesmo dado em fontes diferentes, normalmente em áreas de negócios diferentes, ou seja, uma replicação não gerenciada de dados por várias áreas de negócios, sem nenhum controle formal.

3. Não há definição formal para o significado dos dados. Não há padrão definido para as descrições dos dados. Não há um glossário de dados onde se tenha definições formais do significado dos dados, seus sinônimos, acrônimos, fontes, áreas responsáveis, etc. Se o mesmo dado tem variados significados, grandes chances há de que problemas poderão ocorrer em suas aplicações. Não há padrões de definição, de apresentação ou de visualização dos dados. Isso tudo produz ambiguidades e imprecisões com relação aos dados da empresa, muitos, altamente críticos no negócio da organização.

4. Os dados, quando muito, estão definidos em modelos de Entidades e Relacionamentos (DER) individualizados em sistemas, não constituindo uma visão conceitual confiável em termos de uma arquitetura sustentável de dados, no nível da organização.

5. Não há uma área formal de GD e acaba-se resolvendo os problemas relativos aos dados quase sempre de forma reativa e via muitos pontos de contatos, não raro conflitantes.

6. Há erros de cálculos de alguns indicadores/métricas, resultantes de problemas de redundância e inconsistência de dados nas diversas fontes, que deveriam ser únicas e controladas. Alguns desses indicadores podem ser elementos regulatórios exigidos por agências controladoras e a imprecisão em torno deles pode implicar notificações, glosas e multas severas.

7. As diferentes áreas procuram resolver os seus problemas de dados, sem uma visão que faça a orquestração desses esforços com áreas por onde processos comuns perpassam.

8. Empresas possuem uma variedade grande de tecnologias armazenando dados, que provavelmente estão com redundância não controlada (sistemas legados, Excel, Access ou mesmo Bancos SQL). São os "silos de dados", desenvolvidos em tempos diferentes, por projetos e equipes diferentes. Cada solução tem suas camadas de dados e não há consistência e integração entre elas, havendo replicação de dados mestres (aqueles dados pilares da empresa, como clientes, fornecedores, locais, produtos, pessoas, etc.).

9. Não há uma camada documentada para informações analíticas, nem soluções mais inteligentes de *analytics*, impedindo/dificultando a realização, por exemplo, de estudos mais elaborados de novas formas de tratamento/abordagens de clientes, devido aos problemas de silos de dados.

10. Os dados não estão associados claramente às iniciativas de negócio.

11. Os aspectos de segurança, privacidade e ética no uso dos dados não estão sendo contemplados com a devida importância exigida nos tempos de hoje dentro dos conceitos de transformação e sociedade digital e abrindo a guarda da empresa para regulações específicas como GDPR, LGPD, etc.

12. Empresas possuem sistemas de BI, com relatórios definidos, porém não garantem a veracidade dos dados (indicadores e métricas) produzidos, devido à baixa confiabilidade dos arquivos fontes. Há, nesse segmento, uma pluralidade de relatórios, cujo conteúdo, objetivos e responsáveis não estão plenamente identificados (falta a figura do *owner*/responsável pelos dados, ou de seus gestores). Os conceitos de SSBI (Self-Service BI), que oferecem facilidades aos usuários finais para a elaboração de seus relatórios, sem grande intervenção ou participação da TI, são crescentes e exigem uma visão cuidadosa dessa camada, sem o que a empresa poderá perder controle sobre quem acessa o quê, como, quais relatórios são produzidos, com que grau de segurança, etc.

13. Em conversas diretas com usuários, você percebe que há problemas como:
    - Alguns usuários possuem os dados de que precisam, porém de forma incompleta, faltando elementos/atributos necessários.
    - Por vezes, os dados existem, porém estão com qualidade aquém do necessário, como erros de endereços, CEPs, CPF ausente, nomes incompletos, sexo e outros atributos não contemplados. São erros de completude, de precisão, etc.
    - Por vezes, o dado existe, até na totalidade requerida, porém o problema de "temporalidade" impede que os dados cheguem a quem precisa no momento exato da sua necessidade. É quase igual a não ter os dados.
    - Por vezes, é fundamental entender o ciclo de vida dos dados, ou seja, o fluxo dos dados em movimento, que vai do seu nascimento (criação/compra externa) até a sua ida para arquivos secundários. Conhecendo a linhagem ou trajeto dos dados, por entre sistemas e módulos, muitos problemas são mais rapidamente resolvidos.

CONCLUSÃO

Aqui você tem um conjunto (provavelmente comum) de problemas encontrados em diversas empresas, acerca de seus dados, independentemente do seu *business*. Você, que leu até aqui, provavelmente identificou alguns. Há outros tantos, que poderão aflorar nas dinâmicas propostas ou em avaliações formais, mas sempre correlacionados com os anteriores. É importante entender e não esperar soluções mágicas, vindas de tecnologias revolucionárias, de processos milagrosos, de Canvas inovadores ou de análises de maturidade. São meramente elementos ferramentais. Botar ordem nos dados de uma empresa é tarefa árdua e exige caminhos cuidadosos, alguns deles com obstáculos culturais fortes, conforme discutiremos adiante. A governança de dados e as suas gerências vieram justamente para tratar disso, e você começa a entender um pouquinho mais a partir de agora.

GOVERNANÇA DE DADOS: O QUE É MESMO?

Há dezenas de definições de Governança de Dados, algumas já discutidas anteriormente. Para todos os gostos e visões. De forma bem simplificada, a governança de dados é um conjunto de práticas, dispostas em um *framework*, com o objetivo de organizar o uso e o controle adequado dos dados como um ativo organizacional. Seria, por assim dizer, uma forma de pôr ordem na casa com relação aos aspectos de dados, visando disponibilidade, integridade, consistência, usabilidade, segurança, controle, etc. Metaforicamente a Governança de Dados seria uma espécie de Legislativo e Judiciário dos dados, enquanto que a Gerência seria o Executivo dos dados. Juntas, formam a Gestão de Dados. A figura 1 mostra essa definição, fundamental para iniciarmos as discussões sobre sua aplicação prática, destacando os Ps (conceitos) que embasam a Governança. Sinteticamente vamos entender que a GD é um programa e não um projeto, que tem início, meio e fim. Um programa é algo que se desenvolve ao longo do tempo com certa perenidade, podendo envolver vários projetos (com seus planos), alguns dos quais falamos (LGPD, BI, Big Data, etc.). A GD vai ter que ter Patrocínio, devido aos aspectos culturais e de mudanças trazidas no seu contexto, além de investimentos em pessoas e plataformas. Como guia dessas iniciativas de dados, deverão ser definidos alguns outros elementos: Políticas (regras mais direcionadoras que buscam um ou mais objetivos), Padrões (elementos que obrigam a certos enquadramentos, para que se alcance devidamente os objetivos), Processos ou procedimentos, que definem ações, Pessoas com seus papéis, desempenhando ações para o alcance dos objetivos, Comunicação (Participação), no sentido de divulgar e manter as informações sobre o que está acontecendo na GD e nos projetos drivers, Performance, no sentido de se avaliar, com medidas, o andamento e o alcance das ações, a fim de mostrar os seus avanços e finalmente Plataformas tecnológicas de base. Mais adiante, aprofundaremos nesses conceitos.

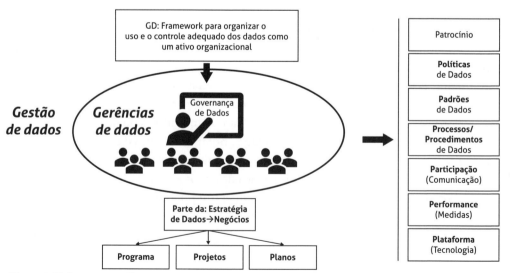

Figura 1: Visão geral de Governança de dados

As figuras 2 e 3 mostram a visão da governança de dados através dos 5W2H, que embasam o uso do MGD-Canvas, discutido adiante. Costumo dizer que 5W2H é uma das maiores invenções da humanidade depois da roda. Ele permite decompor qualquer assunto em elementos dimensionais que facilitam o seu entendimento. Pensar a GD com uma visão de 5W2H também facilita em muito a sua aplicação. O Why apontará o porquê da iniciativa, suas razões de negócios, o What, a essência dos dados e metadados envolvidos nela, o Where indicará a geografia da solução de GD, via as áreas envolvidas. Nela você encontrará alguns dos Who importantes, o When sinalizará a relação temporal das ações e os restantes How much e How many, servirão para os elementos numéricos como indicadores de progresso, valores de investimento, etc.

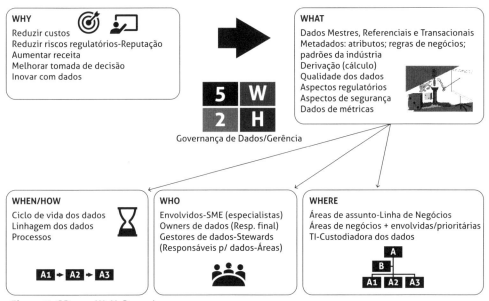

Figura 2: GD via 5W2H, Parte I

USO DO MGD CANVAS: MELHORIA DE GESTÃO/ GOVERNANÇA

A prática de aplicação de abordagens visuais e colaborativas, centradas em discussão de vários grupos, em torno de modelos do tipo Canvas, é uma das propostas que adotamos. Elas se utilizam dos conceitos basais e centenários de 5W2H, independentemente de sua área. O conceito de 5W2H foi aplicado nos anos 1970/1980 por John Zachman, quando criou os seus famosos *frameworks* focados em arquitetura empresarial e arquitetura de sistemas de informação. Atrelado a isso, Zachman desenvolveu, no seu framework, a aplicação de técnicas de tradução de ideias abstratas em elementos materializados, criando

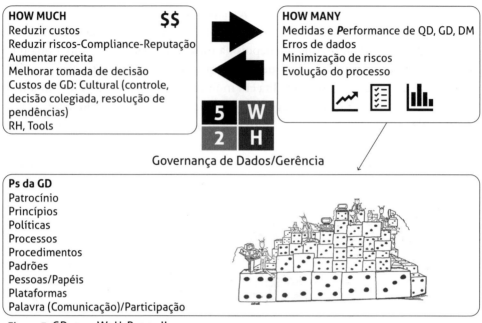

Figura 3: GD via-5W2H-Parte II

matrizes de duas dimensões, que facilitam o seu pleno entendimento e a discussão em grupo. Essas técnicas foram recentemente aplicadas, com os devidos ajustes, em abordagens para discussão de problemas de negócios, de forma ampla. Surgiu com Business Model Generation, de Alexander Osterwalder e Yves Pigneur, seguido por Project Model Canvas, desenvolvido por José Finocchio Júnior e outros como Learning 3.0, de Alexandre Magno Figueiredo. Hoje há diversas proposições de Canvas para diferentes assuntos. Fernanda Farinelli, minha ex-aluna e parceira de trabalhos em dados, desenvolveu um Canvas para discussão sobre Arquitetura de Dados. O site **canvanizer.com**, por exemplo, permite o desenvolvimento de seus próprios Canvas para aplicações gerais, projetos de serviços, negócios e gerência de projeto. Aliado a isso, vivemos a época da comunicação e do pensamento visual, onde desenhos, croquis, gráficos e cartoons são fortes aliados no processo de ilustração, transmissão e retenção de conceitos e ideias. No contexto de dados, ainda sem algo proposto nessa linha, desenvolvemos dois Canvas para uma abordagem visual e interativa, com o objetivo de discutir as aplicações de conceitos de Governança e Gestão nas empresas:

1. O MGD-Canvas para Melhoria de Gestão de Dados chamado de UAAI Data Learning: é uma abordagem baseada nos conceitos de 5W2H, com o objetivo de facilitar discussões de problemas e aprendizados sobre os dados. UAAI vem de "Uma Abordagem de Aprendizado Interativo". Tem o propósito de fazer a primeira abordagem para se tratar aspectos de dados na empresa, levantando problemas

de negócios gerados pelos eventuais "descontroles" que gravitam em torno desse tipo de recurso na organização, alguns dos quais exemplificados anteriormente.

2. Canvas-Ps da Governança e Gestão de Dados: é uma ferramenta complementar, usada juntamente com a primeira, e tem o objetivo de registrar os conceitos *core* de Governança e Gestão de Dados, coincidentemente manifestados em palavras começadas com a letra "P". O primeiro, o Canvas-MGD vai conduzir a discussão do problema de negócios aos elementos estruturantes de dados, que serão contextualizados nas práticas de Governança e Gerência de Dados, detalhados neste segundo diagrama, com as especificações dos Ps.

É importante enfatizar que nenhuma ferramenta tem o poder mágico de realizar transformações. Essas proposições, simples em suas essências, estão aí para facilitar a aplicação dos conceitos de Governança e Gerência de dados, de forma prática e não cansativa. Mas não serão elas, por si só, as produtoras dessas soluções. O *Peopleware* continua, como sempre, o elemento mais importante nessas soluções e aliado com *Patrocínio*, formam os dois Ps fundamentais da proposta.

As figuras 4 e 5 mostram esses dois elementos do Canvas (MGD e P) que temos aplicados ao longo das consultorias e treinamentos em GD, com grande aceitação e ótimos resultados. No fundo, os grupos começam a discutir os problemas de dados, ideias e

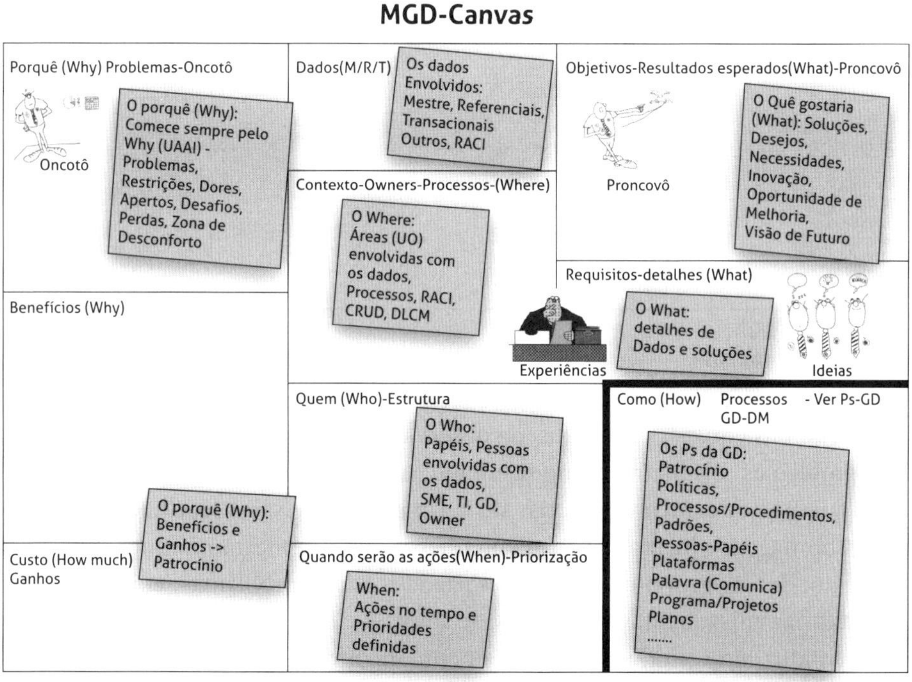

MGD-Canvas

Figura 4: MGD: Melhoria de Gestão de dados-Canvas, Detalhes

possíveis soluções e trilham um caminho, colocando suas observações consensadas nos respectivos compartimentos do Canvas daquele grupo. Depois de um tempo, cada grupo manda um representante visitar o outro grupo, onde leva as suas ideias para a solução do problema e também captura percepções e "insights", que poderão ser agregados. Essa é a essência do aprendizado compartilhado. Ao final da sessão, cada grupo expõe suas sugestões e soluções para todos. O coordenador da sessão, juntamente com os grupos, fecha e faz uma síntese dos problemas, dos envolvidos e das potenciais soluções, além dos principais Ps da GD que poderão compor a solução de dados. Desse laboratório de múltiplas participações e envolvidos sairão as ideias produzidas por diferentes visões.

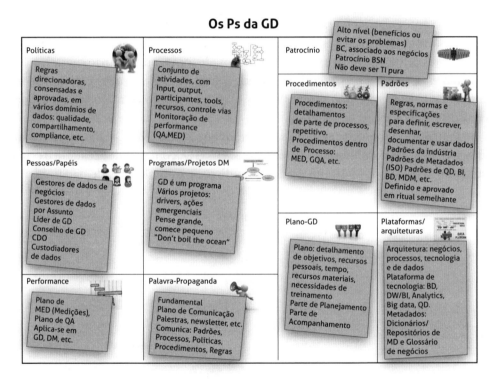

Figura 5: Canvas Ps da GD

O trabalho das equipes envolvidas na observação dos problemas de dados e nos dados com problemas produzirá, como resultado, uma visão em nível inicial de possíveis soluções, que posteriormente poderão ser refinadas em visões detalhadas. O grande mérito da abordagem é justamente o envolvimento, em um mesmo momento e defronte a um artefato, de um grupo de pessoas associadas com os problemas, cujas ideias serão consideradas e analisadas nas definições de soluções. Essas interações e refinamentos sucessivos conduzirão à produção e levantamento de informações fundamentais sobre os problemas de dados e os dados com problemas. Por exemplo: fontes de dados, significado dos dados, áreas envolvidas, processos envolvidos, dados envolvidos nos processos, ciclo de vida dos dados, alguns Ps como Patrocínio, Políticas, Padrões, Processos, Procedimentos, Pessoas/papéis/responsabilidades, Participação (comunicação), Performance (medidas a serem feitas para se avaliar o andamento dos trabalhos) e Plataformas (conjunto de produtos e ferramentas que poderão ajudar no estabelecimento e na condução da GD).

Agora, observe a figura 6. Ela mostra uma ilustração inicial desenvolvida no exercício sobre os problemas de dados de um grande Museu de BH, enfatizando os 5W2H, num *cartoon* do autor. O uso de ilustrações tem sido cada vez mais aplicado em ambientes de aprendizado e discussões em grupos e aqui chamo de "cartoon thinking". A ideia, neste exemplo, é entender os aspectos de geração de Big Data nas visitas em espaços do museu, através de um crachá com RFID ou equivalente, que enviaria posição geográfica do visitante, associaria com seus dados já coletados na inscrição, sugeriria preferência de obras visitadas, estilos, artistas, etc. Observe que destacamos os principais tipos de dados observados no ambiente de um importante Museu de BH (What), com suas classificações: (M)estres, (R)eferenciais e (T)ransacionais. Os outros W e H também aparecem, como *Where, How, When*, além do importante *Why* e dos quantitativos How *much* e How *many*. Se um desenho vale por 100 palavras, às vezes, um *cartoon* vale por muitas expressões de requisitos e componentes de dados.

No exemplo prático, mostrados a seguir, centraremos no uso dos dois artefatos Canvas MGD.

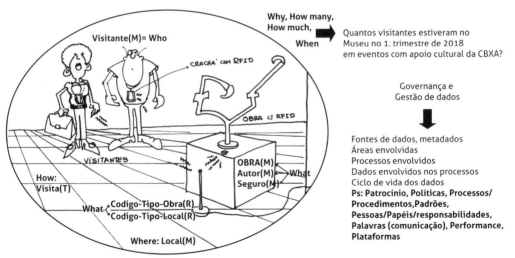

Figura 6: Cartoon thinking: Conceitos de dados em uma visita a um Museu

Canvas-MGD-Melhoria de Governança e Gerência de Dados: Detalhe

Agora vamos navegar num exemplo real, devidamente anonimizado para se mostrar como se captura problemas de dados, via a abordagem de MGD. Observem as seguintes divisões/compartimentos no Canvas MGD. Na medida em que progredimos por esses compartimentos do MGD discutindo o 5W2H, ideias sobre os Ps da GD aparecem e devem ser registradas naquele instrumento (Canvas P). Vamos entender primeiro as seções do Canvas MGD:

Por quê (*Why*)

Aqui, você convida os participantes a pensarem nos problemas de dados que estão no foco ou no contexto da discussão de negócios daquela sessão. É o oncotô. O assunto já deverá ter sido levantado ou sintetizado, normalmente por um condutor das reuniões de Canvas. O coordenador da sessão tem somente o objetivo de garantir a plena funcionalidade da sessão, através da organização da agenda, controle do tempo, definição de momentos específicos para as atividades, etc. Além disso, cabe a ele a missão de introduzir o tema/problema e conduzir as discussões dentro do tempo planejado e orientando os grupos, cada qual defronte a um Canvas MGD. Nesse ponto, a indução é para que surjam os problemas, os impactos, as perdas e "dores" observadas no negócio (em função dos dados), seus problemas e possíveis causas e "raízes" geradoras. Aqui estamos aprofundando o contexto do problema, trazido como mote inicial da discussão. Lembre-se da lista de possíveis problemas, discutida anteriormente, que poderão ajudá-lo na definição do "problema" da sessão.

EXEMPLO PRÁTICO

Suponha que estamos em um ambiente de uma grande prestadora de serviços de saúde, que opera planos de atendimentos, via rede de hospitais próprios ou conveniados. Suponha que os grandes problemas, neste momento, sejam as recorrentes ações de notificações regulatórias da ANS, Agência Nacional de Saúde Suplementar, com autos de infração resultantes de dados não condizentes acerca de atendimentos, consultas, protocolos clínicos e também reclamações sobre demora em tempo de atendimento.

Observe que, no tratamento dos problemas (via Why), pode surgir o elemento disparador para a empresa pensar em melhor gerir e governar os seus dados. Seriam chamadas a participar as áreas envolvidas no core do problema, por exemplo a GOP, Gerência de Operações (envolve consultas, atendimentos/agendamento), e a GCO, Gerência de Compliance, além da TI.

Vamos considerar, por hipótese, que os problemas devem-se a dados inconsistentes, com lacunas de informações entre os relatórios enviados, além de reclamações sobre atendimentos que ultrapassam o tempo máximo definido pela ANS. Aqui podemos caracterizar quantitativa ou qualitativamente a incidência e os impactos dos problemas.

Aqui, na essência, observam-se problemas de consistência nos dados regulatórios e a necessidade de levantamento de dados sobre processos de marcação e atendimento de consultas.

Outro ponto sugerido no plano estratégico da organização, que poderia ser trazido à discussão nesta sessão ou em outra, é a proposição sobre "monetização" dos dados da organização. Nessa linha de novos negócios, visando aumento da receita, há uma ideia inicial de se comercializar um conjunto de informações de interesse da indústria farmacêutica/seguradoras/entidades do governo, compondo dados sociodemográficos, consolidados e "totalmente anônimos" de doenças, regiões (estado, cidade, bairro), faixa etária, sexo, profissão, tipos de exames realizados, tratamentos sugeridos, etc. Esses dados poderiam ser de interesse desses segmentos citados, e esse novo tipo business poderia ser uma fonte a ser discutida, embora os aspectos cuidadosos de "privacidade" e "segurança" devam ser criteriosamente analisados, mesmo com fortes técnicas de "anonimização" dos dados, por exemplo. Ainda mais agora, com a chegada das leis GDPR e LGPD. Entretanto, é fundamental entender que monetização dos dados não significa somente a sua comercialização. Com o conceito de transformação digital, a monetização passa pela busca de novas aplicações sobre os dados que podem trazer valor aos negócios e que ainda não foram pensadas. Hoje, com a chegada de IA, esse potencial é ampliado, permitindo a criação de novos aplicativos até então não pensados ou "imobilizados" por falta de tecnologia. Isso poderia gerar também ideias.

Observe que o detalhamento/discussão sobre os pontos mencionados pode também ser feito numa sessão especial usando o Canvas UAAI Data Learning, para levantar os detalhes sobre a sua origem e consequências específicas do problema. O uso do template da figura 7 serve para apoiar no registro dos problemas e das áreas e funções envolvidas (Why, Where e Who), caso o post-it não seja suficiente.

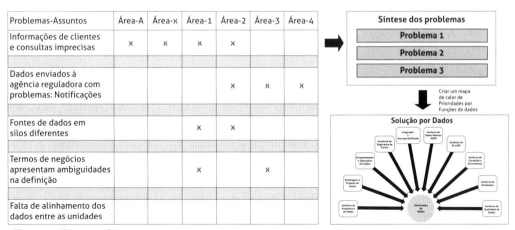

Figura 7: MATRIZ DE PROBLEMAS

O quê (What)

É o proncovô. Nesse compartimento, registra-se o que se espera alcançar. Os objetivos (What/Which) que se espera atingir, resolvendo os problemas ou mitigando as perdas e dores apontadas anteriormente (no Why), associadas com o negócio da empresa, impactados pelos dados e seus problemas. Os resultados desejados deverão ser definidos em função de como os dados podem apoiar os negócios da organização. Para evitar que aqui sejam colocados simplesmente os contrapontos dos problemas, um nível pensado de detalhe das soluções já pode começar por aqui (Requisitos-detalhes). Neste momento, estamos no contexto da solução.

EXEMPLO PRÁTICO

Nesse nosso exemplo, os objetivos a serem alcançados serão, obviamente, a redução, em proporções acordadas, dos indicadores apontados pelas autuações da ANS (inconsistência entre os dados enviados e o percentual de consultas realizadas fora do prazo máximo de espera), mitigando os riscos de multas e glosas.

Também objetivaria analisar a gênese dos problemas, buscando soluções que evitem e/ou minimizem a sua reincidência, analisando densidade de atendimentos, tempos médios de esperas, geografia dos problemas, processos aplicados, qualidade dos dados, etc. Claro que os detalhamentos deverão ser realizados posteriormente, e, na reunião do Canvas, sairíamos com os apontamentos de prioridades de ações.

Uma análise do alcance desses objetivos, com a observação dos stakeholders envolvidos já antecipará, em parte, o Where, ou seja, as áreas/unidades de negócios por onde esses dados observados circulam e têm o seu CRUD efetuado (são definidos/criados, trabalhados/lidos e atualizados/eliminados).

Observe que, pela decomposição e análise dos problemas mencionados e as suas possíveis soluções, os dados emergem e serão anotados no compartimento Dados (M, R, T), classificados como Mestre, Referencial, Transacional ou outros.

• • • • • • • • • • •

Ainda atrelados a esse contexto, focamos nos resultados e obtemos os requisitos de dados (What), vistos como uma forma de detalhamento dos Resultados desejados. Mostra os requisitos, na forma de elementos e soluções de dados, detalhando, ainda mais, o contexto da solução. Por exemplo, um relatório analítico de dados, com consultas marcadas, canceladas (seus motivos) e realizadas, dimensionadas por local e tempo, poderia ser um requisito de dados com mais detalhes. Dessa forma, alguns dados começam a aflorar na análise e sugerir soluções. Aqui podemos se ganhar alguns insights iniciais sobre o How much/How many, por exemplo, vislumbrando possíveis quantificações aproximadas (custo ou expectativas de investimento) com soluções de BI ou Analytics.

EXEMPLO PRÁTICO

Nesse ponto, dentro da tal Operadora de Saúde, partimos para o detalhamento das soluções nas formas de requisitos de dados e de sistemas. Já é possível agora termos a percepção inicial dos principais dados envolvidos nos problemas (registrados em Dados-Mestres/Transacionais) e potencialmente na solução a ser pensada. De acordo com os problemas apresentados, identificamos dados de consultas médicas realizadas (classificados como Transacionais), cuja responsabilidade é da GOP, Gerência de Operações, dados inconsistentes relativos a clientes atendidos (classificados como Mestres), tipos de planos usados (classificados como Referenciais), especialidades médicas envolvidas (Referenciais), CID (Referenciais), etc. cuja responsabilidade seria da GPC, Gerência de Planos e Convênios. Aqui você pensa sobre os tipos de dados e busca uma classificação para ele. A classificação, entenda-se, aponta dados com comportamentos diferentes dentro dos negócios. E comportamentos diferentes sugerem ciclos de vidas diferentes. Assim, você começa a entender melhor os dados em que se baseiam os seus negócios da organização. A garimpagem dos dados envolvidos nesse contexto da solução sugere uma análise semântica mais detalhada sobre eles e seus significados. É necessário o entendimento semântico dos dados. Glossários iniciais de dados poderão ser definidos, visando à melhoria semântica dos significados. Por exemplo, o que é uma consulta cancelada? É cancelada pela prestadora, cancelada pelo cliente, etc. Qual o conceito de Vida, dentro do contexto de um Plano de Saúde?

Chegamos aos metadados – os dados, suas definições, regras de formação, tipo, etc. Aspectos de qualidade do dado, bem como os detalhes regulatórios ou de segurança daquele dado podem ser observados aqui. Aspectos associados com áreas organizacionais que diretamente se relacionam com ciclo de vida do dado (criação, uso, atualização, etc.) poderão aparecer com mais detalhes na medida em que transitamos pelos outros elementos do 5W2H. Essa visão conceitual dos dados, nesse substrato da solução, é um dos primeiros ganhos da GD neste momento, permitindo um entendimento melhor dos dados que existem, além de uma checagem em relação à arquitetura formal de dados existente, por exemplo. Aqui já nasceria a ideia de um "processo" formal para a catalogação de dados (relativo ao P, de processos no Canvas de GD). A catalogação dos dados, por sua vez, exigiria treinamento, comunicação, gestor responsável, etc. Outro aspecto relacionado aos dados, se estiverem no domínio dos problemas, poderia ser, por exemplo, a classificação dos dados quanto aos aspectos de segurança e regulação, em função dos problemas e preocupações nesse domínio.

A chegada do conceito de GDPR e da LGPD poderia ensejar essa visão. Por exemplo, os dados poderiam ser classificados como críticos, seguros ou abertos. Os dados críticos seriam, por exemplo, os dados de identificação pessoal e os dados sensíveis. Os PII, Personal Identifiable Information, são aqueles que permitem a identificação de um cliente; os dados sensíveis, aqueles que deverão estar protegidos, como informações sobre consultas, doenças e tratamentos, informações hereditárias, genéticas, etc. Os dados abertos são aqueles que não demandam esse tipo de proteção, como provedores de serviços de saúde, médicos, hospitais, etc. Por fim, as

72 ⁙ Governança de Dados: Conceitos, Práticas e Novos Caminhos

fontes de dados existentes seriam identificadas como os BD (Bancos de dados), ERP, DW, etc., onde se armazenam esses dados e que seria posteriormente registrado no P de "Plataformas".

Com os problemas analisados nesse nível, já podemos pensar em requisitos na forma de soluções de Governança e/ou de Tecnologia. As de Governança entrarão na revisão/elaboração/aprovação/divulgação de Políticas, Padrões, Processos, Procedimentos que ajustem os aspectos de inconsistência dos dados e de marcação de consultas, por exemplo, evitando a sua reincidência. Serão detalhadas no Canvas P.

Os primeiros insights sobre os possíveis responsáveis pelos dados, como owner/governors, Gestores e SME (Especialistas) já iluminam o Who e o Where do nosso levantamento. Há uma grande chance de que as áreas envolvidas sejam as candidatas formais a se tornarem os Owners/Governors e se revestirem da responsabilidade formal e final pelos dados (accountability), quando o Processo de Governança for definido e aprovado. Dentro de cada uma estariam os potenciais gestores de dados.

Os requisitos de tecnologia poderão passar por sistemas de BI/Analytics com maior controle sobre os indicadores de defasagem das consultas, ou ainda sistemas preditivos que possam antecipar o potencial de consultas, em função de históricos de atendimento, doenças e reincidências dos clientes, além de outras proposições que poderiam ser um novo repositório de informações na forma de um DW ou Data Lake (contendo dados de imagens/exames ou outros não estruturados, ou soluções de integração de dados, via MDM, caso os dados estejam em silos separados).

Neste momento, estamos imaginando alternativas que, obviamente, deverão ser aprofundadas a posteriori. Assim, vamos construindo um croqui do contexto da solução.

• • • • • • • • • • • •

Associado ao **Why** e ao **What**, também há os benefícios que serão obtidos na resolução dos problemas e no alcance dos resultados de negócios. O que se espera produzir aqui seriam as prioridades de solução (dos problemas), em função dos ganhos, além de se estabelecerem elementos de forte convencimento para a atuação juntamente à alta gerência. Isso, todos sabemos, é altamente crítico no apoio aos movimentos de Governança e Gestão de dados. Também aqui há traços de **How Much/How many**, de ganhos e custos, neste momento, não tangíveis e que se tornam fundamentais na busca do P de Patrocínio (a ser anotado no Canvas P).

EXEMPLO PRÁTICO

Nesse ponto estamos consolidando, em nossa Operadora, os potenciais ganhos vislumbrados para apresentar à alta gerência, como elementos de convencimento, enfatizando como as ações de Governança e Gerência de dados podem melhorar problemas de negócios. Lembre-se do poder de síntese e traduza isso em um elevator speech[1], para eventuais encontros informais

---

1 A expressão *elevator speech* diz respeito a conversas, diálogos rápidos que a pessoas têm em elevadores.

com o alto board. Ou planeje mais formalmente um ciclo de apresentações que busque o P do Patrocínio, caso ele esteja em horizonte distante. Não saia de casa sem ele!

• • • • • • • • • • • •

Onde (Where)

Este nos aponta para o contexto daqueles problemas e das soluções previstas. Em outras palavras, diz respeito às áreas ou assuntos que estarão envolvidos na solução daqueles problemas de dados, discutidos via Canvas-MGD. Os dados envolvidos já foram identificados de acordo com suas classificações: Mestres, Referenciais ou Transacionais e colocados no *slot* específico. Sugestões de áreas apareceram. Agora, aprofunde-se nos potenciais *owners* dos dados, ou seja, as áreas mais afetadas ou para cujo *business* aqueles dados são os mais críticos. Ou quem sabe, as áreas onde os dados são definidos e criados. Também os potenciais gestores e/ou responsáveis (**Who**), normalmente surgidos nas figuras dos especialistas de negócios que trabalham com aqueles dados, começam a ser identificados. Também aqui nasce a visão de DLCM, dando a ideia sobre o fluxo que os dados seguem, ou seja, por onde eles circulam e a quais processamentos são submetidos.

Isso facilita a identificação da linhagem dos dados, ou a sua trilha de "vida", desde a origem e criação até o armazenamento final, elencando pontos de potenciais inserções de problemas. Esses pontos serão elementos fundamentais de análise e detalhamento quando do aparecimento de problemas de dados. O elemento **Where** tem tangência com o **Who**, porém fica mais centrado em áreas ou unidades de negócios, enquanto o **Who** fica mais para papéis e pessoas.

Atividades	Descrição	A1	A2	A3	A4	A5
Definir a categorias de dados	Taxonomia de dados	R	A	C	C	I
Definir os gestores envolvidos	Especialistas	C	A	C	I	I
Definir os Atributos para os dados do Glossário (metadados)	Nome, categoria, definição, definição plena, criticidade, cálculos, regras de negócios, etc.	R	A	C	C	
Definir os papéis para o Glossário	Accountable, responsabilidade, envolvidos	R				
Estabelecer os critérios para CDE	O que são dados críticos					
Definir os CDEs	Quais serão os inicialmente carregados					
Avaliar fontes de dados críticos	Dados, áreas de negócios, LOB					
Definir processo de Manutenção do Glossário	Processo					
Definir processo de QA do Glossário	QA de uso e conteúdo					

Figura 8: Matriz RACI Aplicada para definição de Glossário de dados

EXEMPLO PRÁTICO

Nesse ponto, na nossa hipotética operadora, já estamos com a visão dos problemas desenvolvida em certo estágio e conhecemos os principais dados merecedores da atenção. Nesse espaço, busca-se a formalização das áreas principais (unidades de negócios) que se envolvem com aqueles dados, no contexto do problema. Lembre-se que os dados são capilares e perpassam várias unidades organizacionais da empresa. Algumas gerências já foram mencionadas e, a seguir, busca-se o cruzamento de seus processos com os dados envolvidos.

Uma matriz de Processos x Dados pode ser útil neste momento, mostrando o fluxo dos dados por entre os processos da área. Isso dará uma visão sobre o ciclo de vida dos dados (onde são definidos, nascem, são modificados, são consumidos e são aposentados).

Uma matriz RACI é outro elemento importante que ajuda nesta abordagem, mostrando os R, responsáveis pelo processo; os A, apontando os que têm accountability ou responsabilidade final; os C, que são consultados, normalmente associados com os especialistas no assunto; e os I, que são "informados", ou seja, os que participam somente recebendo informações. Algumas aplicações de matriz RACI já evoluíram com a colocação de outros papéis, por exemplo, M, Manager, gerente responsável pela entrega, que pode ser diferente do responsável por aquela atividade. Dessa forma, a matriz RACI pode evoluir para RACIM. A figura 8 ilustra um template RACI, aplicado no Planejamento de um glossário de dados. A figura 9 complementa essas informações importantes, registrando a Matriz DPU, com quem define, produz e usa os dados envolvidos naquele contexto. É importante observar que os templates aqui mostrados já poderão estar integrados com as ferramentas de GD, hoje existentes no mercado. Elas oferecem esses diversos instrumentos gráficos, com facilidades de automatização, controle, compartilhamento, etc.

Atividades	Área-01	Área-02	Área-03	Área-04	TI-Fontes-Dados	TI-Sistemas
Clientes						
Contas						
Produtos						
Faturamento						

D-Define
P-Produz/Cria
U-Usa-(Leitura, Atualiza, Delete)

Figura 9: Matriz DPU: Definição, Produção, Uso de dados

O Where facilita a identificação da organização/área que será (ou já é) forte candidata ao papel de Owner dos dados. A palavra owner, evitada por muitos especialistas, pode sugerir um retorno ao "proprietarismo" indesejável. Na realidade, ela sugere o sentido de accountability, ou responsabilidade final e formal sobre aqueles elementos de dados. Por esse motivo, a palavra Governor pode ser usada. Caso haja duas ou mais áreas, deve-se atribuir à área mais envolvida/sensível o papel de Owner/Governor ou Accountable for.

No exemplo hipotético em desenvolvimento, vemos que há certa afinidade de áreas com os dados Mestres e Transacionais. Por exemplo, a GOP, com os dados transacionais de consultas e atendimentos, a GCO e seus prestadores (Dados mestres de Prestadores de serviços), a GPM, Gerência de Procedimentos Médicos e protocolos clínicos, com controle sobre dados de referência de códigos de atendimento, de doenças e protocolos, etc. Assim vamos explorando o universo das inter-relações dos dados com o negócio da organização e convertendo os dados em elementos fundamentais e conhecidos do negócio da organização. Esse é um ponto fundamental.

Quem (Who)

Trabalhando o *Where*, certamente encontramos o *Who*, ou quais serão as pessoas/papéis (*Who*) envolvidos nas estruturas (*Where*), que conhecem os dados e fazem a sua gestão (mesmo que informal). Aqui já começamos a pensar nos potenciais papéis que comporão uma estrutura de GD. Começamos pelo *Board* de executivos de GD, com representantes para as decisões mais organizacionais. Essa camada cuida da estratégia, envolve os gerentes seniores, os *owners* de dados e representa o nível para onde problemas de dados da organização são escalonados e resolvidos. Abaixo pode-se ter um Comitê de Gestores para, no nível tático, conduzir essas ações de dados nas diversas áreas envolvidas, contando com os gestores líderes das áreas. Formam ou atuam em conjunto ou na supervisão do Grupo

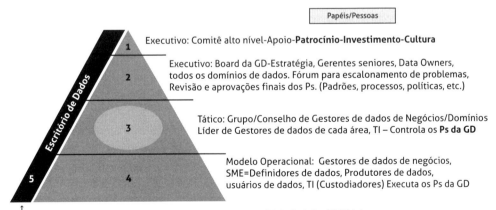

Figura 10: PIRÂMIDE ORGANIZACIONAL-GOVERNANÇA DE DADOS

de Implantação de GD na empresa, chamado de DMO ou Escritório de Dados. No nível abaixo, estão as forças operacionais, constituídas pelos SME (analistas ou responsáveis das áreas que atuam com aqueles dados), além dos envolvidos da TI, como analistas de BD, arquitetos de dados. Dependendo da empresa, há diferentes tipos de gestores de dados, chamados de *data stewards* (de negócios, de projetos, de operação, por assunto, etc.). Assim, você já vai montando as visões de quem participará no domínio da solução (dos problemas) de dados, dentro da visão de GD. Uma abordagem sugerida por Bob Seiner (KIK Consulting), via sua GD não invasiva, é justamente observar e aproveitar os recursos já existentes, provendo a complementação para a sua formação no tratamento dos dados. Há uma máxima que diz que os gestores de dados já existem na sua organização. Você é que ainda não os identificou e formalizou. Na camada superior da pirâmide, há um Comitê de alto nível, cujo grande papel é a sustentabilidade do programa de GD, em termos de garantia do Patrocínio, Investimento e apoio na mudança cultural exigida.

A figura 10 mostra o modelo operacional sugerido para a estruturação de um programa de GD nas empresas. É óbvio que essa formação dependerá do porte da empresa, do seu grau de maturidade e propensão para a cultura *data driven*. Outras estruturas mais enxutas poderão ser formadas, atentando-se, entretanto, para a criticidade dos papéis de patrocinadores de um programa dessa magnitude, sem o que as chances de sucesso se reduzem. Mais adiante, quando falarmos de Papéis/Pessoas, daremos mais detalhes.

EXEMPLO PRÁTICO

Nesse ponto, já estamos com a visão das áreas que têm envolvimento forte com os dados no contexto dos problemas e já criamos possíveis participações na solução que se deseja.

Os chamados SME (Subject Matter Experts), ou especialistas da área de negócios que trabalham com os dados, já podem ser identificados nas gerências discutidas anteriormente. Esses poderão ser (se já não são, mesmo que informalmente) os potenciais gestores de dados, responsáveis pelo recurso naquele contexto gerencial.

Mecanismos de formalização dessas posições deverão ser pensados na alta gerência e um conjunto de treinamento em conceitos de GD será obviamente planejado e desenvolvido, visando à sua formação.

Na formalização das posições de GD, poderá haver conflito, quando os dados são fundamentais e tratados (até com atributos diferentes) por UO (unidades organizacionais) diferentes. Nesse momento, as decisões sobre uma gestão de dados compartilhada, alinhavada por um Grupo/Comitê de Gestores, no plano tático, pode ser pensada, e/ou pela definição de um Gestor de dados por Assunto, que englobaria a autoridade sobre aquele dado, válida para todas as UOs que o utilizam.

Quando (When)

Identificadas as principais ações, mesmo que em visão inicial, traçaremos o conjunto das realizações na linha do tempo, estabelecendo prioridade em função da criticidade dos dados e dos problemas circundantes. Surge, assim, um cronograma das primeiras atividades de GD para a resolução dos problemas elencados.

EXEMPLO PRÁTICO

Nesse ponto, já estamos com a visão definida sobre prioridades de ação, que se transformarão em itens e prioridades de um plano de ação de Dados. Por exemplo, em função das multas resultantes das autuações e dos aspectos de reputação, a prioridade será sobre regulação, observando os dados inconsistentes enviados à ANS e a resolução dos problemas de marcação de consultas, nas quais os dados apoiarão nas soluções. Os aspectos sobre possíveis ações de monetização dos dados serão analisados como segunda prioridade.

Quanto (How much/How many)

Nesse ponto, já poderemos ter uma ideia sobre os custos aproximados envolvidos nas ações de implementação, ou pelo menos subsídios para procurar mais detalhes de investimentos necessários.

EXEMPLO PRÁTICO

Aqui podemos desenvolver, em uma visão inicial, aspectos de custos e prazos, em função das definições dos requisitos a serem desenvolvidos. Isso, claro, será detalhado em planos subsequentes. O custo parcial dos "gestores de dados", que dedicarão parte do seu tempo às funções de GD, poderá ser inicialmente discutido.

• • • • • • • • • • •

Finalmente chegamos ao **How**: Esse ponto será detalhado e aprofundado nos diferentes conceitos de Governança e Gestão de dados, analisados no outro Canvas. Nele poderemos mergulhar em cada item fundamental da estratégia de GD, chegando a uma visão próxima de sua proposta para implementação. Isso poderá acontecer em sessões subsequentes de trabalho.

EXEMPLO PRÁTICO

Passamos agora a detalhar aspectos relacionados aos Ps da GD, alguns dos quais já identificados, a serem detalhados no Canva-Ps, em função de todos os elementos coletados e "consensados" nesta primeira etapa.

Canvas-MGD-Ps da Governança de dados

Chegamos aos Ps da Governança. Esse ponto representa o mecanismo complementar do Canvas MGD, discutido anteriormente. Aqui colocamos os pontos relacionados à Governança de Dados, com aqueles conceitos coincidentemente começados pela letra P. É puramente um artifício mnemônico para se gravarem elementos fundamentais que deverão ser pensados quando da implementação de um Programa de Governança.

O P de **problemas** já foi, de certa forma, discutido no Canvas anterior, sendo a gênese de tudo isso. Trazido do Canvas MGD, os problemas poderão ser mais bem detalhados, conforme a Matriz de Problemas de Dados, na figura 7, que mostra a sua incidência, de acordo com as áreas mais impactadas. Os problemas são analisados em maior detalhe e identificadas as áreas/domínios de dados que serão contempladas na sua resolução.

A partir daí, começaremos a abordagem pelos Ps do domínio da solução. Os Ps da Governança e Gestão de dados estão definidos a seguir.

Patrocínio

Esse é um dos fatores críticos de sucesso na implementação de um programa de Governança e Gestão de dados nas empresas. Daí a importância de se ter levantado com cuidado os possíveis retornos em termos de negócios, seus impactos, etc. Envolve a conscientização do alto *board* da empresa, principalmente da área de negócios, onde os problemas de dados normalmente repercutem. Um programa dessa natureza deverá ter o apoio da TI, mas não deverá ser uma proposição de cunho tecnológico. Deverá ter origem nas áreas de negócios, para as quais dados sensíveis representem elementos de valor. Os impactos e custos negativos de problemas de dados são itens que devem compor a linha de argumentação e de convencimento. Estudos de casos de negócios específicos podem ser feitos, e um deles pode ser a análise atual dos dados críticos, via *Profiling*, quando se analisam aspectos físicos de integridade, completude, precisão etc. dos dados existentes. Aqui os dados selecionados para o estudo de caso devem ser os mais sensíveis aos aspectos de *compliance*/aderência ou os que podem trazer impactos de reputação e/ou perdas financeiras, por glosas, penalizações ou multas. É botar o olho nesses dados e saber da qualidade de seu conteúdo, que, por vezes, escondem, ao longo de milhões de registros e fontes dispersas, problemas sérios. A qualidade, você se lembra, tem variadas dimensões que poderão ser analisadas. Integridade, precisão, exatidão, clareza, etc.

Aspectos de monetização dos dados poderão ser desenvolvidos, visando buscar novos valores de negócios para a empresa, mediante inovação com dados. A monetização, conforme já dissemos, não passa, como o nome sugere, somente pela venda de dados, mas principalmente pela busca de novos aplicações e uso dos dados, via a exploração de novos conceitos de IA, por exemplo. Também uma avaliação sobre a cultura e propensão da empresa para programas dessa natureza, que implicam mudanças culturais, pode ser feita para se aferirem os possíveis níveis de aceitação do programa. Conversas informais ou reuniões formais com o alto *board* ajudam a transmitir essas tendências. Projetos estratégicos de dados, como levantamento da qualidade de dados das principais fontes de dados, resolução de *Compliance*, uso de Big Data com Data Science, MDM e DW/BI, podem servir como elementos alavancadores de iniciativas como essas e são definidos como "projetos *triggers* da Governança e Gestão de dados", tornando mais espessos os aspectos de patrocínio necessário.

EXEMPLO PRÁTICO

Comece analisando as gerências envolvidas nos domínios dos problemas apresentados. Olhe bem o Where no Canvas passado e a Matriz de Problemas, na figura 7. Esses são os primeiros targets da abordagem de busca pelo patrocínio, pois sentem (ou podem sentir) os problemas mais diretamente. Neste item, os problemas levantados, relativos aos riscos de compliance/regulação junto à ANS, com altas multas, associados aos aspectos de impactos de reputação no mercado, mediante reclamações de atendimento (pesquisadas, por exemplo, via mídias sociais) formam um forte embasamento para a busca de patrocínio de um programa de dados na empresa. Uma verificação anterior sobre a propensão demonstrada pela empresa para aspectos de mudanças pode dirigir a forma de abordagem na busca desse patrocínio. Dados factuais, como indicadores/métricas de qualidade de dados estratégicos (Clientes, Atendimentos, Prestadores, Registros de doenças, etc.), detectados por ações de Profiling de dados também podem servir como grande instrumento de convencimento, principalmente se apresentarem discrepâncias e pontos fora da curva. Lembre-se que aspectos de multas vultosas por problemas regulatórios e arranhão na reputação, principalmente quando se trata de saúde, são dois fatores extremamente "convincentes".

Princípios e Políticas

São as grandes regras, definidas por consenso e aprovadas, atualizadas e respeitadas pela organização, que legislam sobre os dados. Os Princípios são elementos mais filosóficos, e as Políticas, mais normativos e regulatórios. Esses elementos, depois de criados, devem estar armazenados, juntamente com Padrões, Processos/Procedimentos e Papéis de forma facilmente acessível e ser constantemente revistos e melhorados. O Portal da GD, por exemplo, um núcleo de informação e conhecimento sobre Gestão e Governança de dados, é uma boa ideia para se iniciar uma GD documentada e conhecida.

PRINCÍPIOS: CONSIDERAÇÕES E EXEMPLOS

Alguns exemplos de princípios:

- Dado é um ativo e, portanto, deverá haver responsabilidade formal e final sobre eles (*accountability*). Os dados e seus conteúdos de todos os tipos são considerados ativos, da mesma forma que os outros tipos como ativos físicos, materiais e financeiros, exigindo, dessa forma, procedimentos de controle organizacional similares.

- A informação deverá vir de uma fonte autorizada, estar disponível, ser precisa, íntegra e sem ambiguidade, além de passível de ser compartilhada e catalogada (metadados). Soluções de dados manterão estrito alinhamento com os negócios da empresa, respondendo às suas necessidades e às requisições das áreas envolvidas.

- O valor do dado está no aspecto intrínseco que ele retorna para a empresa, agregando e melhorando os seus objetivos operacionais e negociais. A governança de dados deverá respaldar esse princípio.

- A governança de dados é um programa de negócios e, como tal, suas definições formalmente aprovadas deverão governar a interação da TI com os dados, da mesma forma que a interação da área de negócios com esses mesmos ativos.

- A governança de dados é de responsabilidade compartilhada entre gestores de dados de áreas de negócios em parceria com profissionais de TI, que atuam nas diversas gerências de dados (Arquitetura, BD, DW/BI, Segurança, etc.). A união lógica e funcional entre a Governança e a Gerência dos dados forma o conceito maior de Gestão de Dados.

- Cada programa de Governança e de Gerência de dados é único e deve-se levar sempre em conta as características específicas de cada organização e de sua cultura.

- Os melhores gestores de dados já existem e raramente são contratados. Devem ser escolhidos entre os que já estão envolvidos com dados nas suas respectivas áreas (SME) e demonstram interesse nessa nova forma de tratamento desses ativos.

- A tomada de decisão compartilhada é a marca da Governança de Dados, envolvendo as diversas camadas definidas no seu modelo operacional (figura 10).

- Há uma separação implícita entre as funções de GD e de Gerência de Dados. O Comitê de Governança de Dados, o Comitê/Conselho de Gestores de Dados e as equipes de gestores realizam as responsabilidades "legislativas" (definem os Ps) e judiciárias (julgam sua devida aplicação). As equipes de Gerência de dados (Bancos de dados, BI, Segurança, Qualidade, Operações, etc.), em conjunto com os gestores de dados, realizam as funções executivas (aplicando, administrando, coordenando, servindo e protegendo os dados e respeitando os Ps) por meio dos preceitos definidos pela Governança.

- A organização deve definir o seu modelo operacional de GD, que deverá conter (em linhas gerais) uma camada executiva de apoio de alta gerência, que garante patrocínio, investimento etc.; um grupo que forma o *Board* de GD, composto pelos gerentes seniores, CDO, *owners* de dados, que se posicionam no escalonamento final das pendências (*issues*), seguido por uma área tática, onde estão os líderes dos gestores de dados e, por último, a camada operacional onde se posicionam os gestores de dados de negócios e de TI. Ali também estão os Especialistas (SME, *Subject Expert Matter*), alguns dos quais são transformados em gestores de dados, investidos das funções específicas de GD nas suas respectivas unidades de negócios. Um grupo de implantação de GD (Escritório de Dados) estará alinhado com essa camada, na condução das atividades do dia a dia.

- Cada empresa deve ter a sua estratégia de dados, como um guia para as atividades de Governança e de Gerência de Dados na organização. Normalmente, uma estratégia de dados tem os seguintes ingredientes:
  - ◆ Missão (o que se pretende que a organização seja, em termos de dados), visão (a imagem do futuro), objetivos gerais, objetivos específicos, com todos os aspectos baseados nos principais objetivos de dados do negócio; escopo do programa estratégico de dados; benefícios de negócios; eventuais lacunas identificadas no estado atual de tratamento de dados, via pesquisa ou análise de maturidade; responsabilidades e papéis de alto nível; lista de envolvidos; escopo operacional da governança de dados; abordagem usada para o desenvolvimento do programa de dados; medidas/indicadores para acompanhamento do programa; e um *roadmap* de alto nível, com os principais passos a serem seguidos.
- Com o crescimento dos conceitos de *Big Data*, *Data Science* e inteligência artificial, a empresa deverá estabelecer princípios éticos sobre a utilização dos dados, preservando aspectos de privacidade, segurança, equidade e direitos, controlando o seu uso, a fim de evitar problemas neste patamar.

POLÍTICAS: CONSIDERAÇÕES E EXEMPLOS

Políticas são regras mais objetivas, diretas e regulatórias, aplicáveis para ajustar comportamentos, reduzir riscos, definir responsabilidades, etc. Podem advir de princípios. Devem servir de elementos de criação de elos e parcerias entre as partes da empresa envolvidas na GD. É importante que as políticas sejam criadas estritamente para alcançar controles objetivos, aplicáveis, usáveis e divulgados, evitando excessos e elementos burocráticos que geram impedimentos e desmotivação. As políticas deverão ser criadas baseadas em processos simples e normalmente se originam de legislações vigentes e diretrizes organizacionais. Devem ser focadas em objetivos e políticas de negócios, objetivos de dados, objetivos de Governança e Gerência de dados e aspectos culturais e estruturais. Em resumo, as Políticas levam a mensagem de alto nível, com ênfase no porquê, mostrando o direcionamento geral quanto aos objetivos e intenções sobre certo assunto.

Alguns exemplos:

- Objetivos de negócios: Definir políticas para, na busca dos objetivos de negócios, reduzir riscos, envolvendo as áreas de segurança, *compliance/regulação*, dados sensíveis, relacionamentos com clientes e parceiros, sempre dentro de princípios éticos definidos.
- Objetivos de dados: Políticas para prevenir o uso inadequado de dados, como replicações descontroladas, para garantir a captura, armazenamento, proteção,

segurança e privacidade de dados, políticas para promover o entendimento do significado e contexto dos dados e para garantir a sua qualidade e disponibilidade.

- Objetivos de Governança e Gerência de Dados: Políticas para Governança, como corpo Legislativo e Judiciário dos dados da organização e para os aspectos de execução, associados com a TI.

- Políticas para os diferentes elementos que formam os processos de dados (corpos de conhecimento) como arquitetura de dados, desenvolvimento de dados, bancos de dados, *Big Data*, IoT, qualidade de dados, DW/BI, Segurança, Metadados e aplicação de inteligência artificial.

Exemplos de Políticas:

- Qualidade:
  - ◆ Toda a informação e os dados da empresa serão seletiva e gradativamente gerenciados e medidos em sua qualidade. A qualidade será consistentemente aferida para garantir que o dado será usado no seu propósito definido. ***Haverá gestores de dados responsáveis pela integridade e qualidade dos dados e seus conteúdos ao longo das unidades organizacionais envolvidas no contexto de governança de dados.***

- Colaboração no uso dos dados:
  - ◆ Dados organizacionais serão compartilhados como um recurso ao longo da empresa. Os dados deverão ter *ownership/accountability* definido, ou seja, ***uma área de negócios será a responsável final pela sua definição, padronização, metadados, qualidade e regras de negócios, com gestores de dados (stewards) atuando com esses objetivos.***

- Gerência de Risco:
  - ◆ ***A Governança de Dados, via escritório de dados e o modelo operacional, acompanhará, com a área responsável pela regulação da empresa, a análise de riscos dos dados que exigem compliance, garantindo sua aderência com todas as leis federais, estaduais, municipais, estatutárias, políticas e regulações.*** Um acompanhamento apropriado e rigoroso será realizado para verificar essa compatibilidade (aderência). Aspectos relacionados à ética no uso dos dados serão acompanhados pela área de risco, principalmente em aplicações inferenciais de inteligência artificial.

- Segurança:
  - ◆ ***Todas as senhas (passwords) deverão ser trocadas a cada três meses, com alteração completa de seu conteúdo e a proibição do uso das quatro últimas ocorrências. Essa política produzirá um padrão, definido na sequência, no P de Padrões. As medidas ou indicadores que mostram como a Política foi ou está sendo implementada se enquadra nos Padrões.***

- Privacidade:
  - Os dados da empresa que estiverem sob o efeito regulatório do GDPR/LGPD, General Data Protection Regulation, da União Europeia ou LGPD do Brasil, deverão estar no controle estrito da governança de dados e de seus gestores responsáveis e merecerão um tratamento especializado, via CPO, *Chief Privacy Officer*, caso pertinente.
- Arquitetura de Dados:
  - Dados organizacionais serão compartilhados como um recurso ao longo da empresa. Dado organizacional não é um recurso que pode ser possuído com exclusividade por áreas específicas da empresa.
  - Todos os modelos de dados no nível lógico deverão estar compatíveis com os modelos conceituais organizacionais e deverão ser aprovados, segundo políticas definidas para tal.
- Dados Mestres e Referenciais:
  - Os dados considerados Mestres e de Referências somente poderão ser modificados pelos *Owners*/Gestores ou por exceção, por decisão da GD, via o Comitê de Gestores de Dados envolvidos nas áreas dos assuntos pertinentes.
- *Compliance*:
  - As Políticas para normas regulatórias deverão contemplar e refletir sobre: o quanto a norma é relevante e importante para a organização; como é a sua interpretação; quais políticas e procedimentos estão envolvidos na norma; se já existem padrões que podem ajudar; se a organização já apresenta *compliance* atual com a norma; como se dá essa conformidade; como deverá ser a conformidade no futuro; como se demonstra e comprova a conformidade; como monitorar os aspectos de conformidade; com que frequência a norma será revista; como identificar e reportar as não-conformidades; como gerenciar, corrigir as não-conformidades e como responder às glosas ou notificações sobre problemas de *compliance*.
- Alinhamento com aspectos culturais e estruturais:
  - Deverão ser revistos periodicamente os aspectos relacionados ao valor dos dados, do ponto de vista do negócio ou do ponto de vista de mercado e de possível monetização.
  - Dependendo do porte e da geografia da empresa, aspectos relacionados à centralização ou descentralização das funções de GD, com a definição de contexto para a aplicação de suas definições, deverão ser analisados e /ou revistos.
- Os dados básicos de uma Política são: identificação, definição (*statement*), objetivo e racional, escopo, aplicabilidade e exceções, monitoração, violações e escalonamento, papéis e responsabilidades, promulgação, validade e revisão, documentos anexos, procedimentos, caso haja, e contatos. O conteúdo da Política deverá ser adaptado para cada empresa.

Padrões: considerações e exemplos

Padrões são normas e especificações definidas para regular a forma de aceitação dos preceitos definidos pelas Políticas. Entende-se como um conjunto de "medidas" necessárias para se estabelecer o controle sobre o definido pela política. Servem para definir elementos balizadores como medições ou KPIs, que apontam como aquela Política está sendo conduzida e aplicada. Servem para definir templates, nomes e estruturas de elementos em geral, documentos, desenhos, esquemas, dados, metadados, etc. Poderão ser usados padrões de modelos, de nomenclatura de processos e padrões de dados (nome, endereço, telefone, etc.). Também poderão ser considerados padrões específicos da indústria (dependendo do negócio), padrões de metadados (ISO 11179, ISO 15836), etc.

Os padrões deverão ser definidos em conjunto e aprovados por todos os envolvidos na GD e Gerência de Dados. Os principais tipos de padrões são: medidas ou indicadores, padrões de nomes, de metadados, padrões para aspectos regulatórios, para especificação de requisitos de dados, padrões de modelagem de dados, projetos de bancos de dados relacional e NoSQL, padrões para dados em IoT, padrões para replicação e integração de dados, padrões de arquiteturas, padrões de procedimentos de cada área de conhecimento de dados. Por exemplo, a Política de segurança que versava sobre senhas geraria um padrão desse tipo: todas as senhas deverão conter até dez caracteres, com obrigatoriedade de no mínimo dois dígitos e uma letra maiúscula.

EXEMPLO PRÁTICO

Neste item podemos, após o entendimento dos "princípios" de dados da organização, desenvolver algumas Políticas e Padrões, que regularão aspectos relacionados aos dados envolvidos nos problemas apresentados e discutidos no Canvas MGD. Por exemplo, Políticas de Profiling periódicos de dados, poderão ser definidas sobre os dados mais críticos, visando à prevenção e mitigação de erros recorrentes que podem comprometer os aspectos de compliance e/ou reputação no atendimento de consultas. Políticas de Compliance, aderentes às normas da ANS, deverão ser definidas, visando ao acompanhamento das regulações e atendimento às notificações e glosas recebidas etc. Políticas de Privacidade e Segurança sobre dados de atendimentos, doenças e tratamentos deverão ser analisadas e consideradas, com foco nas regulações existentes e vindouras como LGPD (prevista para agosto de 2020), GDPR e de proteção aos dados de identificação pessoal (PII, Personal Identifiable Information). É claro que outras políticas poderão ser desenvolvidas, aplicadas em outros assuntos pertinentes aos aspectos de dados, comentados dentro desse contexto de problemas apresentados. Para essas políticas, a definição de Padrões regulará o que deve ou não ser aceito. Por exemplo, para Políticas de Profiling, haverá definições de Métricas e indicadores, evidenciando o que deverá ser aceito ou não no tratamento dos dados, sua frequência padrão de aplicação, KPIs obtidas etc. Em resumo os Padrões definem regras de como se implementa as Políticas.

Processos: considerações e exemplos

É o "Como fazer" (*How*). Constitui um conjunto de atividades, com entradas, saídas, participantes (pode usar uma matriz RACI), ferramentas, recursos humanos, outros recursos, treinamentos, controle, monitoração de performance etc. Em certas linhas de GD, os processos são considerados dentro da hierarquia Políticas-Padrões, como o terceiro nível onde um detalhamento de tarefas que visa a garantia da aderência aos Padrões, definidos pelas Políticas. O processo deverá ter um objetivo claro dentro do escopo de dados. Deverá ser aprovado, promulgado, documentado, disseminado via treinamento e internalizado no dia a dia da empresa/área *target*. A sua execução deverá ser medida e acompanhada. O conceito de definição de processo é o mesmo aplicado em CMMI, MPS etc., com um conjunto de passos (atividades), produtos e responsáveis.

Os processos são elementos dinâmicos e deverão ser revistos periodicamente visando à sua evolução e ajustes. Os processos são medidos (via processos de MED) e avaliados na sua execução e produtos obtidos (via processos de GQA), a fim de garantir a sua aderência aos pontos definidos. Os processos deverão ser definidos de acordo com o conceito básico de quaisquer processos, contendo entradas, saídas, participantes que são responsáveis (R), responsáveis finais (A), pessoas consultadas (C), pessoas informadas (I) e eventualmente o gerente daquela entrega. Isso forma o arcabouço da matriz de RACI, comumente aplicada. O uso de ferramentas de modelagem de processos ajudará bastante nesse momento de construção.

Por exemplo, a seguir, um exemplo de processo definido para solicitação de alteração de modelos conceituais de dados:

- Analista de sistemas (AS) interpreta/analisa os requisitos de dados.
- Analista de sistemas (AS) faz o modelo inicial lógico de dados, com inclusão/alteração de entidade(s) existente(s).
- AS envia modelo ao Gestor de Dados de Negócios (GDN) para revisão de padrões e definições de domínios de dados.
- GDN revisa o modelo e analisa a coerência com os modelos lógicos existentes.
  - Uso de *checklist* de avaliação (Procedimento).
- GDN planeja a sessão de revisão com Comitê de GD, TI, AD e outros envolvidos (integração).
  - Avaliam impactos no modelo conceitual de dados.
- GDN cria ou modifica os elementos lógicos de dados passíveis de atualização.
- Se aprovado, envia ao ABD para a modificação do modelo físico em ambiente de validação.
- *ABD* aplica *checklist* para aceitação do Modelo (Procedimento).
- ABD realiza a alteração e comunica a interessados e envolvidos.

Procedimentos: considerações e exemplos

Procedimentos são considerados detalhamento de processos ou subprocessos, que poderão ser aplicados de forma recorrente e fatorada (usada em outros processos). Representam um detalhamento mais operacional, passo a passo, e mais focado sobre um certo conjunto de atividades. Dentro de processos como Medição (MED), GQA (Garantia da Qualidade) e GCO (Gerência de Configuração), aplicados em Processos e dados, há procedimentos de *checklist* de pendências do processo de Segurança (manutenção de senhas) ou de auditoria funcional de *Baselines* (GCO) de modelos conceituais de dados, por exemplo. Em certas visões de GD, os procedimentos, juntamente com os Processos, formam o terceiro nível da hierarquia: Políticas-Padrões-Processos/Procedimentos.

Outros procedimentos na esfera de Gerência de dados:

- Revisão das Entidades para modelos relacionais: Observar se
  - A Entidade está na 3ª forma normal; há outra Entidade de natureza semelhante ou um subtipo semelhante no modelo corporativo; há definições detalhadas da Entidade ou da subentidade, ou seja, metadados definidos; os nomes propostos estão dentro dos padrões organizacionais.
- Revisão de relacionamentos. Observar se
  - A cardinalidade está correta; a opcionalidade está correta; os relacionamentos possuem nomes inteligíveis em ambas as direções; os nomes fazem sentido para o analista de negócios e usuário final.
- Revisão de Atributos: Observar se
  - Os atributos estão com o nome definido dentro dos padrões organizacionais; os domínios associados foram usados corretamente; há comentário para cada atributo; há descrição detalhada para cada atributo no dicionário de dados ou mapeamento no Glossário de negócios da organização; há atributos derivados, com regras de derivação definida.
- Revisão de Identificadores: Observar se
  - Há para cada Entidade pelo menos um identificador único; o identificador é uma chave de negócios ou uma SK (Chave substituta); há chave de Entidade que é atualizável.
- Revisão Geral: Observar se
  - O sistema é um OLTP ou OLAP; as tabelas e colunas estão mapeadas em entidades e atributos do modelo corporativo; no caso de projetos de DW/BI-DM, há os dados equivalentes no ambiente Transacional, com exceção dos dados derivados. Para esses, há regras definidas.
- Revisão de Tabelas: Observar se
  - Há outra Tabela de natureza similar no Modelo Físico de dados; há comentário em nível de Tabela; há definições detalhadas de cada Tabela.
  - Há tabela que requeira um *journal* especial, ou *audit trail* para modificações? Se sim, como será feita (via *trigger*, API etc.); há tabela que esteja desnormalizada

com um racional explicando os motivos; as tabelas estão definidas de acordo com os padrões de nomes e abreviações organizacionais.

- Revisão de Colunas: Observar se
  - ◆ Há coluna de auditoria definida? (ex: data/hora da última atualização); há comentários e descrição para cada coluna; há colunas derivadas de outras colunas e as respectivas regras/fórmulas de derivação; os nomes das colunas estão de acordo com os padrões organizacionais; os domínios foram aplicados corretamente.
- Revisão de Restrições de Integridade: Observar se
  - ◆ Todas as tabelas têm restrições de PK (chave primária); deve haver uma restrição de unicidade secundária definida (além da PK); as chaves estrangeiras foram definidas corretamente; há restrições de *Delete Cascade, Restriction* etc.; há restrições de CHECK em nível de colunas.
- Revisão de implementações em NOSQL:
  - ◆ Há documentação externa dos dados, na forma de diagramas conceituais para dados implementados em estruturas de chave-valor, documentos, multicolunares e grafos.
  - ◆ Aplicar os aspectos de controle desenvolvidos para dados focados em novas formas de armazenamento, como estruturas Hadoop e suas variantes; considerar armazenamento em estruturas com DNE (Dados Não Estruturados) nas formas mais variadas; considerações como *schema on read* somente (sem *schema on write*); considerações sobre Data Lake (Repositório intermediário contendo dados de todos os formatos); considerações sobre transacionalidade (protocolos ACID-BASE). Mais detalhes em governança de dados para *Big Data*.

A execução apropriada desses procedimentos será verificada pelas auditorias em sessões programadas, de Garantia da Qualidade (GQA, não exige conhecimento técnico) ou por revisões por pares (VER, Verificação, com conhecimento técnico). Isso gerará medidas que mostrarão a performance dos processos, via o processo de MED (Medições).

EXEMPLO PRÁTICO

Neste item, podemos definir um conjunto de processos e procedimentos associados aos principais problemas da nossa Operadora de Plano de Saúde. Os processos e procedimentos de Medição e de QA (Garantia da Qualidade), detalhados dentro do P de Performance, são sempre importantes em uma implementação de GD, pois garantem uma avaliação de aderência aos elementos propostos pela GD. Procedimentos mais técnicos, como os ilustrados anteriormente, poderão também ser implementados. Neste exemplo hipotético que estamos usando como "driver" dos conceitos práticos de GD, diversos processos e procedimentos deverão ser identificados, definidos, treinados e implementados. Os processos e procedimentos dependerão diretamente da linha de prioridade dada na implantação da GD, o que deriva dos problemas de dados encontrados na análise inicial. Alguns processos já poderão existir (como

Segurança) e deverão ser reanalisados à luz de novas regras de compliance, perspectivas de riscos, etc. Outros processos certamente deverão ser iniciados, como identificação dos dados, metadados e suas fontes. A produção e catalogação dos metadados existentes, em estruturas usáveis e organizacionais, certamente demandarão o entendimento ou a escrita/documentação de alguns processos de negócios. Os próprios processos de acompanhamento da GD pelo escritório de dados e gestores deverão ser definidos, a fim de se ter atividades formais aprovadas e entendidas por todos. Processos para aferição atual da Qualidade de Dados existentes na organização normalmente emergem imediatamente, como uma espécie de visão de exame laboratorial de dados do "paciente". O processo de Comunicação (o P de Participação) sobre GD, tão fundamental na sua implantação, é um dos primeiros que deverá ser pensado, a fim de garantir a transparência das ações realizadas, sua notificação formal e a semeadura de novas ações de GD em áreas ainda não envolvidas.

Pessoas e Papéis: considerações e exemplos

Representam os recursos humanos, suas atribuições e capacitações para o desempenho de papéis no âmbito da Governança e Gerência de dados. Há a definição formal de papéis, responsabilidades e *accountabilities*, sendo esta definida como responsabilidade final. Poderá haver diversos tipos de estruturas organizacionais para abrigar essas pessoas e o desempenho de seus papéis. **Cada empresa deverá buscar o seu modelo, dependendo de suas especificidades.** Por exemplo, empresas que são globais poderão ter GD descentralizadas, unidas por um Conselho ou Comitê global. Empresas que são centralizadas poderão ter uma estrutura mais canônica de GD, conforme mostrada na figura 10. Um nível de Patrocinadores (1), que garantirá a continuidade do programa, com apoio. Na camada 2, o Board de GD, envolvendo os Data Owners, CDO, gestores líderes, que resolverão problemas mais críticos, aspectos de integração ou de domínio de dados. No nível 3, um Comitê tático que envolve os gestores de dados líderes, representado as diversas áreas que podem ser afetadas pelos dados e na camada operacional (4), com a presença dos diversos tipos de gestores de dados (de negócios a operacional).

Em qualquer dessas formulações, os aspectos de integração funcional com a área de TI é fator crítico, bem como a definição de um DMO, ou uma espécie de Escritório de Dados (nível 5), que acompanha a implantação do Programa e suas ações, no dia a dia. Um ponto fundamental é o treinamento que deverá ser conduzido na preparação desses recursos. Envolverá a discussão dos Ps da GD mais convenientes às suas funções. Dos papéis normalmente definidos, dois são fundamentais de ser destacados:

- *Data Owners/Data Stewards*: o *data owner* representa "a área responsável" ou *accountable for* pela função de negócios, responsável pelo estabelecimento do significado dos dados (definição) e das regras de negócios (criação, uso e qualidade daquele dado) que o contextualizam. Trabalham em conjunto com os seus *Data Stewards* ou gestores de dados.

- Gestores de dados (*Data stewards*) são, na camada operacional, os responsáveis pelos aspectos de uso, integridade e qualidade dos dados nas suas áreas de negócios. São também responsáveis pela definição do Metadados e dos dados da área *Data Owner*. Os gestores de dados podem ser classificados em gestores de dados de negócios, gestores de dados técnicos (mais envolvidos com TI), gestores de dados de projetos (participam de projetos com o olhar sobre os dados e seus controles), gestores de dados de Domínio (quando o mesmo dado normalmente mestre é usado de forma compartilhada por várias áreas de negócios e exige uma visão integradora, com tom organizacional). É claro que as empresas iniciantes em GD deverão ter somente os papéis mínimos para a decolagem do programa (Gestores de dados de negócios, por exemplo, em diálogo com a TI, gestores de dados técnicos).

- Um ponto fundamental na definição das pessoas/papéis é a formação de estruturas de comando e apoio do programa de GD. Poderá envolver diversas configurações estruturais. Na essência, deverá haver no topo da estrutura um grupo formado pelos altos executivos que sejam responsáveis pela busca do Patrocínio à GD, pelo apoio financeiro e no apoio à quebra dos obstáculos culturais. Abaixo poderemos ter um corpo diretivo (board) do programa de GD, com os *owners* de dados, CDO etc., responsável pela condução estratégica das ações e pela resolução de *issues* que escalem depois de passadas por camadas táticas e operacionais. Em um nível seguinte, haverá um grupo/conselho, composto por Gestores de dados líderes, com reuniões mais frequentes (por exemplo semanais ou a cada duas semanas), acompanhando o desenrolar dos trabalhos dos seus gestores de dados e tratando da ligação entre essas unidades organizacionais. Atrelado a esse grupo, é importante ter o Grupo de implementação da GD na empresa (escritório de dados), aqueles que fazem a roda rodar do ponto de vista prático. Em implementação de melhorias de processos de software, que já fizemos em mais de 100 empresas, seria o equivalente ao chamado SEPG (*Software Engineering Process Group*). São eles que dialogam com todos, servindo de ponte com a consultoria, eventualmente presente para apoiar a implantação de GD. É a base do futuro (ou do já definido) escritório de dados, ou DMO. Realizam o processo de acompanhamento de tudo que se desenrola na GD, tendo contato com todas as camadas, principalmente as mais operacionais. Na camada debaixo, os diversos gestores de dados de negócios, nas suas respectivas áreas, cujo líder tem assento no *board* imediatamente acima e cujo *owner* de dados, responsável pela UO (Unidade organizacional), ou LOB (Linha de negócios), participa no nível de condução do programa. Repetindo: cada empresa deverá buscar essa sua conformação estrutural, de acordo com a sua cultura, disponibilidade de recursos e propensão favorável à implantação da GD na empresa. Veja, novamente, a figura 10.

GOVERNANÇA DE DADOS: CONCEITOS, PRÁTICAS E NOVOS CAMINHOS

EXEMPLO PRÁTICO

Neste exemplo "driver" que estamos discutindo, podemos definir que GOP (envolve consultas, atendimentos/agendamento) e GCO, além da TI, seriam as áreas que estariam na formação inicial da estrutura de GD. Outras áreas, de influência mais colateral nos dados, poderão entrar nesta composição. As respectivas chefias formariam o nível executivo, com os Owners de dados; os gestores de dados escolhidos de acordo com o (já existente) envolvimento com os dados mais críticos da respectiva UO e uma definição de liderança tática para compor o grupo de supervisão dos trabalhos com os outros líderes e o DMO ou Escritório de Dados. Um conselho de supervisão, de mais alto nível, formado por outros líderes da organização, poderia ser formado, com o intuito de buscar apoio e fundos para a implantação do Programa de GD. Para ilustrar, um dia, ao acaso, num possível Escritório de dados:

- *DMO: Escritório de dados recebe e registra o comunicado de um problema de dados.*
- *Avalia as áreas e gestores de dados líderes envolvidos.*
- *Se o assunto for relativo a regulações, interagir com a área responsável por compliance/regulações, envolvendo os gestores específicos.*
- *Caso seja um problema de dados não-regulatórios, aprofundar o encaminhamento com as áreas envolvidas naquele problema reportado. Envolver os gestores de dados das áreas identificadas.*
- *Promover com os gestores de dados a análise mais detalhada dos dados envolvidos, identificando os requisitos ou problemas de dados constantes do documento reportado.*
- *Entender e documentar os problemas e os dados, criando uma memória histórica, com medições/métricas, acerca dos problemas, dados e suas soluções.*
- *Elaborar o racional do erro acontecido.*
- *Definir, discutir e aprovar mecanismos para neutralização/resolução do problema de dados (Políticas, Padrões, Processos, Procedimentos, etc.).*
- *Discutir o plano de ação com as áreas envolvidas.*
- *Avaliar e acompanhar as ações com as áreas envolvidas.*
- *Comunicar todos os envolvidos.*
- *Definir, juntamente com os gestores de dados, a documentação devida no Glossário.*

Programas/Projetos/Planos: considerações e exemplos

Representam as ações efetivas que são realizadas para a implantação da Gestão de dados (Governança e Gerências de dados), ou de projetos de dados que estarão no foco da GD. Normalmente envolvem programa de GD com Projetos de DW/BI, MDM, Segurança, *Big Data*, IoT, Qualidade, Metadados, *Compliance/Regulação,* etc. Uma estratégia vencedora é a definição de um programa estruturante a longo prazo com um projeto *trigger,* que permita obtenção de resultados rápidos e visíveis acerca dos primeiros movimentos de

GD. Poderão começar com um plano mais estratégico de dados, associado aos objetivos de negócios da empresa e um programa estruturante, com um conjunto de projetos que materializem os objetivos da GD. Os projetos de dados serão tratados como projetos tradicionais, afora a sua especificidade em dados, com a criação colateral das estruturas de GD necessárias para o seu apoio e acompanhamento.

EXEMPLO PRÁTICO

Neste exemplo driver que estamos discutindo, podemos entender que, em função dos problemas levantados, deveremos seguir em direção a projetos que atenuem aspectos de Compliance/Regulação, com recorrentes ações de fiscalização da ANS, produzindo autuações/notificações sobre dados não condizentes acerca de atendimentos, consultas, protocolos clínicos e também reclamações sobre demora em tempo de atendimento. Vamos considerar, por hipótese, que os problemas estão por conta de dados inconsistentes, com lacunas de informações entre os relatórios enviados, além de reclamações sobre atendimentos que ultrapassam o tempo máximo definido pela ANS. Aqui podemos caracterizar quantitativa ou qualitativamente a incidência e os impactos dos problemas. Assim, na essência, observam-se problemas de consistência nos dados de regulação e a necessidade de levantamento de dados sobre processos de marcação e atendimento de consultas. Com esses problemas inicialmente identificados, começaríamos um detalhamento de ações, que poderão ser traduzidas em alguns projetos drivers. Por exemplo, uma análise desses processos poderia ser aventada, visando a sua otimização, seguida de uma aplicação analytics, com relatórios rápidos para aferir os problemas de marcações e atendimentos por exemplo. Uma análise de profiling dos dados poderia ser feita, visando à detecção de possíveis problemas existentes nos cadastros, que impactem os aspectos de compliance/regulação. Por fim, um grupo de trabalho poderia ser formado, visando aprofundar o estudo sobre formas de monetização dos dados de saúde, com um detalhamento sobre dados potenciais, riscos de privacidade, anonimização de dados, mercados potenciais, etc.

Plataformas e arquiteturas: considerações e exemplos

Representam as camadas necessárias de ferramentas e tecnologias para se implementarem adequadamente as funções de Governança e Gerência de dados. Passam por ferramentas de apoio direto aos dados, como Gerência de Metadados e estruturação de catálogos organizacionais de dados (Glossário), e por ferramentas de tratamento físico de dados, como *Profiling*, Limpeza, Enriquecimento e Integração. Ferramentas de Data Lineage, para permitir o mapeamento e entendimento dos movimentos dos dados, que perpassam por várias áreas. Hoje já existe um conjunto de produtos que levam o nome Data Governance, que procuram incluir grande parte dessas funcionalidades. Outros elementos, acessórios, comumente já existentes hoje nas empresas:

- Ferramentas e camadas para controle das Arquiteturas de Dados associada à Arquitetura Corporativa (Negócios, Processos, Sistemas, Tecnologia etc.), como *tools* para modelagem de dados, modelagem de processos, BPM etc.
- Ambiência de tecnologia, envolvendo ferramentas de *SGBD,* ferramentas de *DW/BI, Analytics* e *Data Science* como *Big Data,* **Hadoop/MapReduce** e sucedâneos (*Spark, Storm,* etc.), além de *softwares* de análises estatísticas e de inteligência artificial.

CONSIDERAÇÕES FUNDAMENTAIS

- Nunca compre um elemento de tecnologia sem saber corretamente o objetivo de sua aplicação e o valor potencialmente retornado naquele investimento. Por vezes, na TI, as compras de recursos tecnológicos são altamente impulsivos e direcionados por fatores variados.
- Para Governança e Gerência de dados, os trabalhos iniciais poderão ser feitos com ferramental (normalmente já) existente nas empresas como EPF, SharePoint e o conhecido Excel/Office. Mas haverá momentos em que esses produtos provarão certa insuficiência, por exemplo, na criação de glossários e tratamento de volumes grandes de dados. Nesse ponto, você poderá ser instado a pensar em algo mais robusto, buscando-o no mercado, onde há variedades de opções.
- Avalie sempre as necessidades iniciais que o programa de GD tem: glossário de dados, controle de Políticas, qualidade de dados, antes de decidir por qual caminho tecnológico definitivo seguir. Algumas ferramentas atendem melhor em alguns desses pontos.
- Pense sempre em treinamento, apoio e suporte dessas ferramentas. Embora hoje esteja tudo em *cloud*, não desconsidere um apoio competente e profissional nessas plataformas.
- Na área de Governança, Gerência e Qualidade de dados, há um conjunto de ferramentas que variam de estilo:
  - Ferramentas associadas às grandes marcas: IBM (família *Infosphere*), Oracle (*Enterprise Data Quality*), SAP e MS têm suítes para tratamento de dados nesses domínios. A empresa *Informatica*, que atua verticalmente nesse segmento, também pode ser considerada um nome forte. Faz par com a *SAS,* presente aqui no Brasil em aplicações mais estatísticas e analíticas e agora com suíte para Governança. Essas ferramentas, normalmente, oferecem módulos integrados que atuam no domínio de dados, integração, metadados, limpeza, enriquecimento etc., mas podem variar no seu poder de fogo;
  - Há ferramentas menos conhecidas no Brasil, mas muito fortes nos EUA e Europa. É o caso da *Collibra,* empresa belga, que tem uma presença de destaque nos EUA e na Europa. Pelas apresentações que assisti nos EUA e em conversas com usuários lá e aqui, é muito potente e focada na gestão e governança de dados.

Outra ferramenta bem posicionada no mercado é a ASG-Rochade (empresa de Naples, Flórida). Outros produtos começam a aparecer nesta área, com presença significativa nos EUA e na Europa. Há o produto francês Orchestra, com suíte dedicada a Governança e MDM, sempre presente nas feiras internacionais de dados. Outras como a Adaptive, SAS, Trillium, Talend, Datum, Podium, Alation e Zaloni são participantes deste mercado com expressão, por vezes, presentes no quadrante mágico do Gartner, ou nos círculos concêntricos da Forrester. No fundo, observe, que nem todas as ferramentas fazem tudo em GD (Controle de Políticas, Catálogo de Dados, Ciclo de vida dos dados, ETL, Limpeza, etc.) Veja sempre o ponto forte de cada uma e concentre a sua observação de acordo com a sua necessidade.

EXEMPLO PRÁTICO

- *Neste exemplo "driver", plataformas deverão ser pensadas. Além das provavelmente existentes na área de BI/Analytics, outras no domínio de qualidade de dados e profiling, e de metadados e glossário de negócios seriam potenciais opções a serem analisadas, a princípio. Considerando, por exemplo, a implementação de um glossário de negócios, seguem abaixo pontos de atenção:*

  - *Depósito central de definições dos dados mais importantes do negócio da empresa.*
  - *Baseado na premissa de que fundamental para se governar os dados é conhecê-los.*
  - *Para conhecê-los, deve-se fazer um inventário de dados: glossário de dados de negócios.*
  - *As definições de negócios, podem/devem estar associadas com metadados físicos.*
  - *Devem ser definições analisadas, aprovadas e registradas dos dados, com facilidade de acesso.*
  - *Caso haja, deverão ser resolvidas as definições diferentes dos mesmos dados, com envolvimento da GD e dos gestores de dados.*
  - *Os dados deverão estar associados com atributos (metadados) lógicos, como a lista abaixo, os quais a empresa selecionará, baseado nas suas necessidades:*
  - ***Nome; definição; derivação (produzido por outros(s) dados, de que forma/ fórmula); Valores válidos; Regras de negócios; Regras de qualidade; Notas relativas ao seu uso; Classificação de segurança (graus definidos); Owners responsáveis/Gestor(es) de dados; Status atual do dado no Glossário (submetido, em análise, aprovado); Definições (Termos) relacionados; Data de cadastro; Data da última atualização; Aplicações/Sistemas que usam; Proposto por; Revisão por; Notas de revisão; Documentos referenciados; Fontes físicas associadas (BD, DW, DM, Reports-BI).***
  - *Ponto fundamental: os metadados, embora normalmente esquecidos, deverão ser mantidos, sem o que serão repetidos os mesmos problemas que aconteceram com os dados ao longo do tempo.*

Performance e desempenho: considerações e exemplos

Representam os processos especializados para medir e avaliar a intensidade de uso e a aceitação dos preceitos de GD na empresa. No fundo, são processos emprestados dos modelos consagrados (no mundo de engenharia de software), agora aplicados aos dados. Basicamente, definem métricas acerca da Governança e uso dos dados e verificam a sua efetiva aplicação. O DMM^{SM}, do CMMI® Institute trouxe alguns desses processos chamados de apoio. Envolvem MED, GQA, GCO (Gerência de Configuração). São formas de averiguar o uso correto das definições, processos, padrões, políticas etc. que, em última análise, representam o "retorno" do investimento feito na GD. Nesse contexto, trataremos de MED e GQA. MED: envolve medições nos domínios de Custo, Tempo, Qualidade, *Issues* (Reputação), *Compliance,* etc. De maneira geral, associam-se com indicadores de qualidade de dados (número de erros encontrados periodicamente nos repositórios de dados mestres), número de *issues* de dados resolvidas em um certo período, etc. Além de MED, a performance também envolve os processos de GQA, que estabelecem mecanismos de auditoria, normalmente presencial, para garantir que os Ps da GD estão sendo cumpridos. Algumas considerações importantes:

- As métricas nesses domínios de GD e QD (Qualidade de Dados) tendem a demorar para produzir visibilidade de retorno.
- É importante começar por medir processos críticos de negócio, que possam trazer visibilidade e sugerir uma percepção de que "valeu a pena".
- Genericamente, objetiva-se reduzir custos, aumentar receita e lucro, melhorar *time to market*, atentar para aspectos de regulação (penas, reputação, etc.) e reduzir a incidência de *issues* de qualidade. Deve-se sempre balizar o uso dos dados e o retorno da GD com esses parâmetros.
- Pesquisa/Questionário: Algumas métricas são mais difíceis de ser mensuradas diretamente. Assim, por vezes, a pesquisa qualitativa de usuários dos dados é fonte importante. Exemplo: Houve melhoria no entendimento dos dados? Houve melhoria na percepção de qualidade dos dados? Esses pontos não são facilmente detectados por medidas quantitativas e deverão ser coletados por levantamento de percepções.
- Há basicamente dois tipos de métricas: métricas de resultados de negócios e métricas operacionais (GD, Integração, QD etc.).
- Métricas de negócios:
  - Redução em multas penalizações/advertências devido a documentos regulatórios não aderentes.
  - Penalizações/multas/advertências por pendências de segurança e privacidade.
  - Ações/multas/advertências por pendências de reputação.
  - Possível perda em crédito devido a pendências de dados.
  - Possível aumento do custo operacional devido a problemas de dados.

- Redução nos custos de desenvolvimento por integração de sistemas.
- Por pesquisa junto aos usuários, observar:
  - Melhora do entendimento dos dados.
  - Melhora na percepção da qualidade dos dados.
  - Melhora na visão preventiva de erros de dados via *data profiling*.
  - Número de reclamações de clientes oriundo de erros de dados (baixa qualidade).
  - Número de problemas de pendências regulatórias medidos e gerenciados.
  - Percepção na redução no tempo necessário para limpeza e correção dos dados.
  - Percepção na redução em tempo despendido com discussões sobre o significado do dado.
- Indicadores de Governança
  - Percentagem de áreas (assuntos) da empresa sob os domínios da GD.
  - Contador de uso/acesso aos repositórios de metadados, glossário de negócios e portal de GD, indicando interesse e comprometimento com os conceitos.
  - Feedback sobre GD: pesquisas sobre áreas governadas pela GD.
  - Número de participantes em treinamento de GD e DQ (Qualidade de Dados).
  - Uso de elementos padrões de GD: códigos, processos, modelos, padrões, procedimentos, medições etc. (MED de GQA).
  - *Issues* (pendências) resolvidas pelo Comitê de GD relativas a *Issues* incidentes.
  - *Issues* escaladas para o Conselho de GD relativas a *Issues* incidentes.
  - Revisões de desempenho realizadas (nas métricas de GD).
- Indicadores de integração
  - Número de usuários e acessos às fontes MDM.
  - Percentagem de redução de acesso a Bancos de Dados departamentais e planilhas locais.
- Indicadores de QD:
  - Contador de ocorrências de tipo de erro XX/período.
  - Percentagem de *accuracy*/exatidão dos dados em arquivos críticos.
  - Perdas de pedidos *online* ou de produtos retornados devido a erros de informação de catálogos (dados mestres).
  - Perdas de clientes devido a erros de qualidade de dados.
  - Resultado de *Profiling* de dados, mostrando os diversos indicadores de completude, precisão, integridade etc.
- Indicadores de segurança e privacidade
  - Número de incidentes relativos aos aspectos de segurança de dados (vazamentos, reclamações, *breaches* etc.). São fundamentais nas abordagens associadas com regulações nacionais e internacionais (GDPR, LGPD).

Importante: as medidas acima são exemplos. As Medidas/métricas/indicadores deverão ser definidas em função de objetivos/diretrizes estratégicas de negócios da empresa e de acordo com os problemas mais críticos (lembre-se do Why).

POR QUE AS MEDIDAS DE PERFORMANCE SÃO IMPORTANTES?

- As métricas, devidamente escolhidas, devem ajudar no alcance de objetivos de negócios.
- As métricas não têm valor se não estiverem alinhadas com o interesse dos envolvidos na GD, seja de negócios ou de tecnologia.
- Sempre definir as métricas a partir dos objetivos de negócios dos envolvidos e da GD.
- Sempre traduza os resultados das métricas em uma linguagem dentro do alcance dos envolvidos.
- Embora existam exemplos de métricas, como mostradas anteriormente, é fundamental que cada empresa (e cada programa de GD) tenha um processo de definição desses indicadores e métricas. Sempre parta dos objetivos a serem alcançados, dos problemas a serem resolvidos, entendendo claramente esses elementos (de novo o *Why* e o *What* do processo da medição). Conceitualmente, uma métrica é uma medida estabelecida sobre algum processo ou elemento. Uma KPI é uma métrica mais elaborada que, por exemplo, será aplicada para se medir a evolução e o desempenho do programa de GD.
- Observe que uma medida deverá ter metadados: nome, descrição, objetivo, fórmula/cálculo, unidade, mecanismos para coleta de dados, periodicidade de coleta, meios de armazenamento, formas de interpretação, com faixas e valores, critérios de aceitação e ações disparadas em função de patamares alcançados.

Palavras (Comunicação): considerações e exemplos

Representam os processos de comunicação do que está sendo feito sobre os dados na empresa. Esse P poderia ser também de "participação". Por se tratar de um desafio cultural, a comunicação é um dos fatores críticos de um programa de GD. Por meio dele, as diversas áreas partícipes observam o seu grau de contribuição no movimento; outras áreas são notificadas de Processos, Políticas, Padrões e de outras definições institucionalizadas, e a GD percebe a receptividade de suas ações e produtos. Todas as formas de eventos que dizem respeito aos dados são divulgadas, e a cultura *data driven* se capilariza por entre o tecido estrutural da organização, via processos de comunicação.

POR QUE A COMUNICAÇÃO É IMPORTANTE?

- A comunicação encaminha proativamente as possíveis mudanças a serem realizadas.
- Ajuda na sensibilização e conscientização da importância dos movimentos da GD na organização.
- Cria alinhamento de expectativas e de ações entre áreas.
- Estabelece um mecanismo de feedback e de envolvimento entre os participantes.
- Ajuda a responder alguns W e H dos 5W2H.
- Pense em um Plano de comunicação, envolvendo informações qualitativas, quantitativas (métricas de performance, discutidas anteriormente), a frequência de distribuição, os alvos (*targets*) da comunicação, os mecanismos usados e os responsáveis pela comunicação.

EXEMPLO PRÁTICO

Neste exemplo driver, há incidência de problemas de dados que deverão ser medidos efetivamente pelo processo de Performance. Os dados de possíveis erros existentes nos arquivos envolvidos (Mestres, Referenciais ou Transacionais), detectados por análises de profiling, poderão ser indicadores importantes para confirmar os problemas levantados no Why do Canvas MGD. As medidas levantadas acerca de problemas de agendamento e cancelamento de consulta também poderão ser medidas definidas. Os aspectos de compliance com a agência reguladora sugerirá indicadores de autuações e multas incidentes. Essas métricas deverão ser analisadas, definidas, implantadas e acompanhadas durante períodos estabelecidos para verificar a consistência estatística da informação. Deverão produzir tomadas de ação. Toda métrica deverá ter ações associadas com os seus limites definidos (acima ou abaixo dos thresholds).

Os aspectos de comunicação, nesse exemplo driver, deverão iniciar-se com um evento envolvendo as áreas que estão no domínio do problema e da solução (GOP, GPC, riscos, etc.). Essa ação e outras deverão estar definidas em um plano de comunicação, com informações recorrentes sobre o andamento das medidas adotadas e dos resultados retornados, o que servirá de elemento de apoio às mudanças propostas e efetuadas.

• • • • • • • • • • •

Conclusão

O uso do Ps da Governança ajuda na definição de pontos fundamentais no Plano de Implantação da GD. Tem, na casca, esse valor mnemônico para se recordar pontos importantes, mas o seu sentido deverá ser entendido, disseminado, treinado e aplicado, pois é fator crítico de sucesso nos movimentos de implementação de governança de dados.

DIAGNÓSTICO DO ESTADO ATUAL DE GOVERNANÇA E GERÊNCIA DE DADOS

Conforme falamos no início do capítulo, outra abordagem possível quando se deseja implementar um Programa de Governança de dados em uma empresa é saber um pouco do seu estado atual com relação aos dados, sua gestão, eventualmente aspectos de Governança e Gerência já existentes e uma visão de propensão às mudanças culturais relacionadas a esses recursos. Por mais distante dos conceitos atualizados de Governança e Gerência que uma empresa possa estar, ela sempre tem algum mecanismo de controle sobre alguns dos seus dados, mesmo que em estado, digamos, mais operacional e menos organizacional. Há, provavelmente, alguns controles sobre bancos de dados, ou arquivos críticos; há certos mecanismos de gerência sobre segurança de dados (aqui houve forte contribuição dos *hackers*), há diagramas de bancos de dados normalmente em planos físicos para não se perder a referência dos comandos SQL, etc. Assim, uma prática que pode ser adotada é a realização de uma avaliação sobre esse estado atual, via entrevistas/discussões, que poderão ser realizadas com duas visões separadas: uma inicial e outra mais detalhada. A inicial, normalmente com a alta e média gerência (inclusive CIO), buscando-se a captura da propensão da empresa aos aspectos de dados, sua gestão e controle; a outra, com uma aproximação focada na gerência média, com a qual detalhes e especificidades serão levantadas em contextos já priorizados.

1. **Visão inicial:** Lembre-se que a cultura sobre dados nas empresas vem acompanhada de um viés de "proprietarismo", espécie de clima em que vemos áreas e funções se considerando possuidoras daqueles recursos, carecendo de uma percepção maior sobre a conveniência e pertinência dos dados constituírem um ativo de âmbito organizacional. Nessa abordagem inicial, buscar-se-ia a discussão do *Why* ou ao "porquê" de um programa de dados. Seriam levantados os principais desafios organizacionais, "dores", problemas, aspectos de riscos de reputação e de *compliance*, valoração etc., tudo relacionado aos dados, permitindo também a aferição do grau de motivação/convencimento que um programa desse demanda, em função de posições de defesas e argumentos "culturais" colocados. Essa visão seria um primeiro olhar sobre os dados sensíveis e críticos da empresa (*What*), escopo e áreas organizacionais/assuntos que merecem maior foco (*Where*) e aspectos de prioridades (*When*). Em função desses parâmetros, os primeiros sinais de *How* (como os dados são tratados), *Who* (quem está envolvido com dados) e *How much* (custos potenciais das possíveis soluções e também dos problemas relacionados) aparecerão, ampliando a possibilidade de uma solução mais embasada e direcionada de Governança de Dados, aplicada na resolução de problemas de negócios.

2. **Visão detalhe:** Essa visão seria feita com mais foco, mediante entrevistas nas áreas selecionadas, em função dos *drivers* obtidos no item anterior. Aqui seriam entrevistadas gerências operacionais e áreas de TI, envolvidas com os dados mais

sensíveis daquele contexto, obtendo-se mais detalhes sobre como os dados são percebidos e gerenciados em um patamar mais tático e operacional. Os conceitos de 5W2H, vistos anteriormente, agora ganham desdobramentos em pontos com detalhes que irão compor uma estratégia ou plano de dados, a serem apresentados como elemento *driver* de um programa importante.

3. **Ferramentas:** Nesses trabalhos, poderão ser usadas referências de modelos de gestão de dados, que ajudam na estruturação de questões para o levantamento. Há vários modelos disponíveis na literatura, com destaque para DMM[SM] e DAMA DMBoK® V2, conforme já discutido anteriormente. Os dois podem servir de referência para um trabalho deste tipo, com as devidas adaptações. Os principais conceitos desses modelos são os princípios básicos de qualquer abordagem de dados que busca uma visão sobre gestão de dados. Poderão ser usados na forma de perguntas/discussões sobre processos/áreas de processos de dados, criando pontuações em funções dos níveis percebidos de maturidade e capacidade desenvolvidas na gestão dos dados.

Por exemplo, usando o DAMA DMBoK® V2 como referência principal, a planilha poderá conter a análise de práticas associadas com gestão e governança de dados, com foco nos processos de Planejamento de Gestão de Dados, Controle de Gestão de Dados, Arquitetura de Dados, Modelagem e Projetos de Dados, Segurança de Dados, DW/BI, Dados Mestres e de Referências, Gestão de conteúdo e documentos, Metadados, Qualidade de Dados, Integração de Dados, além de outros como Big Data, IoT, Dados Não Estruturados e uso de NOSQL, que hoje estão na pauta das empresas mais evoluídas.

No caso de uso do DMM[SM], do CMMI® Institute, a planilha poderá ser baseada nas 25 áreas de processos, distribuídas em seis categorias: Estratégia de Gestão de Dados, Plataforma e Arquitetura, Operações de Dados, Qualidade de Dados, Operações de Dados e Governança de Dados. Além dessas, o DMM[SM] também trouxe, como herança do CMMI®, os processos de apoio: Gerência de Riscos, Gerência de Configuração, Medições e Análises, Garantia da Qualidade e Gerência de Processos. Essas práticas de apoio podem ser aplicadas nos outros modelos, pois estão relacionadas com processos de base/apoio, que independem dos processos *core* de cada proposição.

Observe que essas proposições de diferentes modelos, com os quais você pode aferir o seu grau de maturidade nas práticas, guardam alta semelhança entre si. Por exemplo, o conceito de Governança de Dados se encontra nos três modelos. O conceito de qualidade de dados, idem. Os aspectos de Estratégia também, com pequenas variações no nome da Categoria/Componentes/Áreas de Conhecimento. Os aspectos arquiteturais de dados também se manifestam nas três proposições. Isso significa que os elementos pilares da Gestão e Governança de dados são os mesmos, com pequenas variações. Os processos/procedimentos de dados serão semelhantes. O nível de detalhamento de cada um é que poderá variar. Assim, para cada grande assunto, são definidas práticas a serem aplicadas, e o *assessment* é observar com que capacidade cada prática desses assuntos é desenvolvida.

PRÁTICAS DE DADOS

No **nível 1**, essas práticas podem ser **realizadas**, digamos de forma restrita, sem grandes controles, normalmente em projetos isolados sem processo previamente escrito ou controlado. Digamos que isso é feito em uma iniciativa "particular", motivada por uma área ou pessoa.

No **nível 2**, as práticas são realizadas já com certa **gerência**, em projetos associados (um ou mais projetos), por meio de um processo que foi escrito para que elas seguissem um roteiro. Aqui poderemos já ter uma GD inicial e localizada. Observe que já há uma evolução com relação ao nível anterior.

No **nível 3**, as práticas já estão com um viés organizacional, havendo um controle de gestão e governança sobre elas. Já há um processo relativamente padronizado e **definido** para a sua aplicação, e todos devem seguir esse processo padrão, ou solicitar adaptações, caso ele não atenda às especificidades daquela aplicação.

No **nível 4**, temos que a empresa já está com o nível 3 bem feitinho e agora adota alguns processos estatísticos para melhor controlar as suas práticas (os processos serão **medidos**). Há uma máxima que diz que você não controla o que você não mede. Se você acha esquisito, lembre-se do seu saldo bancário ou do seu nível de colesterol. Um você controla sempre numericamente, via seu extrato, quase todos os dias. O outro, você também controla numericamente, via exames laboratoriais, de vez em quando.

No **nível 5**, a prática já está madura, necessitando somente de manutenção e evolução em busca de uma melhoria contínua, refinando-a e modernizando-a, focando na busca de inovações. Aqui os processos serão **otimizados**.

VAMOS A UM EXEMPLO REAL

Suponha que você percebe a necessidade de realizar um *profiling* de dados em arquivos críticos (Mestres e Transacionais) da sua empresa. Por exemplo, no banco de dados de Clientes, onde você percebe que há alguns "furos" de dados. O *profiling* varre todos os campos de todas as linhas da(s) tabela(s) e procura por possíveis inconsistências nos valores, identificando campos brancos, outros com erros de CEP, endereços incompletos, valores acima de patamares definidos por regras de negócios estabelecidos etc. Também estabelece avaliações de integridade de referência entre as linhas daquela ou de outras tabelas.

No **nível 1**, você estaria somente executando essa rotina, que foi definida pela sua equipe, por sugestão de alguém, sem nenhum controle específico sobre ela (a menos dos resultados), que você e o time avaliam para as devidas correções.

No **nível 2**, já há a definição de um processo (conjunto de passos/procedimentos, entradas, saídas etc.), com certos controles de quem faz o quê, quem analisa, quando e como, quem verifica se foi feito, como foi feito, se deu certo etc. Ou seja, nesse nível há uma visão processual sobre aquela rotina, anteriormente isolada, porém agora com envolvidos definidos e passos estabelecidos, seguidos e controlados. Aqui, neste nível, um outro projeto que tenha ouvido falar das vantagens da sua descoberta, fazendo *profiling* nos arquivos importantes, também resolve fazer o mesmo. No caso, farão no BD de Pedidos, por exemplo. Você diz mais ou menos o que fez, e eles (outra equipe, outro projeto) fazem da forma deles, seguindo as sugestões que você deu. Fizeram um processo de *profiling* deles, porém, provavelmente com algumas diferenças com relação ao seu. Assim, a empresa está no nível 2, nesse aspecto de *profiling* de dados, pois embora realize essas práticas elas o fazem de forma diferente, dependendo de cada projeto ou área.

Já no **nível 3**, continuamos com aquela visão processual do nível 2, mas com o processo de *profiling* agora padronizado por sugestão da Governança/Gerência de Dados. Há definições de Políticas, Padrões, Processos, Procedimentos etc., e a empresa passa a ter um processo dito padronizado, ou seja, uma receita mais ou menos única para orientar todos os que forem fazer profiling de dados. As áreas que agora desejarem aplicar essa prática de dados em um outro projeto/linha de negócios deverão buscar esse padrão e adaptá-lo às suas necessidades, porém mantendo a linha *core* definida, além de documentar as modificações/customizações necessárias. Assim, a empresa pulou de patamar, pois agora tem um processo organizacional padronizado e aplicado em (quase todos) os projetos, com ajustes conhecidos, documentados e aprovados.

No **nível 4**, a empresa continua fazendo o nível 3 como descrito, mas há melhorias nos indicadores. Agora, haverá uma coleta de medições que produzirão indicadores sobre, por exemplo, o número de campos com problemas, erros reincidentes em certos valores, tempo de execução das rotinas de *profiling*, tempo de retorno dos erros corrigidos, grau de intensidade com que as áreas da organização estão realizando o *profiling* dos seus dados etc. Pronto, agora você melhorou os seus controles, colocando indicadores, e tem uma visão numérica de como as coisas estão andando.

E finalmente no **nível 5**, a empresa continuamente vai buscando melhorias. Por exemplo, há um novo pacote de *Data Quality*, disponível no mercado, que faz *profiling*/limpeza de dados semiestruturados, como e-mail, ou de dados não estruturados para serem aplicados em *Big Data*. Você, que já está com essa tecnologia na empresa, implementa, avalia, adota e compartilha sua experiência em congressos, palestras etc. Pronto, você está exercitando o nível 5. Isso tudo que acabamos de exemplificar constituem práticas funcionais, dentro do processo *Profiling* de Dados, que pertencem à categoria/componente/área de conhecimento "Qualidade de Dados". Você poderá fazer as mesmas melhorias em outras práticas de outras categorias, aumentando a sua capacidade de gerir os dados. Essas práticas, no fundo, quando aplicadas nesses níveis, estão mostrando a sua capacidade de fazer melhorias e evoluir em dados.

PRÁTICAS DE ENGENHARIA DE PROCESSOS

Existe, porém, um outro conjunto de práticas, mais associadas à engenharia de processos, que garante que você não só fará as práticas funcionais, mas as fará na forma de um

processo sustentável. Ou seja, aquele processo de *Profiling* de dados que você escreveu, já no nível 2, deverá ser descrito e gerenciado segundo certas regras. Não pode ser uma folha onde você escreve um passo a passo simplório. Tem de ter um sabor mais formal. Assim chegamos às práticas chamadas de **Infraestrutura** (ou de Engenharia de Processos). Ou seja, todos os processos deverão conter certos elementos e serem gerenciados conforme regras da engenharia de processos. O que significa isso? Significa que todos os processos que serão escritos, independentemente de que Categoria/Área de conhecimento sejam, deverão ter alguns elementos (Ps) como Políticas (regras gerais normativas que devem ser observadas, que dizem o que se espera do processo (*What*), com que frequência (*When*), responsabilidades (*Who*) etc., um plano de execução daquele processo (*How*), dizendo como e quando ele é executado, recursos adequados de pessoas para fazê-lo (*How much/many*), todos devidamente treinados. Também haverá atribuição de autoridades e responsabilidades pelo processo (*Who*). Como o processo tem produtos, serão definidos pontos e procedimentos de controles sobre eles (por exemplo os relatórios de saída da execução de *profiling*), quem são os diversos envolvidos na sua execução, a monitoração e o desempenho do processo pela alta gerência para ver como ele está sendo produtivo e alcançando os seus objetivos. Além disso, haverá práticas de infraestrutura (processos de apoio) também para verificar a aderência da execução do processo àquilo que foi definido (*Quality assurance*, Configuração, etc.). Em resumo, haverá um conjunto de (outras) práticas, denominadas de *suporte/apoio* que, aplicado ao processo base, garante a sua adequada execução (como processo), independente de seus objetivos (pode ser de *profiling*, de governança, de arquitetura etc.). Essas práticas gerais de suporte/sustentabilidade, quando analisadas em conjunto com as práticas funcionais específicas, conferem um grau devido de **maturidade** àquele processo. Em resumo, a aplicação de modelos mais elaborados de avaliação de maturidade, como este, pode levar a uma visão inicial de como a empresa está conduzindo sua governança e gerência de dados, mas também pode ser realizada após um projeto de melhoria de dados desenvolvido, para se aferir o seu alcance. Independentemente de qual abordagem aplicar, a ideia é realizar uma fotografia inicial de como a sua empresa está gerindo os seus dados.

Para efeito prático na avaliação, podemos definir que serão dadas notas atribuídas (de 1 a 5), por exemplo, representando graus de capacidade/maturidade observados. As notas poderiam ser dadas da seguinte forma, considerando cada prática analisada:

1. Realiza ou possui ações de forma pontual ou por decisões isoladas.
2. Realiza ou possui ações em nível de projetos, com uma visão neste contexto.
3. Realiza ou possui ações em nível organizacional, por áreas de assunto/negócios, projetos associados, com uma visão mais organizacional, por assunto, linhas de negócios etc.
4. Realiza ações no nível 3, mas também aplica controles estatísticos sobre processos e produtos gerados.

GOVERNANÇA E GESTÃO DE DADOS NA PRÁTICA ⠇ 103

5. Realiza ações no nível 4 e periodicamente, via PDCA, procura o refinamento dos processos e produtos.
6. Não sabe responder.

A figura 11 mostra um segmento de planilhas usadas em avaliações de Governança e Gerência de dados, baseadas nos modelos DAMA DMBoK®, CMMI® e MPS, que apresentam esse estilo de ponderação.

MGD Melhoria de Gestão de Dados-Pesquisa/Diagnóstico sobre Gestão e Governança de Dados-CBCA-Carlos Barbieri Consultores Associados		
	CBCA-Carlos Barbieri Consultores Associados	Responda com 5-Totalmente 100% 4-Satisfatoriamente com medidas e monitoração 75% 3-Satisfatoriamente-sem medidas e monitoração 60% 2-Parcialmente-alto 40-50% 1-Parcialmente-baixo 25% 0-Não realiza deixar em branco-não sabe
1-Planejamento e Controle da Gestão de Dados	Governança de Dados	
Planejamento		
Há o entendimento formal das necessidades estratégicas de dados da organização	Realiza parcialmente-baixo	1
Desenvolve e mantém uma estratégia de dados associado com as estratégias de negócios	Realiza parcialmente-baixo	1
Estabelece os papéis e as estruturas para a gestão de dados, de maneira formal, aprovada e divulgada	Não realiza	0
Há uma área de governança/gestão de dados instituida, aprovada e divulgada	Não realiza	0
Monitora os procedimentos para otimizar processos operacionais e performance, via qualidade de dados, através de tratamento	Não realiza	0
		0,4
11-Integração e Interoperabilidade de Dados		
Define e mantém arquitetura de integração de dados	Realiza parcialmente-baixo	1
Projeta serviços de integração de dados	Realiza parcialmente-baixo	1
Implementa e monitora serviços de integração de dados	Realiza parcialmente-baixo	1
Entende as necessidades de integração de dados mestres e de referência	Realiza satisfatoriamente sem medições	3
Planeja e implementa a integração de novas fontes de dados	Realiza parcialmente-alto	2
Replica e distribui dados mestres e de referência	Realiza parcialmente-alto	2
Integra metadados de diversos repositórios (SGBD, Ferramentas BI, etc.)	Não realiza	0
		1,3
12-Big Data		
Desenvolve projetos com alto volume de dados		

Figura 11: PLANILHA DE AVALIAÇÃO DE GESTÃO E GOVERNANÇA DE DADOS, BASEADA E ADAPTADA DOS MODELOS DAMA DMBoK®V1 E V2, MPS E CMMI®

PONTOS IMPORTANTES SOBRE ENTREVISTAS, ENTREVISTADOS E PARTICIPANTES

Fatores críticos a observar:

1. Escolha correta dos entrevistados e envolvidos, o que deverá ser antecedido por uma análise juntamente com os potenciais patrocinadores da estratégia de dados da empresa.
2. Apresentação clara sobre o que significa cada prática investigada, de tal forma a coletar a informação mais precisa possível.

3. Apresentação clara sobre os resultados alcançados, alinhado por sugestões de ações que poderão mitigar ou cobrir as lacunas e vulnerabilidades detectadas.

RESUMO DA ÓPERA

Os principais desafios de uma implantação de GD podem ser resumidos em:

1. A implantação de governança de dados não é um projeto trivial, pois envolve um viés cultural fortíssimo de "proprietarismo" dos dados.

2. Há resistência de transferência das responsabilidades sobre os dados da TI, que sempre foi a grande participante neste domínio, para a área de negócios, que deverá entender que os dados são do "negócio" e a TI, a sua custodiadora.

3. Para isso, é fundamental o pleno entendimento do papel da GD, do seu alcance e do seu retorno.

4. Haverá discussões sobre como se resolver o trabalho "extra" que os participantes da área de negócios terão ao assumir oficialmente as funções de "gestores de dados" e de responsabilidade final sobre os dados (*accountability*).

5. A cultura de produzir "silos" de dados deverá ser constantemente neutralizada.

6. A busca e conquista de patrocinadores para os programas de GD é fator crítico de sucesso.

7. Lembre-se sempre que: muitas vezes os problemas da GD são menos de Governança (G), menos de Dados (D) e mais de Pessoas. Prepara-se e

8. Boa sorte!

ANEXO

MELHOR ENTENDIMENTO DOS CONCEITOS DE POLÍTICAS, PADRÕES, PROCESSOS/ PROCEDIMENTOS

Três dos principais Ps da GD, além de sua definição formal, podem ser melhor entendidos com os exemplos cotidianos abaixo. Vejamos:

- **Política:** Regras básicas formais definidas para resolver um ou mais problemas, impor um ou mais controles ou decisões e direcionar soluções.
- **Padrões:** definições que estabelecem limites, medidas, formas, comportamentos na garantia da aplicação e uso da Política.
- **Processos:** Atividades estruturadas, sequenciadas/paralelo que se propõem a resolver problemas, via aplicações dos Padrões definidos.
- **Procedimentos:** Passo a passo para definir aspectos funcionais de processos, métodos para executar algo.

EXEMPLO 1: NA VIDA REAL

Há uma lei que busca resolver problemas de acessibilidade a idosos, gestantes, lactantes e pessoas com incapacidade física, obrigatória em certos lugares de atendimento público. Assim a Lei produzirá uma Política de prioridade de atendimento.

- **Política:** A Política define as regras sobre o problema que desejamos resolver: dar prioridade no atendimento para maiores de 60 anos, lactantes, gestantes, pessoas com incapacidades etc. A Política teria um conjunto de informações, como objetivo, data de vigência, data de criação, aprovação, conteúdo etc.
- **Padrão:** O padrão define os elementos restritivos, balizadores, delineadores dos limites a serem praticados e respeitados: por exemplo, o número de pessoas com mais de 60 anos, gestantes, pessoas com filho no colo, pessoas com incapacidade física atendidas, a necessidade do lugar ter rampas de acessos especificadas, dois guichês prioritários, sanitários com instalações especiais com especificações próprias, placas indicativas, um segurança etc.

- **Processos/Procedimentos:** especificações de ações/atividades para que a Política seja aplicada dentro dos padrões. Exemplo: pessoa chega, é orientada por alguém, tem apoio no encaminhamento, se posta na fila indicada, é atendida com prioridade, etc. Um outro procedimento seria o de segurança se uma pessoa (com características fora dos padrões), por exemplo, "furar" uma fila dessas (comunicação, advertência, etc).

EXEMPLO 2: GOVERNANÇA DE DADOS, OBRIGAÇÕES REGULATÓRIAS

Lei ou ofício que define o envio obrigatório de dados para agências regulatórias, aplicado para empresas reguladas pelo governo, como Cemig, Unimed, Copasa, etc.

- **Política:** derivadas da lei e que define a coleta, integração, higienização, sumarização e envio dos dados dentro do prazo solicitado.
- **Padrões:** Dados serão enviados de acordo com padrões definidos: formato XML, relatórios formatados conforme o ofício, possibilidade de entradas direta no sistema, dentro do prazo/periodicidade definida etc.
- **Processos/Procedimentos:** Análise de um ofício enviado por uma agência reguladora do governo, entendimento dos dados solicitados, envolvimento, via comitê, das áreas que fornecem os dados; Procedimento para coleta de dados, para responder dúvidas, para definir e enviar contestações etc.

EXEMPLO 3: GOVERNANÇA DE DADOS, GDPR/LGPD

Lei aplicada na União Europeia, GDPR, que passou a vigorar a partir de 26 de maio de 2018 e equivalente à do Brasil (lei n. 13.709, LGPD/2018), que visa a proteção dos dados pessoais e sensíveis de pessoas naturais localizadas no Brasil.

- **Política:** Empresas definem uma série de Políticas para tratamento de dados, que envolvem coleta, uso, consentimento, proteção, provimento de informação, uso paralelo, notificação de vazamento, descarte etc.
- **Padrões:** Dados pessoais que permitam a identificação de pessoas e dados sensíveis como informações genéticas, étnicas, políticas, identidade de gênero, preferenciais, etc. As métricas e KPIs definidas para controlar o projeto também servirão para balizar o quanto aqueles padrões estão sendo atendidos pela Política.
- **Processos/Procedimentos:** Processos de coletas de dados, captura de consentimento, de esclarecimento da forma com que os dados serão utilizados, etc.
- **Processo de proteção dos dados:** Procedimentos de criptografia assimétrica, etc.

Obs.: Além dos 3 Ps descritos anteriormente, há Pessoas/papéis envolvidos nas ações definidas pela Política e Performance, ou seja, os indicadores para medir a aplicação da Política e sua efetiva solução dos problemas.

CAPÍTULO 4

GOVERNANÇA DE DADOS: VISÃO BIG DATA E NORMAL DATA

Neste capítulo, faremos uma discussão sobre os aspectos de Governança de Dados quando consideramos o fenômeno Big Data e Internet das Coisas comparado com "normal data". O conceito de "normal data" é uma simplificação para designar o ambiente de dados que sempre existiu antes do evento "Internet" e dos desdobramentos da sociedade digital, quando o conceito de Big Data começou a nascer e crescer. É importante entender que este conceito aqui é tratado muito mais com o foco didático e centrado nas formas mais tradicionais de dados e seus armazenamentos. É caracteristicamente estruturado, sem grandes variedades de tipos, processado em ambientes normalmente centralizados e até com volumes grandes, porém sem relação de escala com os atuais produzidos na sociedade digital. Passaremos pelas principais funções de dados, tentando evidenciar como a Governança e a Gerência se ajustam quando observamos essas duas dimensões (normal e big).

Antes, introduziremos alguns conceitos importantes para entendermos os conceitos do capítulo.

CONCEITO DE BIG DATA

O conceito de Big Data nada mais é do que a representação de um novo momento da sociedade, quando diversas mudanças de tecnologia acabaram por gerar uma profunda produção de dados, de variados tipos e com volumes e velocidades de dimensões diferentes. Assim, Big Data, muito mais do que tecnologias específicas, representa um novo estado das tecnologias existentes, algumas agora evoluídas e outras relativamente novas, tudo em função deste novo momento. Fenômenos como a internet, redes sociais, portabilidade, "devices" mais inteligentes (smart devices), suas respectivas produções de dados e novas formas de tratá-los (como Inteligência Artificial com aprendizado de máquina) compuseram esse mosaico de fatores do que hoje é chamado simplificadamente de Big Data. E as empresas deverão olhar para tudo isso de forma diferente de como se fazia anteriormente. Esse novo olhar deverá sugerir novas formas e cuidados na gestão das suas informações. Alguns desses fatores estão discutidos a seguir.

INTERNET

As redes sociais que frequentamos como Facebook, Twitter, LinkedIn, além dos sites por onde circulamos, são um bom exemplo desses novos geradores de Big Data. Os dados produzidos por um usuário de FB, por exemplo, têm volumes altos manifestados pela expressão de preferências por assuntos, temas, amigos, fotografias, etc. Esses dados começam a ser considerados agora e poderão ser integrados com outros dados mestres mais tradicionais, como o de clientes, por exemplo, amplificando o espectro de informação acerca de alguém, que, até então, era somente um comprador ou "prospect".

Com essa integração, ganham-se novos "insights" sobre o cliente, com percepções em outras dimensões, criando o que hoje se chama de empatia, dentro da visão moderna de "design thinking". O uso desses dados, sob um novo foco, trará um aumento nas oportunidades de negócios, pois desvenda novos relacionamentos do cliente, suscitando novas oportunidades, mas, por outro lado, começa a entrar na sensível e crítica esfera da privacidade. Além dos dados, os novos metadados também serão elementos fundamentais nessa equação. E a Gestão de Dados, que significa Governança e Gerência de Dados, deverá estar atenta a isso.

TELECOMUNICAÇÃO E SAÚDE

Além da internet, outras áreas de extremo crescimento, como saúde e telecomunicações, que usam intensamente a primeira, também contribuem para a produção maciça de dados. No domínio da Telecomunicação, o uso intensivo de celulares e tablets fez aumentar o volume de CDR (Call Detailed Records). Há hoje no Brasil mais de 240 milhões de celulares, ou seja, temos, em média, mais de um celular por habitante. Cada ligação efetuada pode ser entendida como um fluxo gerado de informações que deverão ser registradas e mantidas por um certo tempo, contendo dados do número de origem, do número chamado, tipo de chamada, estampa de tempo, além de outras. Calcule o número de ligações efetuadas por unidade de tempo no Brasil e imagine a sombra volumosa dos "exabytes" se aproximando. Esses são os Big Data na forma de dados mais estruturados.

Na área de saúde, há uma tendência também por produção de dados semi ou não estruturados, representados por imagens, documentos, sinais de monitoração, etc. O crescimento de sistemas de análise digital de imagens médicas tem também sugerido um aumento exponencial de uso de Big Data nesta área. Equipamentos e softwares têm sido desenvolvidos para atuar de forma integrada nos exames de imagens, com possibilidade cada vez maior de aplicações de algoritmos de IA no apoio às interpretações desses elementos. Módulos e bibliotecas, cada vez mais precisos, têm sido desenvolvidos objetivando melhorar os aspectos analíticos de imagens médicas, como localização (onde se situa precisamente um tumor, por exemplo), metrificação/cálculos de superfícies e volumes (qual a dimensão precisa e o volume de uma próstata afetada, por exemplo), separação de bordas (especificação mais precisa de onde começa, por exemplo, um tecido sadio e onde se inicia uma parte afetada).

Esse crescente aumento de dados nos sistemas de saúde, seja público ou privado, tem contribuído muito para a expansão de Big Data. Em novembro de 2017, foi aprovado pela FDA o uso das pílulas inteligentes (smart pills), ou seja, cápsulas contendo microchips capazes de coletar informações intracorpóreas e transmiti-las para um "patch" (adesivo) externo que depois vai enviá-las para um app dos médicos (sob consentimento) ou do próprio paciente. Isso permitirá um controle rigoroso sobre a ingestão dos medicamentos com o princípio ativo sob controle. O projeto pioneiro foi desenvolvido por uma empresa de biotecnologia americana, em parceria com uma produtora de uma droga para tratamento de esquizofrenia. Assim, é questão de tempo para que os dados sejam também produzidos, enviados e armazenados a partir do interior do corpo humano, numa espécie de instanciação do filme Viagem Fantástica, sucesso da década de 60. Uma startup americana tem um projeto de inovação com o *smart tampon*. O objetivo é o desenvolvimento de um tipo especial de absorvente contendo microchips capazes de analisar o fluxo menstrual e detectar possíveis indicações de doenças, como câncer de útero, ovário, etc. Lentes de contato inteligentes já são capazes de agir como se fossem uma máquina de captura de informações visuais.

Dessa forma, observa-se que novos dados com novas interpretações estão surgindo. Entender esses dados na plenitude de seus ciclos de vida (onde eles nascem, são processados e terminam/são descartados), os seus metadados (o que significa, por exemplo, roteamento de chamada ou data de readmissão do paciente) e políticas de privacidade e segurança serão fatores fundamentais a serem observados. Todos esses pontos demandarão a presença da Gestão, Governança e Gerência de Dados com um novo olhar.

DEVICES E MÁQUINAS INTELIGENTES

Na área de automatização, surge o conceito de Internet das Coisas. Hoje se observa um aumento das comunicações M2M (Máquina a Máquina), com produção, transmissão e armazenamento de dados sobre temperatura, pressão, fluxo, campos magnéticos, RFID, etc. São volumes gigantescos de dados coletados por sensores/máquinas e transmitidos e processados, via uma rede com várias camadas, até chegar aos processadores finais, onde, por análises e tomadas de decisão, atingem os objetivos de controle para os quais foram planejados. Ainda uma área em início, será fundamental a definição de políticas sobre dados, considerações cuidadosas sobre seus aspectos de privacidade e segurança, com foco em uso de dados de geolocalização de pessoas, de sinais de RFID, além de definições de retenção de dados, em função de volumes muito altos produzidos. Isso tudo deverá merecer a preocupação da GD. Nesse plano encontraremos, por exemplo, analisadores de funcionamento de motores elétricos, via seu campo magnético, ou de compressores de ar, via pressão injetada, visando ações de manutenção preventiva; a operação de turbinas de aviões, com dados in-flight sendo coletados e enviados com o mesmo propósito e os medidores inteligentes de energia elétrica, capazes de individualizar o consumo por utensílio doméstico, viabilizando a redução do valor da conta por comparações de marcas e linhas de produtos. Além disso, um conhecimento a cada 15 minutos do consumo de energia de uma residência permitirá à companhia de energia a oferta de tarifas mais sedutoras para consumo em momentos de baixo pico. Por outro lado, detalhes sutis de dados poderão indicar se há gente na residência naquele período, em que momento a família toma banho, etc. A figura 1 ilustra esse exemplo, com os utensílios inteligentes ligados a um "smart meter", que é coletado por uma HAN (Home Area Network) e transmitido para a companhia energética via WAN. É importante observar que os painéis solares, em ritmo de crescente adoção, poderão entrar nessa equação, compensando o gasto da energia consumida, através de um "trade" com a companhia energética.

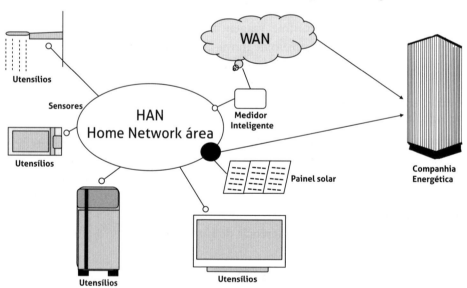

Figura 1: HAN: Home Area Network, Medidores inteligentes

COMPARAÇÃO DE GD CONSIDERANDO BIG DATA E "NORMAL" DATA

É importante se lembrar que a governança de dados é uma espécie de legislativo e judiciário dos dados, enquanto as gerências de dados (BD, QD, BI, Big Data, Metadados) são as partes executivas. Assim, quando comparamos Normal e Big Data, aspectos de variação com relação às estruturas de dados, por exemplo, estarão na esfera de execução da gerência de dados, porém os aspectos de políticas, regras, padrões e resolução de pendências acerca desses pontos estarão sob o guarda-chuva da Governança de Dados.

Tudo estará dentro da abóboda maior chamada Gestão de Dados. O objetivo é mostrar que o volume, a velocidade, a variedade e a veracidade de dados (os Vs do Big Data) deverão ser considerados à luz dos princípios da gestão de dados, que envolve as diversas gerências de dados e os Ps da Governança, conforme a figura 2. Nesta figura, nos hexágonos à esquerda, aparecem as diversas gerências de dados (corpos de conhecimentos) como Arquitetura de dados e Modelagem de Dados. No outro conjunto de hexágonos à direita, aparecem os conceitos que embasam a GD e que estabelecem as formas de controle e acompanhamento sobre aquelas gerências.

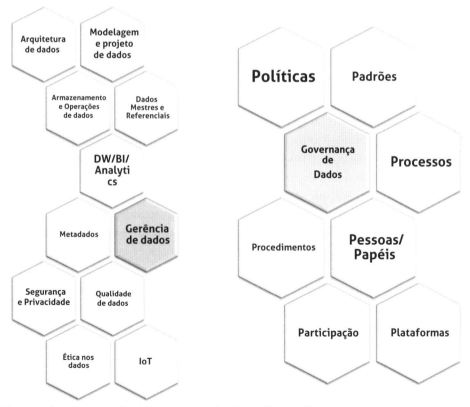

Figura 2: Governança e Gerência de dados: Big Data e Normal Data

1. Arquitetura de Dados

Normal Data

Nas arquiteturas convencionais, o foco é predominantemente no processamento centralizado, com uma grande máquina, composta de vários processadores, unidades de memória e discos atendendo às demandas que chegam ali. Ou seja, todas as requisições de processamento são canalizadas para aquela grande unidade. Descendo um pouco em direção aos dados, os Modelos são estratificados em visões Conceituais, Lógicas e Físicas. As conceituais são a manifestação dos grandes blocos de dados, com pouco detalhamento sobre cada um. Tem o objetivo de servir como a visão de cima da "floresta" de dados, com entendimento dos principais blocos de dados que estão naquele contexto, porém sem grandes detalhes. No nível lógico, já se pode ter um grau maior de detalhe, contemplando as Entidades de dados, com alguns atributos essenciais e certos relacionamentos, o que já enriquece e passa a atender uma plateia de negócios mais exigente, com uma oferta mais clara de informação. Finalmente vem o modelo físico, já trazendo detalhes de tecnologia e de implementação, própria para analistas, técnicos e programadores, etc. Independentemente de Big ou Normal, esses três níveis de abstração devem ser construídos.

Do ponto de vista conceitual, a arquitetura de dados se conecta com a de metadados (que lhe confere definições), de negócios (que é o grande driver de tudo), a arquitetura de processos, arquitetura de sistemas (visão compartimentada por onde os dados passam e são trabalhados) e de tecnologia (que se manifesta pelas plataformas de implementação, marcas e produtos). Um importante ponto de diferença entre as duas visões é o conceito de transacionalidade. Em normal data, o protocolo é o ACID (Atomicidade, Consistência, Isolamento e Durabilidade). Atomicidade significa que uma unidade transacional (conjunto de comandos atendendo certos objetivos, por exemplo, uma transferência bancária) é toda realizada ou nada dela é realizada (Tudo ou nada). Se a unidade transacional for formada de vários comandos que afetam dados (modificam, deletam ou incluem dados), essa unidade não será deixada pela metade. Ou todos os comandos serão feitos ou nada terá sido feito. A Consistência é meio que a consequência direta desta característica anterior. Significa que o estado dos dados permanecerá consistente (com um novo conjunto de dados atualizados) ou com a manutenção do estado anterior (portanto, sem nenhuma atualização aplicada e, logo, também está consistente, pois manterá o estado anterior).

O Isolamento é a característica produzida por mecanismos que atuam dentro do espaço dos dados sendo processados, a fim de evitar que duas ou mais unidades transacionais, em paralelo, interfiram, uma na outra. Isso significa que uma unidade transacional ficará bloqueada enquanto a outra se desenrola (isolamento pessimista), ou ambas serão rodadas em paralelo, porém com um controle final que definirá quais atualizações serão persistidas (isolamento otimista). Finalmente a Durabilidade define que, ao final de uma unidade transacional, o que foi feito corretamente será sacramentado na persistência dos dados e somente uma recuperação física posterior poderá ser aplicada para se voltar a um estado prévio. Tipicamente essa arquitetura privilegia a consistência, em certo detrimento da disponibilidade. O particionamento, nesse contexto, inexiste e pode ser considerado zero. Vá recordando o conceito do teorema CAP...

Big Data

Quando falamos de Big Data, a arquitetura tenderá a ser descentralizada, caso o Volume e a Velocidade sejam altos, o que é a tendência. Significa que o conceito de processamento será distribuído por entre dezenas ou centenas de máquinas, que são orquestradamente controladas pelo software e que realizarão os comandos necessários. Isso impõe aspectos específicos de gerência, na medida em que dezenas de máquinas poderão interagir sobre os dados, diferentemente do modelo centralizado, onde eles residem num único ponto e somente uma máquina mexe com eles. Dessa forma, e até por isso, as estruturas de dados serão diferentes e fugirão das regras de normalização dos dados (característica dos modelos relacionais, predominantemente centralizados). As arquiteturas dos dados deverão ter visões conceituais e lógicas (que independem, de certa forma, do modelo físico). Este sim, será diferente, exatamente pela imposição da nova arquitetura, agora descentralizada. O modelo físico levará em conta a característica arquitetônica da distribuição. Assim, os dados poderão ser distribuídos em diversos nós processadores (entidades diferentes em máquinas diferentes, como produtos centralizados numa máquina e pedidos distribuídos por várias), ou até replicados (cópias dos dados distribuídas por entre os nós processadores).

A replicação poderá ser Mestre-Mestre ou Mestre-Subordinado: Mestre-Subordinado significa que os dados estarão replicados em vários nós, mas as atualizações serão sempre canalizadas para o nó Mestre (mesmo as que foram feitas nas máquinas Subordinadas). Na topologia Mestre-Mestre, as atualizações poderão acontecer em qualquer nó, e o sistema deverá ter inteligência para resolver conflitos, quando houver atualizações sobre o mesmo dado, vindas de pontos diferentes. Um ponto importante a ser considerado nas arquiteturas de Big Data é a chamada "colocalização" dos dados, discutida no tópico sobre modelagem e projeto de dados.

Nessa arquitetura, o protocolo de transacionalidade predominante é o BASE — Basically Available, Soft State and Eventually Consistent. Os dados serão atualizados de forma distribuída e as inconsistências serão resolvidas num espaço de tempo (não imediatamente), mas serão resolvidas sempre. Aqui se chama atenção para o truque semântico da palavra "eventually" em inglês. Na língua de William Shakespeare, ela significa que mais cedo ou mais tarde aquilo acontecerá. Na sua tradução para a língua de Camões, "eventualmente" significa que poderá ou não acontecer. Vale o sentido do inglês. Esse protocolo prioriza a disponibilidade, no lugar da consistência, mas garante que "eventually" ela acontecerá, mais cedo ou mais tarde. Hoje, já existem opções de protocolo ACID disponíveis através de camadas extras sobre o Hadoop, como o Apache HIVE, por exemplo. O emergente conceito de blockchain já começa a ser pensado como solução para estes problemas do modelo de transacionalidade BASE, na medida que, sendo um topologia de BDD (Bancos de Dados Distribuídos), com controle sobre as atualizações de dados, via criptografia assimétrica, poderá alcançar os objetivos de se ter dados distribuídos, com maior consistência.

Arquitetura Lambda

Com a evolução da internet dos homens e das coisas, os processamentos em tempo real serão cada vez mais necessários. Ou seja, fluxos de dados serão enviados diretamente para a plataforma, que deverão ser trabalhados no sentido de latência zero, no fundo a diferença de tempo entre o fato acontecido e os dados sobre esse fato, que tendem a ficar próxima de zero. Os dados coletados de sensores colocados em pacientes de uma clínica de geriatria, deverão ser enviados e processados com latência próxima de zero, a fim de poder estabelecer mecanismos de detecção de quedas, ou observações precoces de disfunções fisiológicas. Essa arquitetura, conforme a figura 3, demonstra essa mistura de necessidades de processamentos diferentes para objetivos diferentes.

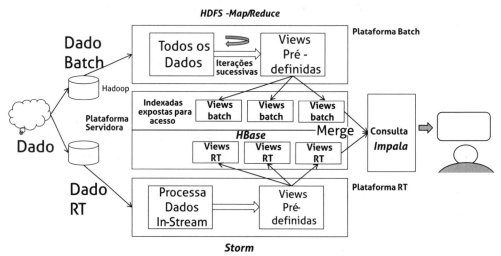

Figura 3: ARQUITETURA LAMBDA: BIG DATA E NORMAL DATA

Os dados com características de processamento em lote, ou seja, com alto volume inicial (pacotes) e maior janela de tempo, por exemplo, são processados na plataforma Batch. Os dados são sempre acumulados/mantidos (no Hadoop, por exemplo) e os dados daquele lote (de cada lote que chega) são trabalhados produzindo views pré-definidas. Essas views pré-definidas são tratadas na camada servidora, criando-se índices que facilitem o seu acesso. Ali são expostas para o acesso via uma ferramenta de acesso como Impala, por exemplo.

Na outra ponta, os dados que tenham aspectos de instantaneidade são tratados in-stream, indo para a camada de RT (Tempo real). Ali são tratados de forma semelhante ao batch, produzindo views pré-definidas (via funções de MapReduce, por exemplo) que sobem para a plataforma servidora, produzindo views indexadas (como na de batch). Essas views, batch e RT, são "mergeadas" na pesquisa, produzindo um dado de atualização corrente. A plataforma batch processa o "grosso" dos dados (via Hadoop like e funções MapReduce) e a plataforma RT processa os incrementos que chegam in-stream, via Storm, por exemplo (processador de dados in-stream da Apache). Pode ser também via Spark, semelhante ao Storm. Esses dados que chegam em pequenos lotes (in-stream), depois são acumulados no próximo ciclo batch para compor o todo. Assim fecha-se o ciclo batch+in-stream. Um produto como o HBase pode ser a tecnologia que trabalha na camada servidora, produzindo essas views indexadas e acessíveis, pelo front da consulta. Via merge, esses dados são entregues ao usuário. Observar que os dados in-stream (incrementos) são processados na iteração seguinte do Batch, dispensando as views RT antigas, que não precisam ser armazenadas para sempre. Elas servem para o processo RT, mas depois do novo ciclo de Batch, esses dados já estarão incorporados como views batch e somem das views RT. Os novos incrementos produzirão as views RT e assim prossegue o ciclo. Por exemplo, imagine o processamento de tickets de supermercado, com visões de produtos que são vendidos em conjunto: Gojiberry+Cranberry, iogurte grego com queijo frescal, picanha com carvão, cerveja+tira-gosto, etc. Os lotes batch têm ciclos longos e com periodicidade menor. Enquanto esses ciclos estão em processamento, há os ciclos RT que chegam com maior frequência e com processamento menor (atualizações de estoque, por exemplo). Os ciclos RT são processados em tempo real (mais rapidamente) e as visões são juntadas com as de batch na pesquisa. Depois, entram no ciclo n+1 batch e vão para o DW/Armazenamento definitivo.

ALGUNS EXEMPLOS PRÁTICOS

Exemplo de uma arquitetura de dados de um Museu:
Veja as figuras 4a e 4b. Nelas há um exemplo de camadas de abstração de dados, dentro de um Museu em BH.

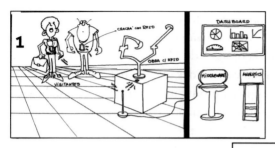

Figura 4a: Visões de abstração: Big Data e Normal Data

Na figura 4a, quadro 1, observa-se, no primeiro nível de abstração, via "cartoon thinking", um flagrante de um casal visitando um Museu de Arte Contemporânea, em BH. A presença dos dois visitantes será detectada pelos sinais de RFID emitido pelos crachás. Esses dados, dentro do conceito de IoT, serão coletados e armazenados para análise de presença dos visitantes, tempo de permanência defronte às obras, preferências, movimentação no museu, entrada e permanência em pavilhões, etc.

Na figura 4a quadro 2, num outro grau de abstração, aparece um modelo conceitual de dados, contendo as principais entidades no domínio do assunto Museu, sem nenhuma associação com tecnologia ou implementação.

Na figura 4b quadro 3, observa-se uma visão mais física dos dados, com a representação do conceito Visitante e suas visitas, conforme implementada num BD NoSQL, por exemplo.

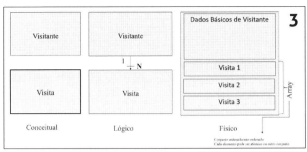

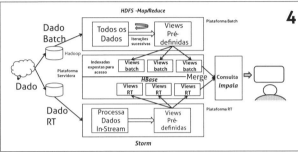

Figura 4b: Visões de abstração: Big Data e Normal Data

Na figura 4b, quadro 4, é mostrada uma camada da arquitetura de dados, com processamentos de ingestão dos dados. Os dados mais estáveis seriam enviados na forma batch (obras, artistas, pavilhões, etc.), processados e criadas as views que podem ser trabalhadas nos acessos. Os dados relativos às movimentações de visitantes, capturadas por RFID, por exemplo, seriam enviados in-stream. Assim, em tempo real, o sistema vai processando os dados das visitas em pavilhões, em frente às obras (RFID). Os dados são recebidos e geram views RT, que são "mergeadas" com as views batch processadas até o dia anterior.

Exemplo de dados clínicos

A mesma arquitetura discutida anteriormente poderia ser usada neste exemplo. Imagine os dados de um conjunto de clínicas/centros de repouso de alto nível nos EUA para pessoas idosas. De um lado (batch), teremos os dados produzidos por visitas regulares de médicos/enfermeiros, para consultas (dados mais estruturados), periodicamente enviados ao sistema. Do outro lado o fluxo contínuo de monitoração dos idosos, via sensores de sinais vitais, sensores de movimentos, deslocamentos, quedas, enviados de forma contínua e como dados não estruturados. Esses dois tipos de dados serão recebidos por processos separados, mas serão integrados para permitir uma análise conjunta e unificada de informações.

Arquitetura de Dados e a Governança/ Gerência de Dados: Data Lake

Um ponto importante a ser discutido na arquitetura de Big Data é o conceito emergente de Data Lake. Já falamos anteriormente das evoluções desses depósitos de dados ao longo da história da Informática. O conceito de Data Lake surgiu agora como uma proposta de solução com a finalidade de atender dois grandes requisitos que não são plenamente resolvidos nas tecnologias relacionais que embasam as camadas atuais. O primeiro é o armazenamento dos dados não estruturados (DNE), presentes cada vez mais nas empresas e que são a grande tônica do conceito de Big Data.

O segundo ponto se refere ao volume e à velocidade com que são produzidos, também associados ao mesmo conceito de Big Data, através dos Vs. Isso trouxe à tona uma discussão própria das transições de grandes tecnologias. Os SGBDs relacionais, que são os pilares da proposta de DW, foram pensados fortemente no tratamento de dados estruturados e possuem uma escalabilidade vertical limitada no seu poder de crescimento (mipagens e storage). Os seus sucedâneos, como Hadoop (File Management) e Bancos NoSQL já vieram com facilidades de expansão de volume (acréscimo de clusters pela escalabilidade horizontal elástica) e a maior facilidade no tratamento dos dados não estruturados pela sua flexibilidade inata que se alinha com as estruturas de dados de hoje. Isso nos leva a questionamentos arquiteturais que deverão ser avaliados sempre à luz das necessidades do negócio e não de "torcidas" tecnológicas, muito presentes em momentos de mudanças de paradigma. Os conceitos de Data Lake surgiram nesta esteira de possível alternativa mais flexível e também como plataforma de forte integração entre fontes de dados existentes. Esses depósitos de dados mais modernos têm algumas características, abaixo discutidas:

- Os Data Lakes são criados sob forte influência do ecossistema Hadoop, com suas vantagens óbvias e também a sua (ainda) relativa imaturidade tecnológica se comparada com os BD tradicionais.
- Os Data Lakes são depósitos de dados que permitem, com facilidade, a ingestão de dados de qualquer natureza, centrado no conceito de "schemaless", ou seja, a liberdade de se carregar quaisquer tipos de dados, sem a necessidade de uma definição prévia para gravação (chamada esquema, presente em todos os bancos de dados que o antecederam). Isso significa que você carrega dados estruturados, dados semiestruturados, dados de imagens, sons, vídeos, sensores, dados separados por vírgulas gerados por planilhas, etc., na forma "raw" ou crua.
- Os Data Lakes, pela sua genética Hadoop, têm a facilidade de criação de novos clusters, onde ficam os arquivos HDFS, na medida em que os dados vão alcançando os seus limites estabelecidos de volume. Assim, no lugar dos famosos DBA, Administradores de Bancos de Dados, agora poderemos ter os HDPA, administradores de Hadoop.

- Os Data Lakes, com o objetivo de evitar que esses depósitos se transformem em "caçambas" de dados, estabeleceram uma proposta de criação de zonas de dados, dentro do seu ambiente. Isso, no fundo, significa a definição de subdepósitos lógicos ou físicos, que têm objetivos específicos, muito semelhantes aos DW e Data Marts da proposta anterior. Esse conceito tem ligeiras variações, em função dos seus propositores, mas se igualam na essência. A ideia é a criação de zonas/ regiões de dados com características e objetivos diferentes, numa sequência evolutiva, que permita a transição do dado em estado menos trabalhado (raw) até a informação lapidada, correta e necessária ao consumo pelo negócio. As camadas de um Data Lake são:
  - Zona de ingestão ou de transição: Nesta zona chegam os dados vindo de fontes internas ou externas da empresa. Podem ser dados que vêm na forma de tabelas, "in-stream", etc. Ou seja, é a primeira camada do Data Lake, onde aterrissam os dados. Alguns modelos chamam de "landing" zone. Os dados chegam aqui do jeito que estão lá fora, ou seja, "in natura", ou dados em estado bruto (raw). Os dados que aqui chegam têm, dependendo da plataforma adotada, os seus metadados capturados automaticamente pela leitura de suas fontes originais ou (ainda em evolução) por processos de aprendizados de máquinas, via IA. Em resumo, é um casamento de arquitetura com GD, onde os dados já começam a ser gerenciados e governados, na medida em que os seus metadados poderão ser levantados e colocados num catálogo. Além disso, alguma informação de "linhagem de dados" já começa a ser delineada (linhagem de dados é o mapeamento do ciclo de vida dos dados, entendendo a sua fonte, seus passos variados com os devidos processamentos e o seu fluxo por entre sistemas). Os dados, além de identificados, também passam por processos de validação, limpeza, transformação e integração. Ao serem catalogados, os dados podem receber tags associadas a Políticas de Segurança, Privacidade, Qualidade de Dados, via profiling, e ganham um contexto fundamental para se transformarem em insumos de informações qualificadas. Nesse ponto poderá ser realizada a análise do chamado SSOT (Single Source of Truth), ou seja, a observação dos mesmos dados manifestados em fontes diferentes. Esse fenômeno, desafiador desde os tempos dos primeiros bancos de dados, busca analisar o dado e suas eventuais replicações em diversos sistemas. Por exemplo, empresas que usam diferentes ERPs têm esse desafio. Um deles armazena o registro de Cliente, o outro (CRM, por exemplo) tem a duplicação de alguns dados e talvez até uns específicos daquele domínio e um terceiro (Delivery, por exemplo) tem outros, replicados e particulares. Normalmente essas estruturas de pacotes são blindadas e não permitem alterações. Dessa forma, as possíveis saídas para uma solução de integração são projetos de MDM, DW ou de "Bus" de Serviços. Esses projetos, nada triviais, vão transformar o SSOT que você não

tem, em SVOT (Single View of Truth) de que você precisa. Esse processo de "refino" dos dados, que se encontra na essência da gerência e governança de dados, por vezes é chamado de curadoria dos dados. Tal como um curador analisa as obras de uma exposição de arte, objetivando o seu entendimento e a sua forma de integração com outras, o curador de dados (gestor de dados) faz isso com os dados que aterrissam nesta zona vislumbrando uma possível solução de integração.

- ◆ Zona de Dados Confiáveis (Trusted): Essa região dos Data Lakes é reservada para ter o papel do depósito principal dos dados, considerando os conceitos de Dados Mestres e Referenciais, essenciais nos sistemas, independente de normal data e Big Data. Usam o jargão de visão única dos dados e mantêm os dados em estado de "preparação" para consumo, com alto grau de qualidade. Os dados estão modelados e integrados na forma de um grande depósito, DW-like.

- ◆ Zona de Dados Refinados (Defined): Nessa zona, os dados estarão na forma pronta para consumo imediato, de acordo com as necessidades das linhas de negócios. Nessa zona se ligam as ferramentas de BI, Analytics, etc. e isso ganha sabor dos Data Marts, onde segmentos de dados, específicos para atender objetivos definidos, estão à disposição para consumo, via geradores de relatórios, ferramentas de BI, etc.

- ◆ Zona de Ciência de Dados: Essa zona, dentro dos Data Lakes, é a resposta à crescente demanda por tratamentos especiais de dados. São as chamadas Sandbox, usadas em projetos de ciência de dados. No fundo, são dados selecionados das outras camadas, que atenderão projetos de Inteligência Artificial, como mining e machine learning.

- ◆ Se você está com certo sabor de "déjà vu" quando falamos de Data Lake, lembre-se que assim caminha a tecnologia. A zona de ingestão/transição/entrada de dados "raw" se assemelha ao ETL (Extração, Transformação e Carga). Zona de Dados Confiáveis tem semelhança com DW, dados refinados com Data Marts, e Sandbox com Sandbox mesmo, com ELT (Extração, Carga e Transformação), aplicado em projetos inferenciais especiais. A grande diferença se concentra nos pilares debaixo, que permitem melhorias de escalabilidade, rapidez na ingestão de dados, custo do Hadoop, etc. Se você precisa dessas evoluções, é momento de pensar nessa nova arquitetura. Se você não enfrenta ainda esses problemas, a arquitetura relacional de DW e DM lhe bastará.

Do ponto de vista de Governança de Dados, com sentido de legislativo (definição e aplicação de regras) e Gerência de Dados (com o sentido de executivo), a arquitetura de dados demandará a definição clara de alguns Ps da GD. Na prática, pensar:

- ▪ Definição de Políticas, Padrões, Processos/Procedimentos, Pessoas com seus papéis, etc., que regulem os elementos que compõe a solução arquitetural. Dependendo do tipo de solução em desenvolvimento (normal data, Big Data, IoT e sistemas inferenciais) caberá variações nos procedimentos da gerência de dados. Por exemplo, em sistemas de big data que usem dados de clientes coletados de redes sociais, a GD deverá observar aspectos de regras de privacidade (consentimento) ou, quem sabe, definir gestores de dados específicos para esse tipo; em sistemas de Inteligência Artificial, a GD deverá estar atenta para aspectos de algoritmos de tomada de decisão ou inferência, de cujos resultados não se consegue explicações (explainability). Em sistemas de IoT, a GD deverá observar a arquitetura de distribuição dos sensores, a taxa de chegada de dados, tipos de interferência que poderão comprometer a qualidade dos dados (trepidação, temperatura), etc.

- A GD também deverá considerar os aspectos de compatibilidade da solução arquitetural proposta com uma arquitetura corporativa de dados, caso exista, e sempre alinhando com os objetivos de negócios.

- Também as Políticas e outras regras para a definição de padrões arquiteturais, considerando novas soluções que envolvam Big Data, IoT e aplicações inferenciais, com suas especificidades.

- Considerar, prioritariamente, nessas novas arquiteturas os elementos ECD, Elementos de Dados Críticos (CDE, Critical Data Elements, em inglês). Definir políticas que estabeleçam os critérios de criticidade dos dados, considerando aspectos de regulação, segurança, privacidade, ética no seu uso, etc.

- Os dados deverão ser documentados em Catálogos de dados (mais físicos) e Glossários de dados de negócios, com ênfase na visão negocial. Esses dados deverão ter suas definições claras, com regras de negócios bem estabelecidas, aspectos de segurança, privacidade e regulação muito bem documentados e conexão com os dados do modelo físico de implantação. A documentação da linhagem de dados deverá ser criada, buscando o entendimento de seus fluxos e processos aplicados. Os aspectos de qualidade de dados, nas dimensões definidas (acurácia/exatidão, consistência, integridade, conformidade, completude, etc.) também deverão ser considerados.

- De forma geral, deverão ser pensadas as Políticas, os Padrões e Procedimentos para esse novo ambiente. Políticas e Padrões para zoneamento dos dados, aprovação de novos dados entrantes no Data Lake, Padrões de dados e metadados, papéis de eventuais gestores para essa nova arquitetura, a monitoração da linhagem dos dados (seu trânsito por entre as fontes e por entre as zonas/regiões do data lake), etc.

A figura 5 ilustra esses conceitos, com dados oriundos de novas fontes (normalmente semi ou não estruturados), como os coletados em redes sociais, sensores ou das fontes tradicionais como ERP e ambientes transacionais (OLTP, com dados estruturados). Dependendo da aplicação, os dados seguirão o seu ciclo de vida: os dados não estruturados (normalmente big data) são entrados via uma camada de ingestão, onde alguma integração e transformação poderá ser feita, aplicando-se o conceito de zonas de dados. Esses dados entram em ambiente Hadoop, que facilita a carga de grandes volumes e em alta velocidade, dentro do conceito de Data Lake e ficam disponibilizados para aplicações preditivas (o que vai acontecer) e prescritiva (em acontecendo/ou não acontecendo, o que fazer, como otimizar?). Neste caminho, os usuários principais serão provavelmente os cientistas de dados. Os dados mais estruturados (ou até alguns semi) seguem a trilha de integração, via ETL, e caminham para ambientes de MDM, Data Warehouse e Data Marts, onde se aplicam os tratamentos descritivos (o que aconteceu, quando, onde, por quanto, etc.). Neste caminho, os clientes principais serão os usuários e analistas de negócios. É importante observar que nos dois cenários haverá a participação de possíveis integrações com Dados Mestres e Referenciais. Além disso, a camada de GD, com o foco nos Ps que conduzam ao pleno entendimento dos dados, via metadados (via catálogos e glossários), à gerência do ciclo de vida, como descrita, aos aspectos de qualidade, segurança, privacidade e ética, pontos que serão discutidos adiante.

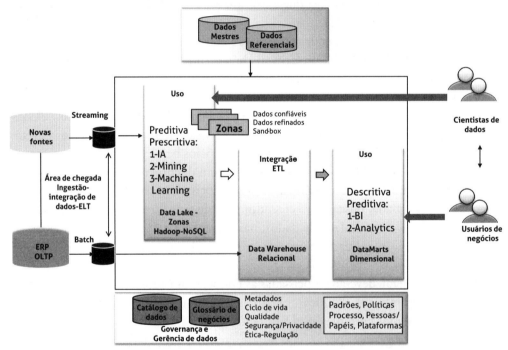

Figura 5: Arquitetura geral: Big Data integrado com Normal Data

2. Modelagem e Projeto de dados

Normal Data

O normal data, durante os últimos 20 ou 30 anos, esteve sob as regras de modelagem da proposta relacional. Tabelas normalizadas, com foco em 1ª FN, mas podendo chegar a 3ª FN. Os modelos conceituais seguiram as propostas de Peter Chen ou similar e os modelos físicos ficaram sob as asas do relacional, com tabelas, índices, espaços de tabelas, PK, FK, etc. Aqui não há novidade.

Big Data

O conceito de Big Data, por sua vez, pode e deve manter os níveis de abstração conceitual e lógico (o que, na maioria dos projetos, não acontece, segundo pesquisas) e modelar os dados fisicamente de acordo com o tipo de problema que se deseja resolver. Diferentemente do normal data, onde os dados sempre estavam em uma certa conformação tabular, os produtos NoSQL têm sabores variados. Há SGBD, Sistemas Gerenciadores de Bancos de Dados, mais focado para estruturas simples contendo chave-valor, outros para estruturas multicolunares complexas, outros para documentos e outros para estruturas e relacionamentos complexos, na forma de grafos. Isso significa que os projetos com produtos NoSQL, focados para Big Data, têm uma maior variedade de opções, diferentemente do modelo relacional. Abaixo, um exemplo, mostrando o conceito de Pedido, visto como uma abstração conceitual, lógica e sua materialização física (no MongoDB). Os detalhes do Pedido, na sua composição física, estão a seguir:

```
Pedido:

{NúmeroPedido: "1234-56", Descriçãoresumida: "Pedido exemplo com vários itens",

DataEntregaPlanejadaPedido: ISODate("2017-11-29"),

DataRealEntregaPedido: ISODate (2017-12-05"),

PesoPedido: 2.7,

ValorTotalPedido: 78.00,

CodigoTipoPedido: "03",

DescriçãoTipoPedido: "Vendas pela internet",

CodigoStatusPedido: "E",

DescricaoStatusPedido: "Entregue"

ItensPedido:
```

```
[{ProdutoID: "987456789",

 QtdPedida: 1

},

{ProdutoID: "765432123",

 QtdPedida : 3

},

{ProdutoID: "897456123",

 QtdPedida : 2

}]}
```

Observe que aqui a normalização (1ª FN) não foi aplicada, optando-se pelo armazenamento dos Itens (de Pedidos), dentro da própria estrutura de Pedidos, enfatizando os aspectos de colocalização. Em sistemas de big data, em função do particionamento dos dados por diversos nós (data nodes), há que se procurar que os dados com maior coesão nos seus relacionamentos fiquem próximos fisicamente, a fim de facilitar o processo de busca e evitar congestionamento na rede. Por exemplo, buscar que os dados de leitura de parâmetros médicos fiquem fisicamente próximo dos dados do seu paciente, ou que os dados de consumo do smart meter fiquem próximos dos dados do consumidor. Nas arquiteturas relacionais ou anteriores, essa colocalização era mais facilmente definida. No ambiente Hadoop isso deverá merecer a atenção da gerência de dados, devido às características do HDFS (Hadoop Distributed File System).

Observe que o conceito de Pedido é o equivalente à uma linha do modelo relacional, porém sem os rigores da normalização. Os relacionamentos podem ser definidos por estruturas embutidas, conforme vimos, e os Gerenciadores NoSQL normalmente não oferecem integridade referencial automática, como o modelo relacional. Um atributo de um objeto (Pedido ou Documento) pode ser simples ou um array de vários elementos, de novo quebrando a Normalização. O conceito de chave de identificação (única ou não), guarda semelhança com os modelos antigos. Caso haja necessidade de chave única, poderá ser definida uma como um GUID, identificador global, que garante a unicidade, sem chance de conflitos. Chaves secundárias podem ser definidas para acessos invertidos, porém somente em algumas opções de NoSQL. O conceito de supertipo e subtipo também pode ser aplicado, com as opções de entidades separadas em estruturas diferentes ou a fusão da supertipo com a subtipo, formando entidades combinadas ou com todos os elementos de dados concentrados na supertipo. No fundo, o projetista deverá buscar um compromisso entre clareza e performance.

Há novidades com relação ao conceito de "schema on read", conforme já foi explicado. Em projetos de Data Lake, por exemplo, a exigência é que se tenha um esquema para a leitura (schema-on-read). A ingestão (carga) de documentos/dados pode ser feita "in natura", sem preocupações com formatos, portanto sem esquemas para input (schema-on-write), o que favorece a performance em cargas de altíssimos volumes. Em síntese, neste item, os modelos conceituais e lógicos são semelhantes para normal data e big data. Já para o nível físico há diferenças, variando com detalhes sobre volumes, frequência, acesso via tipos de chaves ou índices (principais ou alternativos) ou conceito de sharding, a divisão dos dados em unidades menores, espalhados/replicados em nós servidores diferentes, de preferência baseado em critérios como geografia, range etc., permitindo a colocalização.

Modelagem e Projeto de Dados: Governança de Dados

A predominância dos dados não estruturados no projeto pode impactar decisões de modelagens. Dessa forma, critérios, na forma de alguns Ps da GD, poderão ser definidos para orientar decisões acerca de modelagem de big data, considerando esses pontos. Uma pesquisa da DataVersity mostra que a modelagem NoSQL é, predominantemente, feita diretamente para a construção do modelo físico na codificação, sem muita importância dada às abstrações conceituais e lógicas. A pergunta feita na pesquisa ("Na sua empresa, há modelagem de dados para NoSQL?") obteve a seguinte resposta: Dos respondentes, 33% disseram que não fazem, indo diretamente para a codificação; 27% disseram que ela é feita, mas somente como ponto de partida, o modelo real é refinado no código; 26% disseram que a modelagem lógica é feita, usando ferramentas tradicionais e depois os programadores fazem a tradução para o NoSQL; 14% responderam que desenham o modelo em um quadro, mas que não é preservado como documentação. Ou seja, a pesquisa mostra que os projetistas de dados atuais esquecem que os modelos conceituais e lógicos são importantes peças de documentação e conhecimento sobre os dados. Assim, a GD deverá focar em políticas, padrões e processos/procedimentos que regulem a modelagem conceitual e lógica dos dados, independentemente de ser big ou normal data, visando o melhor conhecimento dos dados e sua documentação. Embora o conceito de ingestão de dados sem esquema possa sugerir a dispensa da modelagem de dados, o seu uso demandará o conhecimento dos dados existentes. O racional é simples: como trabalhar um dado, sem saber o que ele representa? O modelo de dados é fundamental para embasar aplicações de BI, qualidade, analytics, etc. Poderá ser até feito em momentos diferentes (após a carga, que não demanda schema, por exemplo), mas não ser dispensado. Nesse caso, os dados serão modelados do físico para o lógico, num conceito invertido que tem a sigla ELT e não ETL, como tradicionalmente. Na Transformação, os dados seriam conhecidos e documentados, via modelos. Poderá ser feito num trabalho colaborativo entre modeladores de dados, cientistas de dados e especialistas em NoSQL ou Hadoop, mas não deverá ser dispensado. Outro ponto de atenção será a GD definir políticas e padrões para os diferentes tipos de Bancos NoSQL (chave-valor, multicolunar, documentos e grafos), caracterizando o seu uso e escolha, de acordo com as necessidades de negócios.

3. ARMAZENAMENTO E OPERAÇÕES DE DADOS

Normal Data

O "normal data", conforme já falamos, terá esse processo quase sempre centralizado com volumes variados (há também grandes volumes de dados em normal data). Geralmente, para esses casos, usa-se soluções de servidores de grandes marcas, como IBM, Oracle, Teradata, etc. Isso traz algumas considerações acerca de contratos e valores, onde entram configurações, números de processadores, etc. As operações são batch e online, não divergindo muito dos Big Data, afora os aspectos de processamento in-streaming, mais presentes nestes últimos. O aspecto de escalabilidade interfere aqui, já que esses ambientes podem ser limitados pela escalabilidade vertical, ou seja, a sua capacidade de crescer em processamento e armazenamento centralizado. O alcance dessa escalabilidade estará limitada pelos potenciais custos de máquinas poderosas e pela sua inelástica capacidade de crescimento. Os custos dos SGBDs relacionais têm tendência exponencial de aumento na medida em que se coloca mais recursos (CPU, memória, processadores, etc.), variando significativamente com número de core quando se tenta escalar o poder de processamento (scaling up). Já o custo dos NoSQL tem uma tendência mais linear de aumento de custo (scaling out). Dessa forma, para taxas de transações altíssimas (1000 transações/segundo, por exemplo) a solução fica mais acessível nessas novas arquiteturas distribuídas, centradas em dezenas ou centenas de máquinas/processadores "commodities".

Big Data

No ambiente de Big Data, as variáveis que interferem nesse contexto de Armazenamento e Operações são exatamente aquelas que caracterizam esse conceito: alto volume, alta variedade, grande velocidade de produção de dados, etc. As operações em Big Data são em tempo real, quase real (NRT), batch e, devido à necessidade de performance, também "in-memory". A escalabilidade é horizontal, com a adição de novas máquinas processadoras (estilo commodities), sem marca e empilhadas em racks, o que minimiza os custos.

Embora não somente focado em big data, os serviços de nuvem vieram justamente para facilitar essa elasticidade de recursos, com ganhos significativos nos valores pagos e na flexibilidade de opções. Hoje as empresas já estão sendo cobradas pela alta gerência para buscarem essa mudança de paradigma, em nome da redução de investimento no parque próprio de máquinas e na operação de serviços. Entretanto, há pontos a serem observados.

Armazenamento e Operações de Dados: Governança de Dados

A governança de dados deverá ter algumas preocupações com alguns Ps relacionados com aspectos de armazenamento e operações de dados (Políticas, Padrões, Procedimentos). Quando os dados estão armazenados localmente (on-premises), os detalhes de gerência de operações são válidos para os conceitos de dados em geral, seja big data ou normal data. Aspectos de backups, operações de rede, gerência de atendimento, contratos de software, etc. São observados nesses casos, associados com a função primordial da área de TI. Entretanto, um aspecto fundamental deve ser observado pela GD são as políticas de armazenamento "in cloud", que deverão regular aspectos sobre a "morada física dos dados", ou seja, em que país se localiza o data center onde seus dados residem. Esse é basicamente o conceito de Data Sovereignty, ou soberania dos dados, assunto que começa a ser discutido com o crescimento dos serviços nas nuvens. Assim, torna-se fundamental que haja políticas de GD que resguardem os aspectos dos dados, quando armazenados neste tipo de ambiente. Os dados, quando na nuvem, estarão associados a um fornecedor que você conhece e com quem você definiu um contrato de serviços. Provavelmente o que você não sabe é onde aqueles seus dados estão armazenados geograficamente, em qual data center e em qual país eles se encontram. Aí começam as observações da GD sobre o conceito de soberania de dados, sintetizados nos itens abaixo:

1. Soberania de dados pode ser definida como os aspectos relacionados ao dado digital, quando sujeito às regras do país onde está armazenado. Hoje, diversos países têm legislação própria sobre os aspectos de armazenamentos de dados.

2. Se você atua em certos segmentos de negócios, vendendo produtos ou serviços para clientes em outros países, fique atento. Se sua atuação for, por exemplo, no setor bancário ou de saúde, você deverá prestar mais atenção ainda. Esses domínios são particularmente vistos com maior rigor em certos países. Em outros, somente eles são submetidos às regras de regulação.

3. O conceito de "ubiquidade" ou qualquer lugar, em qualquer tempo, oferecido pelos serviços na nuvem, pode ter também seus "drawbacks", daí a atenção da GD para as regras, leis e regulações de cada lugar. Pesquisas mostram que 64% das organizações consideram as pendências de "compliance", auditoria e privacidade, como os maiores desafios de segurança associados com computação na nuvem.

4. Comece, dessa forma, entendendo e conhecendo onde estão os data centers dos fornecedores de serviços de nuvem com os quais pretende trabalhar (ou já trabalha) e quais as relações deles com esses países. Pelos contratos, pode ser que toda a responsabilidade por essas regulações seja do seu provedor, mas é bom se resguardar e analisar cuidadosamente o SLA.

5. Analise os tipos de serviços que você oferece para clientes fora do Brasil (se aplicável). E conjugue com os dados (What) que serão armazenados e onde estarão (Where). Por exemplo, imagine que a sua empresa oferece um poderoso serviço

de CRM, na nuvem, e tem clientes na Indonésia, Singapura, ou em outros países. Na Indonésia, por exemplo, dados financeiros só podem ser armazenados fora do país, com autorização prévia. Em Singapura, há leis que exigem que os dados "enviados" a data centers em outros países deverão seguir as suas leis de proteção de dados. A Alemanha (German Federal Data Protection Act), França (Digital Republic Law) e Rússia (Law 242) também demandam que os dados de seus cidadãos sejam armazenados em servidores dentro de suas fronteiras. Algumas agências americanas também definem essa obrigatoriedade. Assim, é importante conhecer as leis de regulação de dados dos países nos quais você tem cliente e dos quais você armazena dados.

6. A legislação sobre "data sovereignty" existe em vários países, como Austrália (Australia Privacy Act),no Canadá (CASL, Canada's Anti-Spam Law), na China (PRC, People's Republic of China Cybersecurity Law) e na Russia (Russia's Personal Data Localization Law), que se juntam ao GDPR e à LPGD.

Nos Estados Unidos, a lei "Safe Harbor" foi substituída pela adaptação da EU-US Privacy Shield, que protege a transferência de dados pessoais entre a União Europeia e aquele país. Por outro lado, a alteração do item 41 da Regra Federal para Procedimentos Criminais, nos EUA, flexibilizou o acesso das autoridades a realizar invasões aprovadas (hacking warrant), justificado pela tecnologia de anonimização, que permite o mascaramento de endereços. Na regra antiga, o FBI, por exemplo, tinha que ir a uma certa jurisdição e solicitar a um juiz específico daquela área a autorização para acesso. Agora, qualquer juiz federal poderá dar uma única autorização para acesso a múltiplos computadores remotamente. Isso pode incluir máquinas, consideradas anônimas, em qualquer estado americano ou, eventualmente, em qualquer país.

7. Um exemplo real de problema de soberania de dados: em dezembro de 2013, o FBI estava rastreando algumas contas de Outlook sob suspeitas de envolvimento com tráfico de drogas. Um juiz de Nova York concedeu uma liminar, exigindo que a Microsoft entregasse e-mails e outras informações sobre os suspeitos, quebrando o sigilo daquelas contas. Acontece que os dados do Outlook estavam na nuvem, e, em particular, armazenados num data center em Dublin, na Irlanda. Criou-se um impasse, pois as regras que se aplicam são as do país onde os dados estão geográfica e fisicamente armazenados. Assim, o FBI teve negada a entrega dos dados. O governo americano recorreu e venceu na primeira instância, em maio de 2014, baseado na SCA, Stored Communications Act, de 1986. Em segunda instância, em julho de 2016, a Corte de apelação, por unanimidade, reconheceu o direito da Microsoft, dando ganho à empresa de software, argumentando o aspecto da privacidade extraterritorial.

8. Assim, aspectos de dados na nuvem deverão merecer a atenção da GD em pontos além dos tradicionais, como contratos de serviços, SLA, aspectos operacionais,

uploads, etc. Os assuntos de soberania de dados deverão envolver a GD, a área jurídica da empresa e dependerá dos acordos estabelecidos entre os países de origem dos dados e os países onde eles estão armazenados.

Além de soberania, dentro da área de Armazenamento e Operações, a GD deverá observar Políticas de Backup, retenção, armazenamentos secundários, redes etc., visando um controle sobre esses espaços, que, pelos altos volumes, podem representar gastos elevados. Assim, aspectos sobre armazenamentos secundários e descartes de dados deverão estar também na tela de radar.

4. Dados Mestres&Referenciais

Primeiramente, vamos entender o que são os dados mestres.

O conceito de MDM é uma das grandes novidades destes tempos. Novidade mesmo? Bem, nem tanto. A Informática tem a propriedade de produzir conceitos novos, a partir de outros, num eterno ciclo de lanternagem de temas e conceitos que às vezes até confunde. O conceito de MDM é algo nesse contexto. Significa Gerência de Dados Mestres.

O que são os dados mestres?

Os dados mestres são aqueles dados mais importantes existentes dentro de uma organização. É claro que qualquer organização tem como dados mestres Clientes, Produtos, Locais, Fornecedores, etc. Mas esses não foram sempre os dados-alvo de todas as propostas de inovação vindas com Bancos de Dados e BI? Sim, foram. E por que uma nova forma de abordagem chega agora? Bem, a resposta tem várias nuances: uma delas está atrelada a uma subliminar necessidade de produzir conceitos novos para tocar as engrenagens da indústria da consultoria, visto que a técnica de Bancos de Dados e BI já viraram commodities. A outra, nasceu pela apatia com que as empresas trataram os seus dados fundamentais nessas últimas décadas. Apareceu o MDM como uma proposta para tratar os dados mestres com conceitos, de novo, voltados para os aspectos de qualidade. Aqui MDM toca os conceitos de governança de dados, ou da ausência desta, nas empresas. É um controle mais efetivo e menos anárquico dos dados, com observações mais voltadas para qualidade, aderência a padrões regulatórios, controle de replicação, documentação, metadados, etc.

A grande alavancagem, entretanto, surgiu na fase pós-CRM, quando muitos projetos fracassaram pelo fato de não conseguirem montar uma base única, confiável, limpa, estável e disponível com todos os dados sobre os clientes. Por quê? Porque os dados tidos como mestres são normalmente encontrados em diversas bases diferentes, atrelados a usuários, processos e plataformas diferentes, com grau de precisão, completude e consistência extremamente variáveis e com contornos frágeis e pouco confiáveis. O próprio conceito de dados mestres pode variar de amplitude.

Os dados mestres clássicos são os dados estruturados, esses mesmos que conhecemos desde anteontem. Tem uma formatação estrutural bem definida, os conceitos são modelados como entidades conhecidas (cliente, fornecedor, item, locais, etc.). Os dados mestres, dependendo da natureza do negócio, podem ser estendidos através de dados não estruturados: são dados produzidos com o crescimento da sociedade digital, que vão de informações nas redes sociais, dados de controles médicos, genéticos, e-mails, etc. Esses, aliás, são parcialmente estruturados, visto que o campo remetente, destinatário, cópia e cópia oculta são até que meio estruturados. O conteúdo já não é estruturado, pois tem forma e tamanho livres. Os dados mestres também devem ser observados segundo outra lupa.

Os dados mestres normalmente possuem relacionamentos com outros dados. Não vivem sozinhos. Esses relacionamentos são originados dos eventos a que eles são submetidos nas suas relações de negócios. Por exemplo, um cliente se cadastra, compra produtos ou serviços e paga sua fatura, uma ordem de despacho é enviada a ele com o material comprado, ele eventualmente reclama, etc. Todos esses eventos em torno do dado mestre caracterizam relacionamentos com outros dados, como dados de entrega, registro de reclamação no call center, nota fiscal, etc. Esses relacionamentos acabam criando uma ligação hierárquica, denotando que um conjunto de outros dados está subordinado àquele conjunto de dados mestres. Além dessa informação, outra se torna fundamental no entendimento dos dados mestres: os seus atributos.

Um dado mestre, representado por uma entidade ou classe, tem um conjunto de atributos que lhe confere identificação e caracterização. O problema é que, através dos diversos canais de relacionamentos que aquela entidade tem com a empresa, diferentes atributos podem ser definidos para a mesma entidade, dependendo da forma de relacionamento. Imagine o dado mestre cliente. Ele tem obviamente um conjunto de atributos próprios (identificação, CPF, nome, endereço, etc.). Entretanto, o cliente quando se cadastra via internet poderá ter outras informações relacionadas ao domínio e contexto específico em que tangencia a empresa naquele momento. Do ponto de vista de pagamento das suas faturas, outros atributos poderão ser criados. Isso significa que certo dado mestre terá um conjunto fixo de atributos que interessa a todos os domínios da empresa e um conjunto variável que interessa a domínios e contextos específicos, dependentes daquele relacionamento particular. Seria uma espécie de dados mestres principais e dados mestres complementares, dependentes de cada domínio de negócios. E aqui se chega a um ponto crítico no tratamento dos dados mestres, que objetiva ter uma fonte única, verdadeira, íntegra e confiável de dados. Teremos uma entidade completa, com todos os campos de interesse de todos os domínios, mesmo que, para alguns deles, certos atributos não sejam pertinentes. Isso, no fundo, é uma espécie de volta ao começo. Tudo começou exatamente dessa forma.

Nos anos 1960, pré-banco de dados, os sistemas de arquivos eram todos dessa forma. Diversos arquivos, específicos de áreas possuíam dados replicados do então chamado cadastro mestre. Por necessidade e falta de definições corporativas claras, algumas áreas acabavam montando o seu próprio cadastro ou "banquinho de dados", como diziam de forma cautelosa, a justificar a redundância consentida. Tudo sugere que talvez estejamos com problemas semelhantes, passados 50 anos da introdução dos conceitos de Banco de Dados. Dessa forma, além de entender os seus relacionamentos e atributos, como se faz na tradicional modelagem de dados, agora na modelagem MDM também deveremos entender o ciclo de vida de cada entidade mestre, visto que teremos que ser bem seletivos na definição do que será gerenciado. Temos que analisar o famoso CRUD, agora aplicado ao MDM.

O CRUD significa que um dado é criado (C), lido na forma de relatórios, pesquisas, cubos, analytics etc. (R), alterado (U) e eliminado (D). Portanto, a engenharia MDM deverá se preocupar com esses ciclos por que passam os dados mestres. Isso tudo está soando como um déjà vu? Está? Pois é isso mesmo, só que com a diferença de que agora estamos imersos em ambientes de alta competitividade, nos quais qualidade torna-se fundamental, reputação é fator crítico de sucesso no mercado, o volume de dados é muito maior e os pontos de tangência com o business são muito mais amplos. O dado mestre de um cliente de uma empresa de telecomunicações hoje poderá ser criado em pontos diferentes da superfície da empresa. Pode ser criado via internet, no portal corporativo ou numa loja do agente autorizado, por exemplo. Outros dois pontos importantes entram nesse jogo de análise dos arquivos do escopo MDM: a cardinalidade e a volatilidade.

A cardinalidade de uma entidade representa o número de valores diferentes para certo campo que deverá ser considerada. Em última análise, seria: quantos clientes diferentes eu tenho no meu cadastro, ou quantos departamentos, ou quantos produtos diferentes existem na minha tabela mestre. Alguns dados mestres com baixa cardinalidade podem não viabilizar o investimento, pois a sua gerência poderá ser feita sem grandes impactos. A volatilidade, que representa o grau de alteração a que aquela entidade é submetida, é outro fator a se considerar. Alguns dados mestres mudam mais do que outros. Por exemplo, a volatilidade das informações de clientes é intrinsecamente maior do que a de produtos ou de departamentos. Ou seja, aqui também deveremos analisar o quanto a mudança afetará o meu projeto, até porque MDM não somente visa ao cadastro inicial dos dados mestres, mas a sua contínua manutenção. Os clientes tendem a mudar de estado civil, de endereço, etc., mas os produtos tendem a ser mais estáveis mantendo seus atributos inalterados ao longo do seu ciclo de vida.

DADOS MESTRES E A REUTILIZAÇÃO

Outro ponto importante tocado pela abordagem MDM é o aspecto de reutilização. Essa também foi uma das grandes promessas da tecnologia de BD nos anos 1960, promovendo depósitos centralizados em que todos poderiam obter os dados e as informações de que precisavam. Aqui falamos de reutilização de dados e informações. A reutilização ganha também espaço, gradativamente, nos processos de desenvolvimento de software, incentivando a adoção de políticas, estruturas e ferramentas que proporcionem aos desenvolvedores o reuso de códigos, artefatos e de conhecimentos. Como a reutilização de códigos e artefatos, a de dados também tem obstáculos de natureza cultural. Os desenvolvedores se sentem mais confortáveis quando criam as suas próprias estruturas de dados. Evitam a reutilização, como se ela fosse uma declaração de incapacidade de buscar uma solução. O antídoto para isso passa por aspectos de controle, via políticas de governança para dados.

A redundância de códigos é nefasta na medida em que gasta mais espaço e pode trazer impactos na atualização de suas diversas instâncias. As suas consequências são, digamos, mais internas, com o dispêndio de maior esforço. Já a redundância de dados pode provocar mais danos na visibilidade, pois os dados são registros de fatos internos e externos, associados diretamente ao negócio da empresa, tendo elos diretos com clientes, fornecedores, agências reguladoras, etc. Um nome errado, um valor incorreto ou um envio de um documento importante a um endereço inexistente podem implicar custos financeiros e, pior, trincar conceitos, imagens e reputações. Daí o esforço para se reduzir a redundância dos dados com o incentivo à reutilização, lembrando os mesmos preceitos nascidos nos ventres das primeiras ideias de bancos de dados. Por isso, as propostas de MDM vêm sempre atreladas aos conceitos de governança de dados.

O QUE É MDM, COMO PROPOSTA?

A proposta de MDM é simplesmente essa: fazer uma base lógica única, com os dados na sua forma una e verdadeira. O objetivo é nobre e passa pela busca de qualidade no tratamento dos dados mestres que, no fundo, são os mais importantes de uma empresa. A qualidade dos dados poderá evitar problemas de reputação e desconfortos no trato com os clientes na medida em que aumenta a probabilidade de ter valores representando a realidade, clientes com nomes corretos e com endereços certos, devidamente alcançados pelas correspondências enviadas, com as faturas nos justos valores do que foi comprado, além das milhagens creditadas corretamente após a realização da viagem, etc. Simples assim. Os dados devem representar fatos verdadeiros. O conceito de MDM, dessa forma, pode ser definido como um processo que envolve ferramentas, pessoas, procedimentos visando à criação e à manutenção de bases de dados mestres únicas, do ponto de vista lógico, contendo informações precisas e consistentes.

DEFINIÇÃO DE UM PROCESSO PARA PROJETOS DE MDM

Um processo para a realização de projetos em MDM é constituído por um conjunto de políticas, procedimentos, papéis e recursos humanos, tecnológicos e financeiros que possa ser aplicado na implementação de projetos dessa natureza. Esse e outros processos estarão dentro do guarda-chuva de Governança de Dados, conforme discutido anteriormente.

Os passos principais de um projeto MDM:

1. Identificar as áreas de negócios e papéis-chave na organização, capazes de serem beneficiados com um programa de MDM.

   - É importante começar estabelecendo os devidos valores de negócios e criar justificativas sólidas. Um processo de MDM não é algo fácil de ser implementado e demanda fortes pilares de convencimento, devido à necessidade de envolvimento de alta gerência, áreas de negócios, além de substancial investimento em tempo e recursos.

   - Em seguida, identificar os papéis envolvidos, principalmente aqueles capazes de fornecer suporte para o projeto, ou seja, os potenciais stakeholders. Envolver gerência sênior, representantes de áreas de negócios, responsáveis por aplicações, além de representantes das áreas de GD e da área de TI. Os representantes da área de GD desempenham um importante papel relativo à resolução de possíveis conflitos originados por diversos usuários (produtores e consumidores) dos mesmos dados corporativos. No caso de existência de merges e fusões recentes na empresa, os dados mestres deverão ser analisados incluindo essas recentes unidades incorporadas, caso isso esteja dentro da política de governança definida na corporação.

2. Levantar os principais dados mestres (objetos) usados na empresa, candidatos a um processo de integração e unificação.

   - Começar por definir participantes na tarefa de levantamento (definido no plano de projeto, via matriz de responsabilidades).

   - Realizar os levantamentos e entrevistas com o objetivo de obter e entender os modelos de processos de negócios, que darão origem aos modelos de dados (classes).

   - Modelar os processos com foco na visão de como capturam, usam e/ou atualizam os objetos de dados.

   - Criar uma lista de dados candidatos a mestre (MD). Para cada um dos objetos mestres mapeados, identificar os seus atributos.

   - Associar os papéis desempenhados no processo com as ações efetuadas sobre aquele objeto mestre, identificando os Owners e Stewards (áreas responsáveis pelos dados mestres e os gestores que cuidarão deles) e consumidores (consumers) dos dados mestres: nessa atividade deverão ser identificados os sistemas, aplicativos e programas que produzem os MDs e quais aplicativos usam os dados mestres para consumo. Um MD poderá ser produzido nas suas diversas manifestações por diferentes sistemas da empresa. Os sistemas produtores e mantenedores são aqueles que criam, alteram e eliminam elementos dos dados mestres. Os sistemas que usam o fazem como consumidor, sem alterá-los. Aqui torna-se fundamental o conceito de DLCM, ou o conhecimento do ciclo de vida dos dados mestres, com sua linhagem (data lineage).

- Validar com os envolvidos das áreas de negócios, buscando as similaridades e diferenças entre as visões obtidas no levantamento efetuado e na perspectiva desejada.
- Consolidar os metadados, incorporando os MDs num glossário de termos de negócios e num catálogo de dados com suas definições lógicas e físicas, identificando e padronizando elementos comuns. Aplicar os padrões, já em consenso com as definições da GD. Os dados mestres deverão ser cuidadosamente analisados segundo a visão dos metadados, conforme os aspectos sintáticos, semânticos e estruturais. Os metadados deverão apontar os nomes, categorias, definições, fontes das definições, acrônimos (CEP, por exemplo), regras de cálculos (se pertinente), sinônimos, taxonomia (é tipo de, tem subtipos), termos relacionados, dados referenciais (se pertinente), classificação de segurança, regulações envolvidas, áreas owners dos dados, gestores envolvidos, áreas consumidoras dos dados, áreas produtoras dos dados, regras de qualidade, etc. Para tal, a atividade de definição de ferramentas e de ambientes de trabalhos será de extrema importância nessa fase. Os metadados levantados deverão ser armazenados em repositórios (glossários e catálogos) que ofereçam condições de documentação e busca, via palavras-chave associadas a eles e aos seus atributos.

3. Resolver as diferenças semânticas entre as variadas instâncias do mesmo MD, considerando-se cenários e objetivos, definições de negócios, prioridades e hierarquias.
   - Analisar os metadados para obter consenso e harmonização dos conceitos eventualmente discrepantes resultantes de cenários nos quais há vários consumidores e produtores atuando sobre os mesmos dados.
   - Institucionalizar os padrões e políticas definidos pela GD, considerando um novo ambiente no qual os dados não mais pertencerão a um proprietário em particular.

4. Analisar a viabilidade de extração, compartilhamento e entrega dos dados instanciados, agora dentro de uma visão unificada e padronizada para atender às várias aplicações.
   - Definir a viabilidade do projeto, analisando o grau de sobreposição de uso dos objetos mestres.
   - Definir planos de integração dos dados e de migração das aplicações envolvidas, no caso de a viabilidade existir.

5. Implementar as arquiteturas de MDM. A arquitetura deverá mostrar os diversos componentes participantes, como os sistemas fontes, possíveis camadas de mapeamento, transformação, armazenamento e documentação. Essa solução deverá ser prototipada a fim de mostrar, em fase de prova de conceito, o alcance dos requisitos definidos para aquele projeto de MDM.

Dados Referenciais

Dados referenciais são dados que, de certa forma, participam como atributos de outros dados, caracterizando e categorizando valores através de códigos válidos e permitidos, baseados em definições formais da própria empresa ou de entidades e organismos externos. São considerados meio primos dos Dados Mestres, pois aparecem associados a eles e presentes em quase todas as aplicações. Normalmente são definidos com um código e uma descrição e possuem uma volatilidade maior, com atualizações recorrentes. Por exemplo: CEP (atributo de endereço), CID (atributo fundamental do dado mestre Doenças, num ambiente de sistemas de saúde, por exemplo), código de país, código de estado, aeroportos, moedas, etc. São normalmente obtidos de fontes externas definidos por entidades oficiais (CID, CEP, código de aeroportos, códigos de cidades, de estados, de países, etc.), mas podem ser produzidos internamente (códigos específicos e padronizados pela empresa), de acordo com o seu próprio negócio. Tem sabor de tabelas "lookup", mas podem ter estruturas mais complexas. Como todos os dados, os referenciais também deverão ter seus metadados definidos. Apesar de estarem presentes em muitas aplicações, desde o início da Informática, também nunca mereceram um foco de gestão sobre eles. Normalmente são controlados via planilhas ou métodos manuais. A GD deverá estabelecer os seus Ps também com foco nos dados de referência, criando um ambiente centralizado e controlado que minimize os riscos advindos de valores incorretos ou ambíguos. Os dados de referência, como os Mestres, deverão ter gestores que garantam a sua manutenção, sua auditoria e seu controle automatizado. Uma plataforma de metadados para dados referenciais, além de controles de segurança por perfil deverá: prover o controle de sua definição, seus valores, hierarquias, oferecer mecanismos de buscas, prover relacionamentos entre dados referenciais, facilidades de importação e exportação, controle do seu ciclo de vida e mapeamento do seu uso.

Um dos dados referenciais mais interessantes é o CID, Código Internacional de Doenças. No dia 30 de setembro de 2015, eu estava nos EUA e foi uma espécie de mini-bug do milênio por lá, notadamente para a área de sistemas de saúde. No dia 1º de outubro de 2015 começou a ser discutido o CID-11, o código versão 11. Isso significa que os códigos de doenças registrados/anotados em todos os atendimentos médicos do sistema passariam a apontar, quando vigentes, de forma nova, o código (da doença/incidente/acidente) a que se refere aquele atendimento específico. E por que isso tudo? Simples. O código de doença é um dos exemplos clássicos de Dados de Referência, que juntamente com os Dados Mestres (pacientes, prestadores, hospitais, etc.) e dados transacionais (consultas, internações, exames) formam o "core" do conceito de MDM (Master Data Management), num ambiente de (Health Care) Saúde. Desnecessário dizer que as empresas que estão com os dados melhor governados foram as que melhor e mais rapidamente se prepararam para essa mudança. As outras deverão enfrentar cancelamentos de pagamentos por códigos inexistentes ou desatualizados. O CID anterior continha 14 mil códigos para diagnósticos e quase 4 mil para procedimentos. O novo

CID tem 68 mil para diagnóstico e 72 mil para procedimentos, aumentando em muito o espaço do conhecimento e a precisão do fato que o dado tenta representar. O novo CID é tão detalhado que agora num atendimento de fratura de fêmur, por exemplo, além da definição óbvia de em qual perna aconteceu, também o "terço" do osso onde se deu a fratura será caracterizado por um código diferente. E se você foi mordido por uma baleia, acredite, o código é W56.21XA. Também se você estiver envolvido num acidente com espaçonave (drone, por exemplo), o código será V95.40XA. E, caso você seja atacado por um peru, o código será W61.42XD.

Aspectos de Normal Data e Big Data

NORMAL DATA

Os conceitos de MDM e de dados referenciais não se alteram quando estamos falando de "normal" ou Big Data. Os dados Mestres&Referenciais estarão em fontes lógicas únicas, representando a verdade dos dados. É importante, ao analisar os Dados Mestres&Referenciais, entender a sua taxonomia, seus significados, regras que se aplicam, etc. Por exemplo, Cliente pode ter subtipos diferentes: Clientes da Loja Virtual ou Clientes da Loja Física. São clientes da mesma maneira e alguns podem estar nas duas classificações. Códigos de clientes (referenciais) poderão representar essas variações.

BIG DATA

Quando falamos especificamente de Big Data, a mudança se dará pela possível integração de Dados Mestres com dados não estruturados. Exemplos: as informações de dados de Clientes oriundos de fontes variadas, integradas com dados de redes sociais, instrumentos de medição (sensores), IoT, etc. Na área de saúde, dados de pacientes integrados com dados de medidas de indicadores de saúde, com imagens, laudos etc. Assim você consolida os dados mestres com outras fontes, produzidas no escopo da sociedade digital. Essa integração poderá se dar com uma arquitetura, como a mostrada na figura 3, quando discutimos Data Lake.

Arquitetura de Big Data com Dados Mestres

A figura 6 mostra um exemplo real de arquitetura esquemática para coleta e tratamento de dados de medição de consumo de energia, via medidores inteligentes. Observe que há diversas camadas, desde a coleta de dados numa rede doméstica, onde o consumo de todos os utensílios domésticos elétricos é medido e transmitido por uma rede HAN para a Utility. Lá fica num Data Lake de onde seguirá o seu DLCM, passando pelos processos transacionais de Clientes/Faturamento (Geração da conta) e Arrecadação (Cobrança/Corte) e entrando nas camadas informacionais e inferenciais. Na camada de DW/BI, serão submetidos ao ETL e carregados do DW e distribuídos em Data Marts para consumo de aplicações descritivas (analisam o que aconteceu). Na camada inferencial, via data mining, os dados poderão subsidiar aspectos de processamentos preditivos (estimativas de consumo) e prescritivo (se acontecer picos de consumo em certos momentos, oferecer tarifa diferenciada para horários de baixo pico), após o tratamento na camada de ELT. A Governança e Gerência de Dados deverão observar os diversos aspectos do Ps, como por exemplo, Políticas, Padrões, Processos e Procedimentos de archiving e descarte de dados, pelos volumes altos gerados na leitura (cada 15 minutos) e impactos em custos de armazenamento.

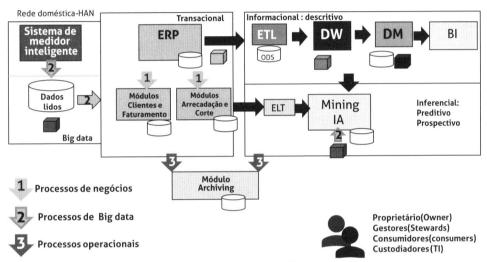

Figura 6: Arquitetura geral: Big Data e Normal Data em Medidores inteligentes

5. Data Warehouse/BI/Analytics

Esses conceitos já foram discutidos no contexto anterior. Cabe ressaltar a evolução que teremos do processamento descritivo (BI Tradicional) para os processamentos preditivos e prospectivos (Mining com inteligência artificial, máquinas de aprendizado, etc.). Isso acontecerá em função da sociedade digital e da necessidade das empresas de buscarem novos rumos de negócios, tendo os dados e sua exploração ampla, como elementos fundamentais para o alcance dessa estratégia.

Big Data

A influência do conceito de Big Data em torno de DW/BI se dará justamente pela possibilidade de novas arquiteturas (trazidas pelo movimento de Big Data) que poderão ser usadas na construção de novos tipos de depósitos de dados. Hoje já há produtos como o HBase (baseado em Hadoop), um NoSQL colunar que poderá ser usado como DW-like.

Também existem ferramentas associadas como o HIVE, que permite a produção de reports sobre esses ambientes, em estilo até SQL-like. Da mesma forma, produtos para a camada inferencial (Mining) também já aparecem no ecossistema Hadoop.

Um exemplo ilustrativo é o Projeto Watson da IBM, que representa um grande repositório de dados, com possibilidade de entrada de perguntas por voz e que está sendo aplicada, cada vez mais, em projetos da empresa para o tratamento de informações específicas. Por exemplo, na área de saúde, a IBM tem um projeto Watson muito significativo com o Memorial Sloan Kettering Center, um dos maiores redutos de estudos de câncer dos EUA. Nele, o Watson está sendo treinado e abastecido de informações sobre tratamento de câncer com a finalidade de ajudar os médicos a obterem as melhores informações a serem aplicadas dependendo da especificidade do paciente. No fundo, o Watson congrega uma gigantesca base de informações (estruturadas e não estruturadas), com a possibilidade de recuperação instantânea, buscadas de uma forma que seria impensável para um corpo clínico fazer por meios convencionais. Informações sobre tratamento de câncer em mais de 30 mil pacientes/ano enriquecem o conhecimento já amplo da equipe médica daquele centro de excelência. E isso somente acontece pela expansão das camadas de dados e de seus processamentos. Veja esse artigo em: https://www.mskcc.org/about/innovative-collaborations/watson-oncology.

Os 10 principais problemas em projetos de BI e a Governança de Dados

Com o intuito de melhor explorar as relações entre BI e GD, fiz a quatro grandes amigos/parceiros e excepcionais profissionais de BI (Priscila Matuck, da Unimed BH; Gideão Neri, da Nexx Tecnologia e ex-coordenador de BI do Hermes Pardini; Marcelo Lamounier, da MG-Info, especializada em serviços de BI para grandes empresas; e Rafael Piton, um dos principais nomes do Agile BI&Analytics no Brasil) uma pergunta simples: "Quais são os principais problemas que vocês enfrentam, implantando grandes projetos de BI?". O meu objetivo, neste texto, é alinhavar esses fatores apontados pelos especialistas de hoje, com os aspectos de Governança e Gerência de Dados que temos desenvolvido e verificar como a GD pode influenciar positivamente num projeto de BI. Houve respostas que variaram, mas a maioria convergiu. Para cada uma delas, estabeleci o racional abaixo, sobre como um Projeto de BI e as propostas de GD se alinham na mitigação e resolução de problemas:

1. Falta de patrocinador forte em projetos de BI.

   Considerações: Em muitas empresas, os projetos de BI nascem por inspiração da gerência tática ou operacional e não necessariamente de uma estratégia alinhada e definida pelos negócios. Uma das grandes ações da GD é estabelecer uma estrutura, onde stakeholders importantes participem das decisões de "dados" da empresa. O P do Patrocínio é um dos mais fortes elementos para a implementação de GD. A presença de uma área forte de GD certamente vai alavancar soluções em direção a projetos de dados estratégicos e BI é um deles. O patrocínio de GD se reflete no patrocínio de BI e de outros projetos de Dados, como MDM, Qualidade, Segurança, Compliance, etc.

2. Há uma falta de clareza ou conhecimento das regras de negócios.

Considerações: As regras de negócios, num ambiente de GD, devem estar definidas num Catálogo de Dados&Glossário de Negócios, repositório central onde dados e definições organizacionais habitam, diferentemente dos Dicionários de Dados, mais focados no plano físico. As regras de negócios, que envolvem dados básicos ou derivados estarão definidas, com uma semântica comum à organização, ou com suas variações consentidas e consensadas. Nessa Plataforma, residirão os dados, mantidos por definições de gestores de dados das diversas áreas organizacionais, que participam de Comitês de gestão de dados, onde diferenças semânticas são resolvidas e convergências obtidas.

3. O BI é uma camada vitrine e, por vezes, apresenta dados com erros.

Considerações: Esse é o mais clássico dos problemas de dados de BI. O famoso garbage-in leva a garbage-out. Como a camada de BI é predominantemente transformadora dos dados transacionais, mestres e referenciais, os seus resultados serão diretamente proporcionais à qualidade dos dados encontrada na organização. A GD atua fortemente atrelada às áreas de gerências de dados, como BI, BD, MDM, Qualidade, etc. A GD, neste relacionamento, funciona como um ente legislativo e judiciário dos dados, enquanto as respectivas áreas de gerências têm o papel da camada executiva. Se, por Políticas, há a definição de que os dados de certos domínios deverão passar por Processos de Profiling de dados, resultará que estes, quando chegarem às portas do BI, estarão com maior probabilidade de qualidade nas suas diversas dimensões (integridade, completude, precisão, etc.). Dessa forma, a GD, por Políticas fortes, pode antecipar a mitigação/detecção de problemas de dados e processos, minimizando o fenômeno garbage-in/garbage-out.

4. As empresas ainda desconhecem o potencial das ferramentas e muitas compram essas tecnologias por impulso ou por sedução de marketing. E olhe que essas tecnologias são caras...

Considerações: A GD ajuda a definir, no âmbito das diversas gerências, o conceito de Políticas, conforme já referenciado aqui. Políticas são regras normativas e direcionadoras que foram definidas, por consenso, em função de princípios estabelecidos na organização. Políticas relativas à aquisição de ferramentas e tecnologias de dados certamente estarão presentes nas empresas com maior maturidade em Governança e Gerência de Dados. Normalmente há políticas atreladas a Dados Mestres, BI, Qualidade de Dados e Segurança, e, dentre elas, algumas que regulam a escolha e aquisição de ferramentais daqueles domínios. Há mais de 40 anos na área, já vi várias ocorrências de empresas que compram ferramentas e depois perguntam o "porquê".

5. O BI é uma função de Negócios ou de TI?

Considerações: Com a chegada da GD, há uma forte tendência de se deslocar a responsabilidade sobre os dados para as áreas de negócios. Os dados pertencem ao negócio. Isso, entretanto, não deve restringir uma forte participação da TI como custodiadora técnica dos dados (onde eles são armazenados, protegidos e controlados fisicamente). Para isso, a GD define os papéis de gestores de dados de negócios (aqueles da área de negócios, próximos do Owner dos dados, que são os que têm responsabilidades/accountability sobre eles). Para isso também a GD define, com a TI, os gestores técnicos/operacionais de dados (DBAs, analistas de BI) e esses dois grupos em conjunto buscam a harmonia da melhor solução.

6. Por vezes os gerentes/usuários das áreas clientes do BI não têm a perfeita noção do que precisam; às vezes querem algo como as planilhas com as quais estão acostumados a trabalhar.

Considerações: Aqui reside o problema da eterna lacuna do "Why". Dentre os elementos do 5W2H, o Why é um dos melhores indicadores e deve ser sempre o primeiro a ser perguntado. A GD, quando existente na empresa, tem na figura dos gestores de dados de negócios (residentes nas áreas de business), os grandes guardiões do Why. Por conhecerem bem o negócio naqueles domínios onde gravitam e por serem gestores de dados com formação, tornam-se fundamentais para alinhar o desejo de suas gerências com a efetiva necessidade dos negócios da área.

7. Por vezes o BI é implantado, mas a sua utilização não é efetiva ou torna-se muito mais um custo (liability) do que uma solução.

Considerações: Aqui pode-se pensar no P de Performance da GD. A Performance é a medida efetiva dos resultados produzidos pela implementação de uma abordagem de GD de dados. Advém da antiga máxima de que só se gerencia o que se mede. A implantação de um sistema de dados deverá vir sempre lastreada por Políticas que definam a sua real utilização, em prol do negócio. Alguns motivos citados acima podem justificar o baixo uso/efetividade do BI. O importante é a monitoração desta performance para se entender os reais motivos e ajustá-los, caso possível, ou aprender as lições para o próximo projeto de BI. Ferramentas mal avaliadas, Requisitos de BI pobremente definidos, qualidade de dados que afetam a credibilidade dos indicadores, podem ser detectados e transformados em lições futuras.

8. Faltam definições claras sobre a semântica dos dados e as responsabilidades sobre eles.

Considerações: Este é um dos grandes objetivos da GD. Definir formalmente responsabilidades sobre os dados. Os elementos de dados fundamentais da empresa (ou um conjunto deles, ou as Entidades mestres relativas a eles) terão um gestor responsável. Esse profissional será o gestor daquele dado, trabalhando com o Owner do dado (normalmente a unidade organizacional onde o dado é originado ou mais impactada pela sua qualidade). A responsabilidade implica na manutenção correta dos metadados acerca dele (de dados e de processos), bem como todos os cuidados relativos à qualidade do seu conteúdo. Os elementos de BI, como dados básicos ou métricas derivadas (Tabelas Fato), regras de derivação, hierarquias de dimensões com seus atributos, regras de transformações e conversões, são dados/metadados que compõem esse portfólio de responsabilidade dos gestores de dados.

9. Há nítidos erros na confecção de modelos dimensionais de dados.

Considerações: Os erros de modelos dimensionais poderão ser tratados e mitigados pela GD através de Políticas de treinamento de dados, bem como de aplicação de processos e procedimentos (outros Ps da GD) de QA, que constarão de revisões técnicas de verificação e validação. Um QA aplicado com método melhora a qualidade dos artefatos/insumos de um projeto de BI.

10. Por vezes o BI entrega algo que o cliente não quer ou não vai usar ou as entregas podem levar meses ou anos.

Considerações: Há claros ganhos na adoção de métodos ágeis em Projetos de BI, pelas características de maior aproximação de usuários com a solução em desenvolvimento. Sprints menores, com entregas definidas garantem esses ganhos. A presença dos gestores de dados de negócios na equipe de Scrum potencializa essas melhorias pela comunicação estabelecida, pela documentação correta dos elementos de BI nos glossários de negócios e pelo maior comprometimento e coesão da equipe TI e de negócios. Há também a abordagem crescente de SSBI-Self Service BI.

SSBI: Self-Service BI

Um ponto que merece destaque nos dias de hoje é o conceito de SSBI, Self-Service BI. A ideia é prover os usuários de negócios com este ferramental, cada vez mais disponível e fácil de ser usado. Ferramentas como o PBI, Power BI, são muito sedutoras, na medida que têm um custo absolutamente acessível e oferecem uma grande facilidade para a produção de informações. Entretanto, uma preocupação é constante nas empresas que adotam essa abordagem: como garantir uma governança de dados sobre o ambiente de SSBI de tal forma a ter os dados oferecidos com uma rapidez que a área de TI não consegue prover, mas por outro estabelecer certos aspectos de segurança, semântica correta dos dados e evitar a dispersão desenfreada de relatórios e dashboards redundantes e com dados de qualidade duvidosa? A resposta vem de uma abordagem de GD-SSBI (Governança de Dados aplicada a Self-Service BI) que conjugue ambientes com níveis gradativos de liberdade e facilidade, até alcançar um ambiente de maior controle. O início poderia ser um ambiente de abertura total, com os usuários de negócios com liberdade de acessar os dados que desejam. Nesse ambiente deverá haver, entre os usuários, uma espécie de gestor de dados de SSBI que acompanhe, tire dúvidas, etc. A GD-SSBI somente seria uma observadora desse ecossistema, com análises sobre indicadores produzidos que apontem relatórios e dados por assunto ou por área. Na medida em que comece a haver um grau de compartilhamento entre relatórios de negócios, entre áreas, pode ter chegado o momento de se caminhar para o uso de Repositórios (tipo ODS ou Data Marts), agora mais controlados, que serão oferecidos e controlados para aqueles dados e relatórios mais compartilhados. Também a existência de um catálogo de dados que mostre os Relatórios produzidos, seus dados e metadados, seu uso e aponte seu potencial grau de compartilhamento. Prosseguimos nesta estratégia até a consolidação de parte dos relatórios e dados mais significativos das áreas de negócios convergirem para um ambiente mais controlado. Essa tática, no fundo, é uma aproximação que visa um cuidado gradativo em direção a uma GD-SSBI, sem provocar rupturas pela imposição de regras e políticas, que, dependendo da empresa, poderão não servir de base para a implementação da GD neste contexto. Um outra forma, um pouco mais direta de GD-SSBI, é definir, de início, uma abordagem híbrida com as fontes de dados sendo disponibilizadas pela área central(TI com Gestores de dados técnicos) e a utilização pela área de negócios para a produção dos relatórios, com a supervisão de um gestor de dados de negócios, que participe dos comitês de Governança de dados e seja responsável pelos consumos e resultados produzidos. Dessa forma se mescla um pouco das vantagens do SSBI(facilidade de consumo e liberdade) com controle de certo risco(dados disponibilizados pela TI+GD), buscando um cenário a ser avaliado constantemente (pela GD+TI+Negócios) e ajustado de acordo com os resultados obtidos.

6. METADADOS

Normal Data

O conceito de metadados é um dos menos considerados quando falamos de Gestão e Governança de Dados. Nos EUA e na Europa, está bem mais avançado na sua aplicação, enquanto no Brasil ainda segue passos lentos. A pesquisa Fumsoft e DAMA Brasil, realizada em 2012/2013, mostrou claramente isso. O que existe hoje nos sistemas de armazenamento de dados são camadas de definições físicas dos dados normalmente atreladas aos catálogos dos SGBDs e de ferramentas de desenho e documentação. Os conceitos mais organizacionais de dados não são contemplados e, quando muito, acabam sendo registrados na forma de gráficos e desenhos.

Big Data

Os conceitos de metadados deverão ser expandidos para considerarem a definição dos dados no seu patamar negocial, com a criação de glossários de negócios. Assim a camada de metadados se expandirá para metadados negociais, além dos técnicos (existentes em catálogos de BD) e dos operacionais, registrados em documentos e gráficos. Com o crescimento dos DNE (dados não estruturados), o conceito de metadados será deslocado para também documentar dados associados com imagens, fotos, sons, dados de sensores, vestimentas inteligentes (wearables), medições médicas, etc. Isso implicará em expansão nos aspectos de definição de Políticas de Privacidade e Segurança (lembrem-se que metadados são os dados sobre os dados, logo agregam informações fundamentais à essa camada). Hoje, no ambiente de Big Data, já se observa o aparecimento de ferramentas para esse tipo de controle: HCatalog, Hive Metastore, Superluminate e Apache Atlas. Maiores detalhes você encontra no capítulo de Metadados.

Cresce gradativamente a discussão sobre a necessidade das empresas de terem um glossário de negócios, tanto para dados estruturados quanto para dados não estruturados (big data). Nada a ver com os antigos dicionários de dados encontrados em ferramentas como SGBD, Modeladores de Dados, etc. Esses mecanismos antigos, encontrados nos SGBD, normalmente estão no plano físico, registrando os dados já na fase de "inquilinos" de tabelas relacionais ou, quando muito, de alguns modelos em certo grau de abstração, como lógicos e conceituais (minoria). Aqui estamos tratando de registro das informações, na forma de glossário, de tal sorte que permita uma profunda visão, entendimento e definição das áreas de negócios sobre aquele ativo específico. Por exemplo, a definição de Cliente, no contexto de uma multinacional certamente passa por várias visões que deverão ser consolidadas nesse ambiente de glossário de negócios. O modelo Data Management Maturity (DMM)[SM] trouxe na sua versão de 2014-08 uma PA (Área de Processo) totalmente dedicada a esse conceito (Business Glossary, dentro da Categoria Data Governance), sinalizando a importância desse conceito. A criação de um glossário de negócios tem ligações com a Gerência de Conhecimentos, na medida em que estabelece, de forma organizacional, uma definição central daquele conceito, permitindo a sua difusão e uso de forma coerente e consistente por todas as áreas. Em algumas áreas de domínios, como Seguros, esses termos são melhor controlados. Em outras áreas, como Saúde, há uma chance de definições extremamente variadas, dependendo dos agentes participantes, como médicos, hospitais, auxiliares, etc. Uma abordagem para a definição de um glossário de negócios passa por alguns pontos básicos:

- Primeiramente há que se conhecer os dados da empresa ou daquele domínio em estudo, foco do projeto. Conhecer significa saber quem são os principais usuários e responsáveis (potenciais owners), entender a sua sensibilidade, criticidade e o significado daqueles dados. Identificar os papéis que já estão envolvidos com o conceito, fazendo uma espécie de "stewardship" velada. Os modelos de dados (caso haja) são as primeiras fontes, juntamente com outros registros e documentos de sistemas existentes.
- O segundo ponto é observar as oportunidades que possam alavancar esse projeto de construção do Glossário. Apoio da alta gestão e retorno previsto são palavras chaves aqui. Lembre-se que os metadados são uma espécie de patinho feio da gestão

de dados. Dessa forma, aspectos regulatórios de dados são sempre bons argumentos para se entendê-los com profundidade e criar vetores para a sua criação. Problemas organizacionais causados por "bad data" são também muito importantes para a justificativa de projetos de metadados.

- Em terceiro, é fundamental ter boa comunicação acerca desse projeto. Aliás, todos os projetos, dentro de um programa de Governança/Gerência de Dados, têm na comunicação aspectos fundamentais. É o P da "palavra", adaptado para "participação". Divulgue, publique, faça barulho. O glossário de dados de negócios deve ser algo aberto, consumido e é fundamental que traga retorno para a empresa.
- Em quarto lugar, comece o projeto e tenha um processo, mesmo que ainda não tenha um ferramental completo. Hoje, já há excelentes opções de ferramentas para esse tipo de movimento.
- E, por último, faça medição do seu uso. O Glossário deverá se mostrar útil e consumido. Meça os acessos por categoria, tipos de inconsistências, buscas, acertos, etc. A medição do seu uso representa um acompanhamento vital da sua viabilidade.

Ferramental: Há várias ofertas de ferramentas sofisticadas no mercado. Normalmente são caras e algumas complexas. Não se impressione. A apresentação do Centro Médico Langone, da Universidade de Nova York, num evento que assisti, nos EUA, mostrou claramente o tamanho do desafio. Dados mestres e de referências, inconsistentes entre sistemas clínicos, organizacionais, de credenciamento e de pesquisa deram o tom do "porquê" do seu projeto. Os dados nesses domínios, segundo a apresentação, têm forte entropia, com cada sistema tendo a sua visão particular dos dados. A sugestão é começar devagar e com simplicidade. Planilhas, dependentes de volumes de termos, podem ser usadas, mas são limitadas. Wikimedia, ou ferramentas de "issue", como RedMine, por exemplo, podem ser uma solução barata para se começar, mas não definitiva. O fundamental é começar pelos dados "core" da empresa, aqueles mais sensíveis e susceptíveis a aspectos de "compliance e regulações". Ferramentas mais poderosas (e de maior investimento), como Colibra, ASG, Informatica, IBM, MS, ERWin, SAS, Adaptive, Datum, Waterline, Zaloni, Alation, por exemplo, deverão ser analisadas com relação ao custo benefício, pela percepção firmada de que o assunto metadados ganhou força e de que há perspectiva de ganho palpável para o uso dos dados pelas áreas de negócios. Todas as ferramentas de metadados têm uma mesma funcionalidade "core" e variam na força de algumas funcionalidades específicas. Umas são muito fortes no controle de políticas e de gestores de dados, outras se evidenciam pela força de tratamento de ambientes de dados mais complexos como Hadoop. Outras são atreladas a marcas fortes do mercado, sugerindo uma solução com maior amplitude e presença da marca-mãe. O mais importante é sentir a utilidade deste tipo de controle e convencer a alta gestão do seu retorno, sempre começando pela pergunta fundamental, um dos 5W: Why?

7. *Qualidade de dados*

Normal Data

O conceito de Qualidade de dados talvez possa ser considerado o mais importante dos processos DAMA DMBoK®, se entendermos que esse ponto é fundamental para alcançarmos os objetivos de negócios que se busca através o uso dos dados. Dados sem qualidade implicam em problemas de variadas naturezas, conforme já vimos quando falamos do "Alto custo da baixa qualidade dos dados". Em "normal data" essa visão de qualidade de dados é considerada em projetos de QD, com camadas de Profiling (Perfilização) e Cleansing (limpeza) de dados, através de ferramentas que vasculham os arquivos em busca de erros em inconsistências. Essa disciplina está presente nas referências DAMA DMBoK®, DMM[SM] e outras, através da indicação de melhores práticas em Governança e Gestão de Dados.

Big Data

Dentro do conceito de big data, os aspectos de qualidade de dados apareceram primeiramente com a inclusão do 4º V (Veracidade), expandindo os outros 3 originais (Velocidade, Variedade e Volume). Esse 4º elemento veio justamente para sugerir que o conceito de Big Data pouco acrescentará em valor (5º V), caso os aspectos de Qualidade não sejam contemplados. No ecossistema de Big Data, esses preceitos de qualidade tornam-se mais difíceis e custosos justamente pelos outros 3 V. Há claramente alguns desafios:

- Por exemplo, ao se analisar um post de FB ("É por isso que eu adoro os produtos da Frixx."), seria possível aferir a sua veracidade? E se aquela frase contiver aspectos de ironia ou sarcasmo? Aqui entrarão técnicas, hoje em desenvolvimento, como *text analytics,* que permitirão a separação desses ingredientes, o que dependerá de análises de contextos e de outros elementos. Experiências têm sido feitas para se aferir sintomas de depressão em pessoas que postam no FB. Alguns estudos apontam um alto grau de acerto quando essas inferências são realizadas e comparadas com pesquisa de campo.
- Por exemplo, a rapidez de entrada de dados (big data in streaming) implicará na aplicação de técnicas de verificação da qualidade dos dados em tempo (quase real). Poderá não ser razoável para os objetivos daquele sistema em tempo real a detecção (somente) a posteriori dos erros contidos naquele "stream" que está sendo "ingested".
- Outro exemplo: Com o avanço das técnicas de IA, agora também chamada de Inteligência Aumentada, a qualidade dos dados entrados nos algoritmos estatísticos será fundamental, como de maneira geral são os dados de "input" de quaisquer sistemas. Entretanto, além dos dados de entrada, também a aferição dos resultados

inferenciais obtidos deverá passar pelo escrutínio da Qualidade. Por exemplo, suponha que um algoritmo de IA que trabalha na detecção de câncer, baseado em dados registrados no Watson, tenha sugerido a alta probabilidade da existência da doença, que depois não se confirmou. Os processos de QA aplicados em Big Data, focados em sistemas de IA, machine learning, etc. deverão ter algumas particularidades de retroalimentação para se lapidar os algoritmos cognitivos. Esses aspectos de automação de sugestões/inferências, por exemplo, feitas por sistemas inteligentes deverão ser criteriosamente analisados, auditados e refinados para evitar problemas de colocações produzidas pelos algoritmos, que tangenciem aspectos sensíveis de "gênero", "raça", etc. Esse assunto será aprofundado no capítulo sobre ética nos dados.

8. SEGURANÇA E PRIVACIDADE DE DADOS

O conceito de segurança dos dados tem um sabor ligeiramente diferente daquele de "soberania de dados", discutido anteriormente, embora ambos compartilhem semelhanças no ponto central que é a preocupação produzida pelos seus efeitos na garantia da integridade e da privacidade dos dados.

Normal Data

Talvez esteja dentro de Segurança e Privacidade de dados os pontos mais cuidadosos quando se compara "normal data" com "big data". Os aspectos de "normal data", normalmente em função das arquiteturas centralizadas, sugerem percepções de maior segurança. Os dados armazenados em servidores únicos, montados em uma geografia única e centrados em conceitos tecnológicos mais maduros, podem contribuir para que isso seja verdadeiro.

Big Data

Por outro lado, os depósitos de Big Data estão sendo estabelecidos em cima de camadas de tecnologia ainda em amadurecimento. Por exemplo, a tecnologia de Hadoop e seus similares não foram originalmente definidas com olhos nestes conceitos de segurança. Surgiram como alternativa para melhorar acessos distribuídos e garantir performance em volumes gigantescos de dados, como o caso do Google, Yahoo, etc. Lembrem-se que esses dados não tinham a característica de alta sensibilidade, pois focavam em páginas de website da internet, com o objetivo de indexação para acessos, por palavras-chaves.

Além disso, os aspectos de extrema distribuição podem implicar em maiores desafios para se proteger os dados. Em 2016, por exemplo, os dados de uma das maiores empresas de internet do planeta estavam distribuídos em 40 mil nós e os de uma gigante francesa do ramo de retargeting, ou seja, aquelas que analisam comportamento dos internautas para inferir tendências de compra, em 1117 nós. A proteção sobre os diálogos entre máquinas exige métodos mais sofisticados, como o protocolo Kerberos, desenvolvido pelo MIT. Além disso, a replicação dos dados, na forma de shardings, espalha a mesma cópia de dados por diversos processadores. Adiciona-se a isso, que a evolução de correções aplicadas nestes tipos de software não prima pela excelência, segundo algumas fontes na internet, que demonstram um passo a passo de como furar o Hadoop. O Hadoop com grife, como Hadoop Cloudera, ou Hadoop Hortonworks, ou Hadoop IBM procuram minimizar esses pontos de vulnerabilidade, empacotando camadas complementares de segurança e controle.

Segurança e Privacidade de Dados: Governança de Dados

Com as brechas em segurança física, abre-se espaços perigosos para o roubo ou vazamento de informações e aí entramos na seara das regulações sobre proteção de Segurança e Privacidade dos dados. Hoje há muitas regras de compliance que obrigam o alcance de níveis rigorosos de proteção à segurança e privacidade. Por exemplo, HIPAA, Health Insurance Portability and Accountability (Saúde); BCBS 239, Basel Committee on Banking Supervision (bancária, conhecido como Basileia); CCAR, Comprehensive Capital Analysis and Review (focado em risco de capital) e SOX, Sarbanes-Oxley (proteção de investimentos em empresas públicas). São regras muito estritas e que deverão ser preservadas, pois estão sujeitas a controles e fiscalizações rigorosos. Uma grande empresa de saúde americana, com 143 centros de tratamentos, distribuídos em 17 estados foi multada em US\$2,3 milhões, em 2017, pela não conformidade com a HIPAA. A empresa deixou vazar 2.213.597 registros de pacientes, incluindo nome, SSN, nome de médicos, diagnósticos, tratamentos e informações de seguros. A empresa foi acusada de não ter aplicado processos de avaliação de riscos, negligenciando em medidas de proteção dos dados, sem relatórios de acesso, logs de auditoria e relatórios de acompanhamento de incidentes de segurança. A ausência da GD, por vezes, torna-se cara.

O caso do GDPR e da LGPD são os exemplos mais próximos desta necessidade de extrema proteção à privacidade e segurança dos dados, conforme será discutido.

9. IoT: Internet das Coisas

A IoT (Internet of Things ou Internet das Coisas) é um termo que foi utilizado pela primeira vez em 1999 e que tomou forma nos últimos anos. Entretanto, alguns ramos de negócio já há muito tempo se dedicam a sistemas e soluções que já traziam esse sabor. Por exemplo, as organizações que prestam serviços de rastreamento e logística de veículos já praticam os mesmos conceitos fundamentais que embasam o universo de IoT. Isto se dá pela necessidade de atualização constante com o desenvolvimento de novos sensores e equipamentos para obter uma eficiência operacional de grandes frotas, além da garantia da qualidade e segurança em toda a cadeia de logística dos veículos. Os principais benefícios da utilização de IoT neste mercado são relacionados com a capacidade de se poder monitorar e mensurar elementos importantes de dados. A redução do desperdício, minimização de perdas, controle dos custos e principalmente a informação de quando as "coisas" precisam de substituição e reparo são os grandes "drivers" dessa tecnologia, já em uso por muitas empresas. Com isso evitam paradas não programadas, aumentam a disponibilidade do ativo e melhoram a prevenção de acidentes. Além de todos estes benefícios, a IoT permite que as empresas transformem as operações de logística com foco nas necessidades específicas e na experiência do cliente, fazendo com que as entregas ganhem rapidez, as taxas melhorem e a qualidade do serviço aumente significativamente.

Os sensores instalados nos veículos conseguem gerar dados e informação para os mais diversos negócios, desde o controle de carga e descarga de uma betoneira com cimento nos locais e obras corretas, até mesmo o controle e entrega de pães em supermercados. A aplicação de sensores também contribui para uma coleta eficiente de lixo, otimizando as rotas e garantindo a correta cobertura em todas as vias urbanas de uma grande cidade. Os sensores também já são aplicados para realizar, em tempo real, o monitoramento e pesagem da qualidade de lixo coletado em cada caminhão, além de já cruzarem as informações dos sensores das lixeiras públicas inteligentes que informam que já estão cheias e sinalizam para a necessidade do seu esvaziamento. Com toda essa infraestrutura, é possível melhorar a roteirização e ter um maior aproveitamento dos caminhões, pessoas e, principalmente, reduzir o custo com a operação e melhorar a limpeza de uma grande cidade. Outra grande aplicação com a utilização dos sensores nos veículos é a contribuição com a dirigibilidade e segurança dos motoristas. Isso se dá pela identificação de períodos de chuva, direção em vias não pavimentadas e mudança do perfil de condução do motorista imediatamente para prevenir acidentes e possibilitar uma direção mais segura, contribuindo, assim, para uma sociedade com maior segurança no trânsito. E os dados gerados?

Atualmente, uma empresa mineira, reconhecida nesse segmento de rastreamento e gestão de frotas, com um universo de 16 mil veículos monitorados e com sensores de IoT nos veículos, consegue gerar uma quantidade de mais de 9 milhões de pacotes de dados brutos por dia. Esses pacotes de dados são recebidos, tratados e, a partir deles, novos dados são gerados, transformando-os em mais de 1 bilhão de pontos de dados por dia. Se considerarmos as maiores empresas do setor de rastreamento que também estão focadas no mercado B2B (Business to Business) ou M2M, esses números apresentados podem ser multiplicados em 15 vezes.

Além do monitoramento de veículos, a IoT contribui para a melhoria e resolução de vários problemas. Exemplo disso é a aplicação em soluções para a construção de cidade inteligentes, visando o monitoramento da qualidade do ar, da água e o impacto ambiental das indústrias e veículos. Além disso, através do monitoramento de sensores é possível analisar o fluxo das estradas, aliviar o congestionamento do tráfego e ainda melhorar o planejamento urbano. Adiciona-se a isso a identificação de vagas de estacionamento disponíveis nas vias urbanas e em áreas de estacionamentos, facilitando a vida dos motoristas. Outras aplicações já estão sendo desenvolvidas como os prédios inteligentes (visando a otimização da manutenção, controle de ordens de serviços e recursos), fazendas inteligentes (otimização do consumo de água e fertilizantes), monitoramento de atletas (pela análise de intensidade de esforço e fadiga), etc. Projeta-se para 2020 números que variam de 50 a 200 bilhões de itens conectados à internet e que se tornarão coletores de dados, produzindo um universo ainda maior de informações, fornecendo insights em tempo real e informações gerais sobre tudo.

Além do crescimento da sociedade digital e da capilaridade da internet, outro fator que contribuirá para o aumento na utilização da IoT é a criação de novas tecnologias para transmissão dos dados de todo este universo, onde não haverá a dependência apenas de transmissão via satélite e das tecnologias GSM (Global System for Mobile) disponíveis nas operadoras de telefonia convencionais, com altos custos. Novos modelos de comunicação e transmissão com foco em baixo consumo de energia para aumentar a durabilidade da bateria dos sensores, baixo custo e longo alcance já estão sendo utilizadas em grande escala. Exemplos disso é a rede LoRa, uma tecnologia de radiofrequência que permite comunicação a longas distâncias com consumo mínimo de energia. Há também a rede Sigfox que iniciou suas atividades no Brasil e já é uma rede mundial de IoT com cobertura em 33 países. A rede Sigfox utiliza protocolos para transmissão dos dados através de outros canais que não os utilizados atualmente e consegue um baixo custo de transmissão, longo alcance e uma comunicação otimizada para dispositivos de baixo consumo de energia.

IoT e a Governança e Gerência de Dados

Com o conceito de Internet das Coisas crescendo diante de todo esse universo e com a perspectiva de alcance de volumes de dados em outra escala, fica evidente a necessidade de se esticar os olhos em direção à governança e gerência dos desses recursos dentro das organizações. Os dados de IoT podem ser considerados um tipo de "Big Data", porém com certas especificidades:

- Haverá uma tendência em mudança de linhas de negócios, principalmente de empresas que hoje se concentram na produção e venda de equipamentos/produtos. A adoção de IoT permitirá que haja um novo segmento de negócios centrado em serviços de monitoração e manutenção preventiva desses recursos. Hoje, uma das maiores empresas do mundo, conhecida pela venda de equipamentos na área industrial, já adotou esse shift de modelo de negócios, passando a vender os equipamentos e também a sua monitoração remota. Isso significa dizer que, nesta mudança de paradigma, a empresa começará a produzir um volume muito grande de dados, entrando na seara de Big Data e IoT, com os devidos ajustes de GD já discutidos.

- Os dados em IoT têm as particularidades da sua arquitetura tecnológica (milhares de sensores distribuídos em redes, com concentradores e distribuidores), a arquitetura de dados com forte componente geográfico, os dados com altíssima velocidade de produção, com grandes volumes, exigindo políticas de armazenamento primário, secundário e descarte, etc. Os dados tenderão a ser numéricos e mais estruturados, diferindo um pouco do Big Data como definido classicamente, onde os dados são predominantemente não estruturados. A figura 7 ilustra uma visão de modelo de dados simplificado de IoT, com o conceito de recursos (coisas) e alguns dos seus elementos mais importantes, como a dimensão tempo e localização geográfica. Os sensores contêm atributos associados a valores e são caracterizados por metadados.

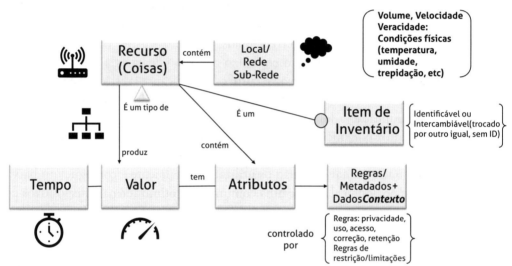

Figura 7: Arquitetura: Modelo IoT

- A IoT, pelo volume produzido em outra escala, deverá merecer da GD os cuidados relativos a segurança e privacidade, já discutidos em Big Data, atentando-se para um detalhe: Os "devices" produtores de dados normalmente estarão fora do círculo de proteção dos data centers e escritórios controlados. São sensores colocados em máquinas, instrumentos e veículos, normalmente expostos, fazendo com que a as aplicações de IoT sejam observadas também por esse ângulo. Esses equipamentos certamente serão alvos mais visados pelos hackers. A privacidade dos dados produzidos passa a ter esse cuidado especial, visto que a segurança, de quem a privacidade é fortemente dependente, estará em patamares mais vulneráveis.

- Esse fator de exposição dos equipamentos também pode afetar outra dimensão da GD, a qualidade de dados. Os dados serão produzidos em ambientes sujeitos a interferências, como o clima, temperatura, umidade, mobilidade, deslocamentos, trepidações, etc. Dessa forma, as regras e políticas de qualidade dos dados deverão ser cuidadosas e flexíveis atentando para o seu conteúdo e também para o contexto onde ele foi produzido. Isso significa que um "dado inesperado", recebido num Data Lake, não necessariamente deve ser considerado um "dado ruim", e sim um dado impactado que merecerá observações cuidadosas da estrutura de produção.
- Os metadados, no caso de IoT, deverão considerar, mais fortemente, os dados e o contexto que os envolve. Com relação à integração, os dados de IoT, como os Big Data, deverão ser integrados com os Mestres (Local, Cliente, Fornecedor, Equipamentos, etc.) e referenciais (códigos) para criar a extensão da informação requerida.

Dessa forma, a empresa deverá definir alguns Ps da GD visando domar esse gigantesco fluxo de produção de informação, agora com certas especificidades. A figura 8 mostra uma arquitetura de IoT, com os seus elementos principais. Assemelha-se, por óbvio, com a figura 5 (Big Data). As especificidades ficam por conta das fontes de entradas, oriundas de veículos, pessoas em monitoração, prédios inteligentes, etc. e os retornos resultantes de serviços de monitoração e prevenção, por exemplo. O conceito de armazenamento está centrado em propostas de Data Lake, com a separação de zonas de dados, que atenderão as diferentes aplicações, classificadas em descritivas, preditivas e prescritivas.

A adoção de IoT implicará investimentos imediatos em tecnologias de Big Data (Dado de IoT pode ser considerado como um tipo de Big Data) e principalmente em soluções de Analytics para conseguir subsidiar todo este crescimento exponencial de dados e informações. As tecnologias de Analytics e soluções de machine learning também irão contribuir para revelar padrões e tendências e são soluções para lidar com o acúmulo de dados, evitando que esta quantidade de informações distraia os negócios e atrapalhe até mesmo a análise básica dos dados. Com isso, as organizações conseguem grande eficiência operacional e diferencial competitivo, principalmente porque podem tomar suas decisões com base em indicadores alimentados com dados transmitidos em tempo real, tornando-se poderosos aliados para os responsáveis pelas decisões estratégicas em qualquer negócio.

152 :· Governança e Dados: Conceitos, Práticas e Novos Caminhos

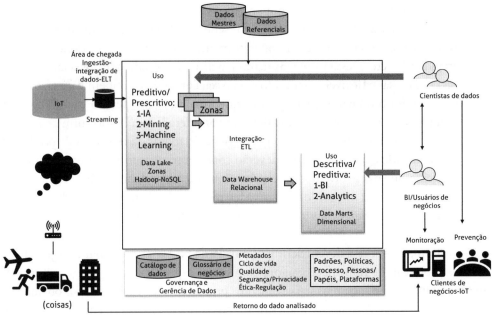

Figura 8: Arquitetura geral: IoT

CAPÍTULO 5

GOVERNANÇA DE DADOS E AS LEIS DE PROTEÇÃO DE DADOS

Neste capítulo, discutiremos, no prisma da governança de dados, as duas regulações mais importantes definidas sobre aspectos de proteção dos dados. Primeiro veremos a GDPR (da União Europeia) e depois a LGPD (Brasil). Discutiremos na ordem em que foram desenvolvidas e apresentadas, falando inicialmente sobre a GDPR, mesmo porque a LGPD foi claramente baseada nela e ainda possui alguns pontos não plenamente formalizados. Em várias partes do texto, comparações entre as duas regras serão aplicadas, quando pertinente.

1. GOVERNANÇA DE DADOS E O GENERAL DATA PROTECTION REGULATION

Introdução

Um dos pontos que mais chamaram a atenção na Conferência Mundial de Dados de 2016, em Delray Beach, na Flórida, e em San Diego, em novembro de 2017, foi a discussão sobre o GDPR, General Data Protection Regulation, traduzido livremente para **Regulamento Geral sobre a Proteção de Dados**. Esse regulamento não é novo, mas uma extensão da Diretiva de Privacidade da União Europeia, datada de 1995. Começou a ser reformado em 2012 e alcançou um acordo em 2015, sendo publicado em maio de 2016. Passou a vigorar em 25 de maio de 2018 e foca, de forma muito mais rigorosa, na proteção de dados para as pessoas na Comunidade Europeia. A ideia central é dar a eles, sob sua proteção, a volta do direito absoluto sobre os seus próprios dados, além de uniformizar esse tema para a Comunidade da União Europeia (UE), visto que muitos países já tinham uma lei própria sobre o assunto e agora a Europa mostrava convergência. Aliás, a Europa mostra mais uma vez uma nítida visão de maior preocupação com os aspectos de privacidade e segurança de dados, diferente dos EUA, onde o tema é visto com certo liberalismo. Para ilustrar: de maneira geral, o número de incidentes de segurança/privacidade aumentou 38% de 2014 para 2015.

Em julho de 2016, uma gigante provedora de internet foi adquirida (sua área core, especificamente) por uma outra gigante da área de comunicações por algo em torno de US$4,8 bilhões. Durante a negociação, diz a compradora que a gigante de internet não revelou o vazamento (breach) ocorrido anteriormente de 500 milhões de contas, assumido somente após a concretização da venda. No final de 2016, veio à tona que também teria existido um vazamento, desta vez de 1 bilhão de contas, ocorrido anos antes. Talvez o maior vazamento da história digital. Pronto. Assim, ficou caracterizado o embaraço, com mais de um bilhão de usuários tendo tido expostos seus nomes, telefones, passwords (criptografadas ou não), perguntas de "check" para confirmação de identidade e e-mail secundário (aquele para onde serão enviados os procedimentos de "reset" de password). Uma empresa de cibersegurança americana, especializada em circular pelas sarjetas da Dark Web, assegurou que três cópias dessas informações já teriam sido vendidas por US$300 mil cada.

Assim, voltamos ao GDPR, como coloquialmente é chamado esse abrangente protocolo regulatório que definirá regras severas para mitigar eventos como os acima descritos e proteger os dados dos cidadãos na União Europeia. Isso, obviamente, cairá no escopo da governança de dados, exigindo das empresas que ainda não se preocuparam com essas práticas que se preparem. A implementação de governança de dados, que inclui também Segurança e Privacidade em seus corpos de conhecimento, será extremamente aquecida na Europa. Mas não somente lá. Se uma empresa brasileira, com presença ou representação na UE, realizar um serviço de, por exemplo, qualidade de dados ou um projeto de dados mestres para uma empresa de lá, localizada aqui ou lá, ela também (a brasileira) deverá estar em "compliance" com o GDPR. Assim, a data de 25 de maio de 2018, última sexta-feira daquele mês, se tornou significativa para os movimentos que buscam maiores controles sobre os ativos de dados, hoje considerados elementos fundamentais da sociedade e da transformação digital das empresas.

O GDPR é uma regulação ampla e complexa. O seu detalhamento está publicado na internet e já há vários livros na Amazon versando sobre o tema. Acesse http://www.eugdpr.org/ para começar a entender seus detalhes e busque aplicativos que facilitam os acessos às seções e aos seus 99 artigos, nas lojas da Apple e Android. A figura 1 mostra, sinteticamente, os pontos principais das mudanças trazidas pelo GDPR, com uma síntese dos direitos estabelecidos e que deverão ser resguardados.

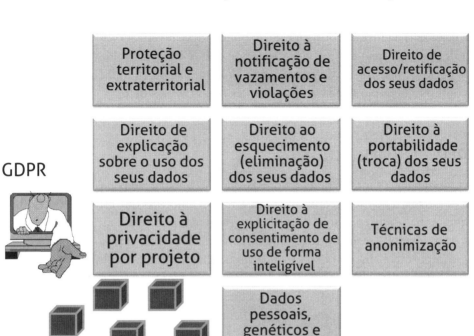

Figura 1: GDPR e LGPD: Visão inicial dos direitos

OBJETIVO

O objetivo, mostrado de forma simplificada, é proteger o chamado dado pessoal. Em inglês, há o termo PII, Personally Identifiable Information, que denota os campos/dados cujas informações permitem mais *diretamente* a identificação de uma pessoa. Por exemplo, SSN, nome, número da carteira de identidade, endereço de e-mail, telefone, número de cartão de crédito ou da conta bancária. O GDPR ampliou essa visão e estendeu o seu controle para outros elementos como dados de redes sociais, fotografias, preferências de estilo de vida, endereços IP, etc., que indiretamente permitem a identificação de alguém. Alguns campos como data de nascimento, CEP e sexo não permitem (diretamente) chegar a alguém, mas podem, caso combinados, aumentar a chance de se chegar aos seus dados pessoais. Há uma pesquisa que aponta que, com a combinação desses três elementos de dados, há 87% de chance de alguém ser identificado. Cito esse exemplo no capítulo sobre ética nos dados, adiante. Também os dados, chamados sensíveis, sobre raça, religião, saúde, sexualidade, biometria, história criminal, etc. são considerados e, portanto, dentro desta tela de radar da regulação. Para facilidade, neste texto, usaremos a referência DPIS para a referência dos dados pessoais de identificação e sensíveis.

Associado com a ***proteção/privacidade***, o GDPR também foca nos ***direitos*** de cada cidadão com relação aos seus dados. Por exemplo, a entidade controladora (responsável direta pelos seus dados) será obrigada a, em poucos dias, notificar o cidadão cujos dados foram desviados. A não observância dessa e de outras regras definidas poderá implicar multas pesadíssimas (até 4% do faturamento global anual, ou 20 milhões de euros, o que for maior). No exemplo citado anteriormente sobre o *breach* de uma grande provedora de serviços de internet, já estaria caracterizada uma violação dessa natureza.

Escopo

O escopo das regras será para as empresas que estão localizadas na UE e processam dados de cidadãos que se encontram lá, ou também empresas que estejam fora da UE, mas que tenham representação naquele espaço geográfico e que também processam dados de pessoas que se encontrem naquela comunidade. Com relação aos titulares dos dados, é importante observar que a regulação se aplica a pessoas naturais (não jurídicas), ***independentemente de nacionalidade, cidadania, domicílio ou residência***. Com relação às empresas, empresas brasileiras que estejam fisicamente localizadas na UE, com filiais lá, ou mesmo que não presentes fisicamente, mas que ofertem serviços ao mercado europeu, ou monitorem dados de pessoas de lá, estarão sob o GDPR. Empresas brasileiras que, mesmo não presentes fisicamente na UE, terceirizam serviços para empresas de lá também estão inclusas. Estão fora do escopo os casos em que o processamento de dados tem a finalidade de segurança nacional ou está atrelado a aspectos legais. O escopo territorial, Artigo 3 do GDPR, é um dos elementos mais complexos e será detalhado gradativamente neste texto. Outros pontos relativos a ele serão clareados depois que o Regulamento começar a funcionar e os primeiros resultados de não conformidade começarem a aparecer. A partir daí, começará a fase de efetivo aprendizado. Cada estado membro da UE definirá um órgão controlador AS, Autoridade de Supervisão, que terá a missão de receber e investigar reclamações e invasões naquele domínio e trabalhará de forma integrada e colaborativa com as outras AS. A UE tem aproximadamente 350 milhões de habitantes, distribuídos por 28 países diferentes. Os membros da UE estarão subordinados a essa legislação, que prevalecerá sobre outras já eventualmente existentes.

Papéis importantes no GDPR

Há os conceitos de **Controladores, Processadores, Autoridade de Supervisão e Representantes.** Esses conceitos são muito importantes para o entendimento do GDPR e estão representados na figura 2, que apresenta os conceitos do GDPR e também a equivalência com a LGPD.

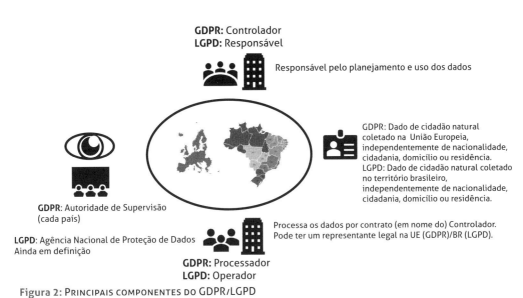

Figura 2: Principais componentes do GDPR/LGPD

Controlador

São pessoas, agências, autoridades públicas ou qualquer outro corpo organizacional que tenham como objetivo *o uso dos dados* coletados. Serão os responsáveis por garantir que os dados serão usados de acordo com o GDPR. Deverão deixar claro quais objetivos procuram, quais dados existem e de que categorias, os meios pelos quais serão usados, a forma de coleta, a forma de busca de consentimento (autorização) para o uso dos dados, a descrição dos destinatários (por quem os dados serão usados), os mecanismos de transferência de dados (entre unidades, empresas e países), além das descrições de processos e técnicas a serem aplicados na segurança organizacional daqueles dados.

Acresce-se a isso os planos de riscos devidamente definidos para os dados, envolvendo alguns elementos como incidência, probabilidade, impacto, mitigação e contingência. As notificações e avisos obrigatórios sobre o uso dos dados deverão incluir o período de retenção para os dados pessoais e informações de contato dos controladores de dados e do escritório ou gestores de segurança e proteção, definidos pela organização. Aliás, já se usa a sigla DPO, Data Protection Officer, para definir uma pessoa ou um grupo totalmente dedicado a isso.

Outro aspecto considerado importante serão as decisões automáticas (ações por default), que poderão ser contestadas. Ou seja, um cidadão poderá questionar uma opção definida automaticamente por um sistema, como o opt-in/out, de coleta de seus dados, caso não haja a sua manifestação explícita de concordância sobre aquilo. Os dados deverão ter seu uso explicitamente consentidos pelos usuários e há salvaguardas para dados de menores de 16 anos. Os sistemas e serviços deverão ter um plano definido de Privacidade e Segurança. Por exemplo, um hospital localizado na UE, seja matriz principal ou filial, que coleta os dados de pacientes via sistema de internação e os complementa via sistemas de informações médicas, será o **Controlador desses dados** nesse contexto. Como controlador, deverá responder por todos os pontos definidos anteriormente e deverá estar apto a demonstrar, via GD, os elementos requeridos pelo GDPR. No caso da LGPD, esses conceitos se referem ao chamado Responsável e a menoridade aplicada é 18 anos.

Processador

São pessoas, agências, autoridades públicas ou qualquer outro corpo organizacional que trabalham em nome de outro. São os contratados para realizar serviços de dados definidos e esperados pelo Controlador. Os seus processos devem estar de acordo com as definições deste, que, por sua vez, estarão coerentes com o GDPR. Um contrato entre essas duas partes deverá regular os requisitos de proteção e privacidade, segundo o GDPR. O "How" dos processos a serem aplicados não precisa ser detalhado pelo Controlador, poderá ser definido pelos Processadores, desde que estejam em "compliance" com as regras do GDPR. Dessa forma, os Processadores assumirão responsabilidades, em nome dos Controladores, definindo: o sistema (ferramentas, processos e tecnologia) usado, as formas de coleta, armazenamento, transferência dos dados, etc. Definem também como os dados serão usados e apresentarão planos de retenção, descarte/eliminação de dados, etc. O Processador contratado não poderá subcontratar outro processador sem a autorização expressa do Controlador. É natural que muitos Controladores sejam também os seus próprios Processadores e, assim, as regras e exigências permanecem no mesmo domínio organizacional.

As informações requeridas para os Processadores são: nome, detalhe de contratos, especificação de cada controlador (um Controlador poderá ter n Processadores, e vice versa). Além disso, deverá estar claro o detalhamento dos processamentos realizados para (em nome de) cada Controlador, descrição geral de medidas, técnicas e processos de segurança. No caso da LGPD, o conceito se aplica aos chamados Operadores.

Autoridade de Supervisão (AS)

São as organizações, corpos organizacionais, etc. definidos pela UE como elementos de supervisão e controle sobre a aplicação do GDPR. Estão geograficamente distribuídos pelos vários (países) da UE e serão os responsáveis pela lupa sobre os Controladores, Processadores e Representantes. Serão uma espécie de QA (Garantia da Qualidade), com autoridade plenamente constituída. No caso da LGPD, o conceito se aplica à ANPD, Agência Nacional de Proteção de Dados.

Representante

São uma espécie de "proxy" dos processadores/controladores que não estão na geografia da UE. Assim, os representantes respondem pelos processadores/controladores, perante as Autoridades de Supervisão, junto ao solo da UE. Suponha, por exemplo, uma empresa brasileira de tratamento de dados que faça projetos de Qualidade de Dados, Dados Mestres, BI, etc. e que fará um serviço para uma montadora de veículos na Itália. Essa empresa deverá ter um representante formal naquele país ou em algum lugar da UE, servindo como elo com as autoridades de supervisão. A LGPD tem conceito semelhante.

Direitos

Os cidadãos sob proteção do GDPR terão os seguintes direitos:

1. O direito ao consentimento (ou a autorização concedida pelos titulares dos dados) deverá ser feito explicitamente em termos claros, inteligíveis, sem juridiquês (*legalese*, em inglês), em um formulário facilmente acessível, com o objetivo do uso dos dados pelos controladores e processadores claramente definido. O consentimento dado poderá ser retirado a qualquer momento, bem como a solicitação de eliminação de dados existentes, porém tornado sem relevância.

2. O direito ao acesso, por parte dos usuários, será rigoroso, podendo o dono dos dados questionar os controladores ou processadores se e como os seus dados estão sendo processados por eles. Isso envolverá o direito à explicação, o que exigirá que as empresas mostrem, de forma clara, os detalhes sobre eventuais processamentos aplicados em dados do cliente, com objetivos, destinatários do processamento, as devidas categorias de dados pessoais envolvidas e as informações sobre a retenção dos dados. Aqui abre-se um espaço para possíveis questionamentos de processamentos analíticos e inferenciais, sendo que estes últimos, deverão merecer cuidados especiais em função dos algoritmos impenetráveis de IA nas técnicas de aprendizado de máquinas.

3. O direito à portabilidade significa que o dono dos dados poderá solicitar aos controladores e processadores os seus dados em uso, entregues em forma digital (machine readable) e transferi-los para outro controlador.

4. O direito à Privacidade por Projeto (Privacy by Design) é uma das exigências do GDPR. No fundo, a ideia é que os aspectos de privacidade e segurança de dados sejam parte constituinte da solução dos sistemas, desde o início, ou seja "by design". O que se deseja é evitar que essas providências sejam somente lembradas quando problemas relativos à privacidade comecem a aparecer. Para tal, o GDPR deverá exigir que processos de desenvolvimento de sistemas tenham claramente atividades associadas com gerência de risco, envolvendo suas definições, classificações e aspectos de acompanhamento com mitigação e contingência. Além disso, haverá

as especificações de soluções técnicas atreladas a esses controles de segurança e privacidade, envolvendo perfis de acesso, anonimização, etc.

Como se percebe, as exigências da GDPR elevarão, em muito, os cuidados necessários com os dados de residentes da UE. Isso demandará uma visão organizacional sobre dados nos domínios de Segurança e Privacidade e chegará à governança de dados o seu papel fundamental e a importância dos conceitos aplicados por ela.

A Governança de Dados e o GDPR

O GDPR, certamente, vai mudar o cenário da GD e de seu relacionamento com outros aspectos de dados e processos, além dos óbvios de segurança e privacidade. Esses conceitos sempre fizeram parte dos processos de gestão de dados, conforme visto no DAMA DM-BoK® e em outros frameworks de dados. O que aconteceu foi que os hackers prestaram um serviço "involuntário" a esses conceitos, antecipando a necessidade de se trabalhar mais intensamente segurança e consequentemente privacidade, antes do amadurecimento da GD. Assim, muitas empresas já têm núcleos de Segurança, mesmo sem ter ainda formalizada a presença da GD nas suas estruturas. Dessa forma, o casamento entre GD e Segurança passará a compor um foco mais integrado, onde também entrará a figura do CDO, caso haja. Por exemplo, dentro da Gerência de Segurança teremos processos de Gerência de Incidentes de Segurança (vazamentos, impactos, etc.), Gerência de Mudanças (via mudanças é que também se introduz brechas de segurança nos dados), Gerência de Riscos (ação proativa para se mitigar e contingenciar riscos de dados) e Gerência de Correções (garantir que se corrigiu corretamente o que deveria). Tudo isso deverá ser estabelecido com a GD, via Políticas, Padrões e Processos e outros Ps.

Visão prática do casamento de GD com o GDPR

Se analisarmos os principais Ps da GD, conforme temos discutido ao longo desse texto, veremos que há vários deles com perfeito encaixe nos aspectos de GDPR:

- **Patrocínio:** Esse será o mais fácil deles, pois envolverá aspectos de alto risco de multas e arranhões na reputação. As multas vultosas aplicadas pela UE serão indiscutivelmente um fator decisivo neste quesito. Assim, analisadas as condicionantes da empresa e seu encaixe nas premissas do GDPR, o patrocínio deverá ser obtido com facilidade pelo tamanho do risco desenhado.
- **Políticas:** Aqui entrarão as diversas políticas de segurança e privacidade de dados, algumas já em curso nas empresas. O detalhe é que deverão ser rigorosamente observadas em função das penalidades aplicadas para "no-compliance". Por exemplo, haverá políticas para definição de consentimento, políticas para definir ações de notificação de incidentes de segurança, para escolha dos agentes Processadores, etc.

- **Padrões:** Padrões sobre controles de dados pessoais deverão ser definidos a fim de proporcionar melhor gerência sobre eles. Por exemplo, padrões sobre dados, criticidade, técnicas de criptografias, ou anonimização aplicadas serão definidos, bem como possíveis medidas sobre o entorno dos dados pessoais, como indicadores de consentimento, de direito à explicação do uso, direito ao esquecimento, vazamentos, etc. Neste contexto, aparecerão como exigências do GDPR.
- **Processos/Procedimentos:** Alguns processos/procedimentos novos deverão ser desenvolvidos/revistos com foco nas exigências do GDPR. Processos/procedimentos de registros de incidentes (tipo ITIL), de Mudanças com foco em preservação de dados Pessoais e de Riscos, como DPIA, Data Protection Impact Assessment, surgirão. Os Processos de Negócios também serão analisados visando a identificação dos dados pessoais e como estes serão usados, atualizados e como comporão relatórios, etc. As áreas que são responsáveis pelos processos e seus dados apontarão os Owners de dados e potenciais gestores, sendo que, nesse caso, o foco é Privacidade e Segurança. Os **Procedimentos** são os detalhes, dentro de um Processo específico, podendo ser fatorado e usado em vários outros. Mais adiante, desenvolveremos um exemplo detalhado sobre a hierarquia de Políticas, Padrões, Processos e Procedimentos aplicada ao GDPR.
- **Papéis/Pessoas:** O GDPR poderá exigir a definição de gestor(es) de dado(s) de segurança e privacidade para os dados mais críticos, dentro do contexto de dados pessoais. A criação do gestor ou de um grupo de gestores envolvidos com segurança e privacidade, com o rótulo de DPO, Data Protection Officer, poderá ser definido trabalhando com a área de GD.
- **Participação (Comunicação):** É uma abordagem fundamental, pois ajuda na divulgação de um Programa essencial como este. Envolverá mecanismos de conscientização sobre a criticidade do GDPR, a participação de todos os envolvidos e o alinhamento com as ações em desenvolvimento, sempre visando a minimização dos riscos e o pronto atendimento aos usuários de dados.
- **Performance:** Cuidará de medidas e indicadores sobre os principais processos e sua aplicação na empresa. Apontará números de incidentes, valores acumulados de multas, problemas judiciários envolvidos, problemas com processadores, evolução do número de representantes, etc.

Abordagem da Governança de Dados com GDPR

Os principais passos de uma abordagem de GD em conjunto com o GDPR são:

1. Levantar e analisar os processos de negócios que tratam dos dados pessoais. Os dados envolvidos são os dados que permitem identificação direta, indireta ou de alta sensibilidade dos proprietários de dados (DPIS), sejam clientes, funcionários,

parceiros, etc. Aqui, em função do porte do projeto, algumas áreas e dados poderão ser priorizados.

2. Identificar e catalogar, no Glossário de Negócios, os dados DPIS, com detalhamentos de ciclo de vida, envolvendo processos, dados, tipos de processamentos (criação, modificação, eliminação), regras de retenção, áreas e SME (Subject Matter Experts, especialistas no assunto) envolvidos, criticidades, sensibilidades, etc. Observe que os mesmos conceitos de 5W2H já discutidos em outros exemplos podem ser aplicados aqui no Projeto de GDPR. Por exemplo:

- Quais os dados DPIS que temos armazenados acerca de Clientes e Empregados (que são os targets do GDPR)? É o What/Which.
- Quais são as áreas e usuários que estão envolvidos e mantêm ou são responsáveis por esses dados? São os Where e Who.
- Que dados são compartilhados com terceiros? São os What/Which e Who.
- Qual a origem desses dados? Representam o Where e How.
- Ao analisar cada dado, deverá ser feita uma avaliação por especialista em direito digital, por exemplo, da base legal que sustenta o uso daquele dado. Poderá ser a finalidade a que se propõe o uso, desde que para fins legítimos, específicos, explícitos e informados para o titular. Outro ponto a ser observado é se há adequação do tratamento com as finalidades informadas, ou seja, se a intenção do uso e o tratamento são compatíveis. Também a necessidade, considerando o mínimo necessário, será avaliada com vistas à finalidade. A esses itens estão associados outros princípios constantes, atrelados ao livre acesso que os titulares deverão ter, facilitado e gratuito. Os aspectos de integralidade (dados estão todos lá), qualidade (dados estão corretos), a transparência (informações claras e precisas), segurança (aspectos de como os dados estão sendo protegidos), prevenção (aspectos profiláticos com relação a evitar danos), não discriminação (garantia de não uso de tratamentos ilícitos e abusivos) e, finalmente, a demonstração pelo agente da adoção de medidas eficazes. A figura 3 mostra um esquema simplificado de processos para aderência ao GDPR e à LGPD.

Figura 3: Esquema simplificado de processos para aderência ao GDPR e LGPD.

3. Definir uma estratégia de Privacidade, Segurança e Risco, alinhada com a Estratégia de Dados e a de Negócios da empresa. Os aspectos de Segurança e Privacidade passam a compor uma visão mais alinhada com a estratégia da organização. Por exemplo:
   - Quais são os impactos de um vazamento? Pensar em Riscos e Mitigação.
   - Alguns Ps da GD:
     - Processo de Divulgação e Conscientização sobre o problema de não aderência ao GDPR.
     - Processo de inventário e documentação dos dados existentes.
     - Processo de revisão dos planos de Privacidade existentes (se houver).
     - Procedimentos para verificar se os planos estão cobrindo os aspectos de direitos individuais preconizados pelo GDPR (requisições de informações, consentimento, "parental guide", notificação de vazamentos, eliminação de dados, Privacidade por Projeto, DPO, se requerido).
     - Processos de atendimento aos questionamentos de "data subject"/proprietários.
     - Plano de Risco e Mitigação.
4. Definir formalmente, baseado nos passos anteriores, as áreas responsáveis e gestores para os dados DPIS, atribuindo "acccountability" e responsabilidade para esses envolvidos.
5. Definir Políticas, Padrões, Processos e Procedimentos para acompanhar os movimentos do Programa GDPR na empresa.
6. Considerar na MDS, Metodologia de Desenvolvimento de Sistemas, seja ágil ou tradicional, os aspectos de "Privacy by Design".
7. Definir o P da Performance, estabelecendo medidas e indicadores de controle e de "compliance". Esses indicadores deverão ser tratados como metadados e armazenados no Glossário/Repositório dos dados e apontam para como o programa está evoluindo.
8. Considerar a integração entre Segurança e Privacidade dos dados com outras dimensões da Gestão de Dados como: Qualidade dos Dados, Gerência de Metadados, Gerência do Ciclo de Vida dos Dados e Gerência de Risco de Dados. A gerência de Qualidade dos Dados assegurará que os dados pessoais estão no nível mais atualizados e precisos. A Gerência de Metadados garantirá que os dados estão plenamente descritos com todos os seus elementos de identificação, definição e classificação. A Gerência de Ciclo de Vida dos Dados garantirá o entendimento dos processos e fluxos de dados, com a percepção de potenciais transformações aplicadas neles e suas vulnerabilidades. A Gerência de Risco garantirá que os dados estarão mantidos na estrita definição do GDPR, com controles sobre cenários de riscos (probabilidade e impacto), além de aspectos de contingência e de mitigação.

Exemplo prático

Vamos dar um exemplo real de criação de Políticas, Padrões, Processos e Procedimentos relativos ao GDPR.

Vamos considerar o artigo 15, que versa sobre o direito de acessos aos dados pelo seu titular (data subject) e diz o seguinte:

1. O proprietário dos dados terá direito de solicitar ao controlador dos dados a confirmação se os seus dados pessoais estiverem sendo processados, e, onde cabível, acesso aos dados pessoais, além das seguintes informações/ações:
   - Os objetivos do processamento.
   - As categorias de dados pessoal em questão, como dados pessoais de identificação direta, indireta, extrassensíveis, como dados de saúde, genoma, etc.).
   - Os destinatários ou categorias de destinatários para quem os dados pessoais têm sido ou serão enviados ou revelados, em particular destinatários em outros países (fora do EEE, Espaço Econômico Europeu[1], que são considerados pela UE como não capazes de prover um nível de proteção adequada[2]) ou para organizações internacionais.
   - Quando possível, o período previsto no qual os dados pessoais serão armazenados, ou, se não possível, os critérios usados para determinar aquele período.
   - A existência de direito de requisição ao controlador, de retificação ou eliminação dos dados, bem como da restrição de processamento de dados pessoais ou sua objeção ao processamento.
   - O direito de apresentar uma reclamação à Autoridade de supervisão.
   - Quando os dados pessoais não forem coletados diretamente dos seus proprietários, informar as fontes disponíveis.
   - A existência de sistemas automáticos de tomadas de decisão, incluindo "profiling", referido no artigo 22 (1) e (4) e, pelo menos nestes casos, informações significativas sobre a lógica envolvida, bem como a significância e as consequências previstas de tal processamento para o seu proprietário.
2. Quando os dados pessoais são transferidos para um terceiro país, que não a UE ou EFTA[1], ou para uma organização internacional, o proprietário deve ter o direito de ser informado das garantias, de acordo com o artigo 46 relacionado à transferência.
3. O controlador deverá prover uma cópia dos dados pessoais em processamento contínuo. Para quaisquer outras cópias requisitadas pelo proprietário dos dados, o controlador poderá cobrar uma taxa razoável, baseado nos custos administra-

---

1 Países da UE (28 membros) e países da EFTA (Associação Europeia de Livre Comércio). Tecnicamente o Reino Unido poderia implementar suas próprias regras de proteção, mas decidiu seguir o GDPR.

2 Os EUA têm um tratado especial com a UE e a Suíça, chamado Privacy Shield, com o objetivo de regular a transferência de dados pessoais entre as partes.

tivos. Quando a requisição for feita por vias eletrônicas, a informação deverá ser fornecida num formulário eletrônico, comumente usado.

4. O direito de obter uma cópia como referida no parágrafo 3 não deve afetar negativamente os direitos e a liberdade dos outros.

Ações da GD

A GD deverá, separadamente ou em conjunto com o DPO, Escritório de Proteção dos Dados, pensar em algumas ações como:

1. Definir Políticas, Padrões e Processos/Procedimentos para suportar esse artigo.
   - Políticas são definições de forma sintética e objetiva, que visam a expressão em alto nível dos objetivos e intenções relacionados àquele ponto.
   - Padrões são medidas necessárias para se estabelecer e enquadrar o controle desejado.
   - Processos/Procedimentos são o passo-a-passo detalhado sobre como alcançar os objetivos definidos nas Políticas e expressos nos Padrões. Procedimentos são partes do processo que podem ser aplicadas de forma independente em outros contextos.
     Como os artigos são correlacionados, algumas ações aqui colocadas servirão de suporte para o atendimento a outros artigos. Dessa forma, a GD deverá desenvolver:
   - Política, por exemplo, para atender às solicitações de informações dos proprietários de dados, sejam funcionários ou clientes, acerca da disponibilização de dados. Poderá haver uma ou mais políticas definidas para esse caso em particular, dependendo do tipo de solicitação ou de dados.
   - Padrões, por exemplo, considerando os diversos tipos de dados contemplados de solicitações. Por exemplo:
     - Dados considerados DPIS:
       - Nome, CPF, e-mail, número de conta bancária, etc.
       - Dados que permitam a identificação de forma indireta (CEP, sexo, data de nascimento), associada a esses dados.
       - Dados sensíveis, como informações de saúde, religião, orientação sexual.
     - Dados coletados de menores de idade (abaixo de 16 anos).
     - Dados considerados na zona cinzenta (indefinida), como endereço de IP.
     - Métricas sobre o entorno dos dados pessoais (consentimento, vazamento, etc.), conforme já discutido anteriormente.
   - Processos ou procedimentos:
     - Para os dados identificados como requeridos, que poderão ser solicitados, deverá haver processos/procedimentos de:
       - Identificação do solicitante e validação da sua solicitação.
       - Identificação do proprietário dos dados (data subject).
       - Identificação dos dados de seus proprietários.

- Localizações dos dados nas diversas fontes, como sistemas ERP, legados, BI, Analytics, sistemas de audit/trail, etc., na nuvem ou on-premises.
- Tipos de processamentos efetuados sobre aqueles dados, o que envolverá o levantamento dos dados em todos os tipos de sistemas da organização, ou seja, a realização de um glossário. Os dados poderão estar na folha de pagamento, nos sistemas de vendas, de entregas, de tratamento analítico/inferencial, etc.
- Identificação de destinatários (para quem os dados são enviados) ou de categorias de destinatários, se for o caso.
- Formas de disponibilização dos dados para terceiros ou organização internacional.
- Formas alternativas de coleta dos dados, quando realizadas através de outras fontes que não os seus proprietários.
- Período de retenção ou previsão estimada.
- Formatação dos dados para entrega, considerando que esta deverá ser feita em até um mês após a solicitação, podendo, em casos especiais solicitados, se estender até por mais de 2 meses.
- Envio de informações e confirmação de recebimento.
  - ◆ Poderá haver diversos tipos de requisição:
    - Somente a informação e seus objetivos de processamento.
    - Procedimentos para retificação, restrição, eliminação, objeção.
  - ◆ Informações necessárias para a reclamação junto à Autoridade de supervisão.

Os outros Ps da GD poderiam ser considerados neste contexto: **Pessoas e Papéis**, com a nomeação do responsável final (accountability) pelo projeto de GDPR; os participantes do Escritório de Proteção de Dados (DPO); os responsáveis pelos dados (gestores de dados de negócios) e pelos Sistemas (gestores de dados técnicos); os envolvidos na empresa Processadora, caso haja; os envolvidos com as Autoridades de supervisão, etc. Além desses, as Plataformas evidenciariam as diversas camadas de tecnologias (sistemas e bancos de dados), onde os dados são processados ou armazenados. Também o P da **Performance** estaria presente nos indicadores numéricos que evidenciam as ações de preparação do ambiente, de mitigação ou de contingência dos riscos. Isso tudo estaria definido num **Programa** (visão contínua) ou em **Projetos**, com ações planejadas para certos períodos. As ações de marketing poderiam ser baseadas em **Princípios** organizacionais centrados na melhor forma de atendimento e respeito aos dados de seus clientes e funcionários.

Conclusão

A entrada em vigor, a partir de 25 de maio de 2018, do GDPR certamente mudou o patamar da governança de dados já praticada na Europa. Nos EUA, onde grande parte de empresas de consultoria de âmbito internacional estão localizadas, esse exigente protocolo de Segurança e Privacidade já começou a ser profundamente discutido e já está na tela de radar das empresas de consultoria em dados. Essa tendência deverá ser seguida por outros países, que se fortalecem, nesse momento, com o desenvolvimento de práticas de Gestão de Dados, como a China, África do Sul, Austrália e Nova Zelândia. Empresas brasileiras com mercado global deverão se preparar para esse novo momento.

A norma GDPR é muito ampla e detalhada e, por isso, traz complexidade. Ainda restam dúvidas sobre os seus efeitos e, certamente, somente depois da sua aplicação e prática intensa é que a norma será lapidada. O escopo territorial é um dos pontos mais difíceis de interpretação, misturando controladores, processadores e terceiros contratados, como serviços de nuvem, serviços médicos estrangeiros, etc. Uma pesquisa feita em 2017, pela Veritas Technologies e publicada no site da UE, aponta que 47% das empresas ainda têm grandes dúvidas sobre o Regulamento. E isso me parece que irá prevalecer.

Em junho de 2017, em San Diego, na Califórnia, quando participava da Conferência de Governança de Dados e Qualidade da Informação (DGIQ), fiz, numa sessão sobre GDPR, a seguinte colocação: "Suponha que um funcionário italiano de uma montadora multinacional esteja em BH durante um período para certos serviços na planta de lá. Suponha que, por um problema de saúde, ele é atendido para tratamento num hospital de lá. O cidadão é italiano, os dados sobre ele ficarão registrados nos BDs daquela rede mineira de hospitais. Minha pergunta: Essa rede de hospitais estará sob as regras do GDPR?" A sutileza aqui é que o hospital não está no território da UE e nem possui uma filial lá, por exemplo, e isso sugere a sua desobrigação com relação ao GDPR. Porém o cidadão é da UE e residente lá. Naquela ocasião conversei com quatro especialistas em GDPR presentes e, para minha surpresa, não houve consenso. Dois deles me argumentaram que o hospital mineiro não estaria sob as regras do GDPR e dois apontaram que sim. A complexidade do escopo territorial pode ser observada nas próprias respostas encontradas no site da UE, na seção de Perguntas Frequentes. Veja essa dúvida e sua resposta: "O GDPR se aplica somente aos países da UE?". A resposta, em inglês, que interpreto a seguir:

> *Whilst the GDPR is a European Union regulation, it doesn't just apply to those countries in the EU. Even if controllers and processors of data are based outside of the EU, if they are dealing with data belonging to EU residents, then they will have to comply with the General Data Protection Regulations. Essentially, that means any company doing business in the EU will have to comply with GDPR.*

Observe que a primeira parte da resposta sugere que o GDPR não se aplica somente a países da UE, logo ao Brasil poderia se aplicar também. Logo a seguir, ela fala que mesmo que os controladores e processadores de dados estejam fora da UE e estejam tratando dados de residentes, caso do nosso visitante italiano, também se aplica. Entretanto, a frase que se segue joga dúvida, pois fala que, na essência, qualquer companhia que esteja ***fazendo negócios na UE*** estará subordinada a sua aplicação, o que não é o caso. Seria, caso o hospital em questão tivesse um estabelecimento em qualquer país da União e isso parece convergir para o entendimento prevalente de que o hospital não estaria sob o GDPR. Mas e se aquele visitante italiano tivesse um plano de saúde europeu (ou de viagem) que cobrisse esses eventos médicos em qualquer lugar do mundo? Seria diferente? Poderia-se considerar agora que o hospital mineiro seria um "processador" subcontratado pelo "controlador/processador italiano-plano de saúde europeu"?

Essa dúvida me foi esclarecida pelo advogado especialista em direito digital Frederico Felix, com bastante razoabilidade: Parece que a Seguradora sim estaria sob a lupa do GDPR, pois oferta seus serviços na UE. Já o hospital não faz isso diretamente. Poderia estar, se fizesse parte do grupo da Seguradora, ou marcasse presença, via mídia digital, com um site, em várias línguas da UE denotando intenção de negócios com a UE ou caso houvesse um contrato explícito (entre Hospital e Seguradora) que definisse o hospital sob as regras do GDPR. Caso contrário, o Hospital não estaria na cadeia de fornecedor da Seguradora, como há no código de consumidor, onde existe a responsabilidade solidária (quem vendeu para quem vendeu para quem te vendeu, tem responsabilidade sobre o defeito do produto que você recebeu).

Essas dúvidas estão sendo gradativamente removidas, embora algumas zonas cinzentas permaneçam. A síntese do escopo territorial, hoje já com um certo entendimento consensado, seria a seguinte, obtido em discussões com advogados, como Frederico Rocha Felix e Pedro Soares:

PONTOS DE ATENÇÃO

1. Empresas brasileiras que estejam localizadas ou representadas na UE e que processem dados pessoais (sejam de identificação direta, indireta ou dados sensíveis) de cidadãos lá localizados estarão sob a lupa do GDPR. Independentemente de onde esses dados serão processados. O ponto é onde os cidadãos estão localizados (na UE) e a coleta dos dados.

2. Empresas que não estejam localizadas ou representadas na UE e que ofereçam produtos e serviços que alcancem os seus países estarão elegíveis para o controle caso o façam por meios eletrônicos (website, e-mails, etc.), com caracterização de marketing direto, tratando aquela oferta na língua do país alcançado e com serviços cobrados em moeda daquele país. Outros fatores que caracterizem essa intenção de oferta de "venda" poderão ser analisados, como a vocação internacional daquele tipo de negócios (turismo, hospedagem, etc.), telefones com códigos internacionais, uso de domínio no topo do endereço de internet com identificação de países europeus e menção de clientes existentes em países da União.

3. Um ponto que se fortalece na eliminação de dúvidas é a consideração do aspecto de onde o dado é coletado. Os dados pessoais coletados no ambiente físico-geográfico da UE definem a necessidade de "compliance" com GDPR. Os dados

coletados (de uma pessoa) da UE, fora da circunscrição geográfica da União, não serão considerados. Parece ser o caso do exemplo sobre o italiano que vem à BH e é atendido numa rede de hospitais, cujos dados pessoais são coletados no Brasil. Os dados coletados, via contatos virtuais, seguem os pontos discutidos, centrados na intenção ou não na oferta de venda.

4. Além do critério de caracterização de oferta de bens e serviços, também os aspectos de "monitoração" de comportamentos, visando a inferência de suas preferências e atitudes deverão ser considerados. Aqui há algo complexo, pois a monitoração poderá ser feita através de "ads", que criam perfis baseado nas ações do cliente. No âmbito do GDPR, o conceito de profiling e monitoração. No fundo, a preocupação é também com a análise automática visando a predição de comportamentos, localização, confiabilidade, preferências pessoais, saúde, situação financeira, desempenho, etc. Esse ponto deverá ser analisado pelas empresas com certo cuidado.

5. A dúvida existente inicialmente sobre os conceitos de aplicação somente para cidadãos da UE e/ou residentes na UE parece se diluir. Como o direito à proteção é considerado um direito fundamental, o GDPR deverá ser aplicado para todos que estejam dentro do escopo das leis da UE, independentemente de nacionalidade, naturalidade, residência ou domicílio. Os cidadãos do Espaço Econômico Europeu que envolve os países membros da UE e Noruega, Islândia e Lichtenstein também estarão sob a proteção do GDPR. No fundo, até um turista brasileiro que esteja na Europa e tenha os seus dados coletados estaria também protegido, pois está momentaneamente sob a guarda da lei europeia, que considera a proteção ao direito uma lei fundamental. Esse exemplo ilustra a complexidade e a profundidade de detalhes do Regulamento, que deverá ser dissecado gradativamente para o seu pleno entendimento.

6. Empresas pequenas, com menos de 250 funcionários, terão certos requisitos atenuados: não será necessário ter documentação sobre o "porquê" do processamento (por que os dados estão sendo coletados e processados, qual informação você está armazenando e por quanto tempo). Não será requerido a lista de atividades de processamento, a menos que isso implique em riscos para o direito e a liberdade dos titulares dos dados.

GOVERNANÇA DE DADOS E A LGPD: LEI GERAL DE PROTEÇÃO DE DADOS

INTRODUÇÃO

Em 10 de julho de 2018, seguindo a tendência do movimento europeu de proteção aos dados, foi aprovado o PLC n. 53/2018, que depois se tornou a Lei n. 13.709, de 14 de agosto de 2018, denominada LGPD, Lei Geral de Proteção de Dados. Com 18 meses para ser implementada, a LGPD chegou para igualar o Brasil aos outros países do mundo, que possuem uma legislação focada na proteção dos dados pessoais. Com conceitos muito próximos do GDPR, a lei brasileira deixou em aberto alguns pontos a serem definidos até a sua entrada em vigência.

Principais pontos:

- A legislação brasileira está dividida em 10 capítulos e o seu "core" trata de maior garantia para os dados dos cidadãos, assegurando o direito à privacidade e à proteção dos seus dados pessoais. Isso se deve ao desenvolvimento de uma sociedade digital e do volume e portabilidade dos dados processados, onde cada cidadão torna-se "bitficado" pelo conjunto de dados coletados direta ou indiretamente a seu respeito. Essas regras garantirão a livre iniciativa de escolha e a plena defesa como consumidor, além de instilar maior confiança na sociedade que coleta e processa os seus dados pessoais e sensíveis.
- O Brasil, via LGPD, se posiciona como um país pronto para trabalhar de forma uníssona e cooperativa com outros países onde os dados já são tratados com essa capa protetora de segurança e privacidade. O GDPR, por exemplo, impôs regras para as empresas brasileiras que atuam em qualquer dos 28 países da UE, que foram obrigadas a se adaptarem, sob pena de multas ameaçadoras. Além disso, trouxe restrições na transferência de dados de cidadãos europeus para países que não possuem uma legislação adequada sobre dados.
- A LGPD virá através de regras claras, práticas, seguras e transparentes que regulam a coleta, armazenamento, tratamento e compartilhamento de dados pessoais que permitam, de forma direta ou indireta, a identificação de um cidadão, além de dados considerados sensíveis.
- A LGPD prevê o escopo territorial nos moldes do GDPR, definindo aplicação extraterritorial, quando a lei supera os limites geográficos do país. Toda empresa que tiver uma filial no Brasil ou oferecer serviços no Brasil e coletar dados de pessoas naturais *aqui localizadas* estará sujeita ao seu rigor. Ver figura 4.

Figura 4: Visão de escopo territorial da LGPD

- A LGPD permitiu, de certa forma, a agilização da entrada no Brasil em organizações internacionais, como a OCDE, Organização para a Cooperação e Desenvolvimento Econômico, uma das primeiras a se preocupar com a regulação de dados pessoais, em função de transferências internacionais, presentes em muitos modelos de negócios bilaterais entre países.

- A LGPD legisla sobre transferência internacional de dados até para países considerados não adequadamente preparados neste assunto. A autorização para transferência seguirá o conceito de que os consentimentos deverão ser bem específicos para atender objetivos explícitos. Semelhantemente ao GDPR, a transferência poderá ser certificada por selos e mecanismos oficiais emitidos pela Autoridade nacional.

- O dado pessoal é definido como a informação relacionada à pessoa natural identificada ou identificável, como o nome, CPF, carteira de identidade, etc. É importante observar que, com o avanço das técnicas analíticas e de IA, alguns elementos de dados que, em separado, não são considerados identificáveis, poderão sê-lo quando submetidos a algoritmos e conjuntos de dados. Por exemplo, conforme já citado anteriormente no GDPR, há referências que CEP, sexo e data de nascimento, quando tratados em conjunto e dependendo da amostra de dados, poderão se transformar em dados identificáveis.

- Os dados sensíveis se referem a dado pessoal, passíveis de suscitar constrangimento ou discriminação, como origem racial ou étnica, convicção religiosa, opinião política, filiação a sindicato ou organização de cunho religioso, filosófico ou político, dado referente à saúde, genética ou biométricos, quando vinculados a uma pessoa natural.

- Os dados poderão ter sido obtidos através de quaisquer meios como papel, eletrônico, informático, som e imagem.

- A adesão se dará quando o tratamento de dados pessoais for condição para fornecimento de produto ou serviço, o que demandará que o titular seja claramente informado.
- O escopo de aplicação da LGPD será multissetorial, tanto na esfera pública quanto privada e no ambiente online ou offline.
- O conceito de dados públicos, dentro da LGPD, define como os constantes em bases geridas por órgãos públicos, publicações oficiais e cartórios, ou tornados públicos expressamente por seus proprietários, através de redes sociais. A restrição é através da imposição de uso limitado às finalidades que ensejaram o ato de tornar público aqueles dados.
- O conceito de consentimento estabelece o direito legal ao processamento dos dados dentro de legítimos interesses explicitados. Como as leis trazem sempre em si os aspectos cinzentos da interpretação, há que se ter cuidado com as regras formuladas. Por exemplo, o consentimento concedido inequivocamente é uma forma forte e legal de permissão do uso dos nossos dados. Entretanto, quando se defronta com colocações como a que o dado poderá ser usado no "legítimo interesse", isso poderá suscitar dúvida sobre outras formas de uso, eventualmente não explicitadas no arcabouço do consentimento. A lei também traz o uso da palavra "razoáveis" como "prazos razoáveis" ou "métodos razoáveis", o que, certamente, será analisado pelo agente regulador, baseado no equilíbrio entre a intenção de uso "razoável" pelos responsáveis/operadores e os direitos dos titulares dos dados.
- Os envolvidos no ambiente da LGPD são semelhantes aos do GDPR:
  - Responsável: Entidade ou pessoa responsável pelo planejamento e uso dos dados. Corresponde ao Controlador no GDPR.
  - Operador: Entidade ou pessoa que, por contrato, processa os dados em nome do responsável. Corresponde ao Processador no GDPR. As responsabilidades sobre os itens da LGPD poderão estar definidas no contrato entre as partes.
  - Autoridade Nacional de Proteção de Dados (ANPD): Órgão competente com autoridade de controle sobre a aplicação da LGPD, podendo, inclusive, aplicar punições (suspensão e proibição) e solicitar revisão (por pessoas) em decisões de dados automatizadas. Deveria ser uma autoridade pública autônoma e independente para exercer as atividades de supervisão da aplicação da lei, mas foi estabelecida com uma vinculação transitória à Presidência da República. A ANPD deverá receber, em prazo razoável, dos operadores/controladores, as informações sobre vazamentos e invasões. Dependendo da criticidade do incidente, a empresa deverá notificar os envolvidos e impactados naquele caso. A ANPD poderá credenciar outras entidades, empresas e órgãos para trabalharem na certificação dos processos de segurança e privacidade desenvolvidos nas empresas. A LGPD também prevê a criação de um Conselho Nacional de Proteção

de Dado Pessoais e da Privacidade, com perfil consultivo e multissetorial que poderá propor diretrizes, estratégias e estudos sobre o tema.

- Pessoa natural: corresponde à pessoa sobre os quais os dados foram coletados e estão passíveis de tratamento. Tem a mesma correspondência no GDPR (natural person).
- Encarregado: Pessoa natural indicada pelo controlador para atuar como canal de comunicação entre ele, os titulares e a ANPD. Tem certa correspondência com o DPO, no GDPR. Deverá ser o responsável na organização pelo cumprimento das regras previstas na LGPD e orientar e treinar as equipes envolvidas nos processos de adequação. Trabalhará fortemente ligada à governança de dados e, no futuro, a Autoridade Nacional poderá definir normas específicas de conduta para essa pessoa ou equipe.
- Representante: Aquele que tem o direito instituído de representar um responsável ou operador num contexto geográfico determinado.

- Os princípios gerais que balizam a LGPD são:
  - Definir claramente a finalidade e a necessidade do tratamento dos dados.
  - Agir com transparência, garantindo segurança aos dados, não discriminação no seu uso e assumindo responsabilidades e prestações de contas, via avaliações oficiais.
- Os aspectos relacionados a menores e adolescentes, manifesto na seção III, artigo 14, não explicitam a idade diretamente, como o GDPR, mas citam a legislação vigente. Nela, a referência indireta é ao Código Civil, que estabelece menores de 18 anos.
- Os direitos envolvidos na LGPD são semelhantes aos do GDPR:
  - Direito ao acesso de seus próprios dados.
  - Direito à explicitação de uso por consentimento inteligível e ao seu cancelamento a qualquer momento por procedimento gratuito e facilitado.
  - Direito à retificação dos dados.
  - Direito ao cancelamento ou à exclusão dos dados.
  - Direito à notificação de vazamentos e violações de dados.
  - Direito à explicação da intenção de uso de seus dados.
  - Direito à oposição ao tratamento preconizado para os dados.
  - Direito ao conhecimento de como os seus dados estão sendo processados.
  - Direito ao esquecimento (eliminação) dos dados, caso sejam cumpridas as regras para tal.
  - Direito a portabilidade dos dados.
  - Direito a requisição de uma cópia dos dados, recebendo-os em um formato interoperável.
  - Direito à Privacidade por Projeto. Esse item, bem detalhado no GDPR, aparece na LGPD, manifestado de forma genérica no artigo n. 46, parágrafo 2,

da seguinte forma: ***As medidas de que trata o caput deste artigo deverão ser observadas desde a fase de concepção do produto ou serviço até a sua execução.***

- Direito às técnicas de anonimização de dados, que é definida como mecanismo que não permita a identificação via meios técnicos razoáveis e disponíveis na ocasião do seu tratamento. A LGPD clareou a definição de pseudonimização, apresentando um conceito mais amplo, conforme emenda 59, da MP 869/18.
- As multas estabelecidas:
  - LGPD: 2% do faturamento bruto da empresa, no último exercício, limitado a R$50 milhões de reais.
  - GDPR: 20 milhões de euros ou de 1 a 4% da receita anual do último exercício, o que for maior.

GOVERNANÇA DE DADOS E A LGPD

Os procedimentos necessários à preparação de uma empresa para a LGPD correspondem ao conjunto de Ps da GD, discutidos no GDPR. Políticas, Padrões, Processos, Procedimentos e Pessoas com papéis deverão ser definidos na fase de preparação e manutenção da empresa para os aspectos da LGPD. Um dos pontos claramente exigidos se refere ao Relatório de Impacto na Privacidade, o Data Protection Impact Assessment. Elemento que compõe a gerência de risco, esse documento deverá conter a descrição dos processos de tratamento de dados pessoais passíveis de riscos, bem como o plano das respectivas atividades de contingência e mitigação. Isso poderá ser demandado pela ANP, quando o tratamento dos dados for baseado na premissa do legítimo interesse. Também dentro do processo de GD, deverá existir o Registro das Atividades de Tratamento dos Dados Pessoais. Isso está relacionado ao conceito de Gerência do Ciclo de Vida dos Dados (DLCM), ou seja, o mapeamento de todas as atividades (processos) por onde os dados pessoais passam e são tratados, desde a coleta até sua exclusão. Deverão fazer parte das informações registradas no DLCM os dados pessoais e seus tipos, a base legal que dá consistência ao seu uso, a explicitação clara de suas finalidades de processamento, as práticas de segurança de dados envolvidas (criptografia, anonimização) no sistema de armazenamento, o tempo de retenção previsto e suas permissões de compartilhamento.

RESUMO DA ÓPERA

Em resumo, é nítido que três fatores prevalecerão, de início: o primeiro será a dificuldade clara de supervisão e controle de eventos acontecidos no âmbito do GDPR e da LGPD e a capacidade das Autoridades de Supervisão/equivalentes de os alcançarem. A segunda será a evolução e lapidação natural dessas normas tão amplas e detalhadas, com as suas sutilezas sendo resolvidas à medida em que começarem as suas vigências. O GDPR começou em maio de 2018 e a LGPD está planejada para agosto de 2020.

As normas apresentam pontos que são muitos claros na formalização das suas exigências, outros que são claros na não necessidade de sua adoção e alguns que habitam uma zona cinzenta de dúvida. As empresas deverão se posicionar num patamar sem histeria, mas ciente de que muita coisa precisará ser feita para a sua adequação, em qualquer uma delas. A empresa que tem o escopo territorial que abrange o Brasil e a UE poderá unificar os projetos pela similaridade entre os dois. Começar a se preocupar o quanto antes é uma demonstração de responsabilidade organizacional. A completa omissão sobre o problema pode ser custosa e até impactante. É bom observar o GDPR (se for o caso) e a LGPD com bastante atenção, pois as multas são assustadoras em ambos os casos. Por um lado, pelo GDPR, estamos falando do poderoso conglomerado de países do primeiro mundo, chamado União Europeia. Do outro lado, pela LGPD estamos falando do Brasil...

Observação:

Todas as informações contidas aqui neste capítulo foram frutos de estudo, pesquisa, conversas e participação em seminários nacionais e internacionais sobre o tema GDPR e LGPD, tanto do autor, como dos seus colaboradores neste assunto particular. Elas, em nenhuma hipótese, em função das generalidades das regras e de possíveis interpretações diferentes, deverão ser consideradas como verdade absoluta sobre o assunto, embasando decisões críticas. Essas deverão ser analisadas por escritórios e profissionais especializados em Direito Digital, no momento adequado.

A LGPD pode ser acessada no endereço: http://www.planalto.gov.br/ccivil_03/_ato2015-2018/2018/lei/L13709.htm

CAPÍTULO 6
GOVERNANÇA/GERÊNCIA E A ÉTICA NOS DADOS

A Governança de Dados deverá estender seus corpos de conhecimento em direção a um patamar que deverá tratar a ética no uso de dados. O próprio DMBoK® V2, conforme discutido aqui, já dedica uma forte consideração a esse novo tema. Na realidade, a ética de dados se inicia quando a Governança e Gerência de Dados são convocadas para a interação com aspectos de Segurança e Privacidade e será potencializada com o crescimento dos conceitos de Big Data, IoT e Ciência de Dados. A chegada do GDPR e da LGPD já está produzindo, nas empresas mais atentas essa aproximação entre Segurança e Governança de Dados, com o encaixe de processos de Governança. Além disso, a chegada de Big Data, IoT e Ciência de Dados deverá potencializar essa necessidade, na medida em que teremos um volume maior, mais variado e mais difuso de dados de clientes, empregados, etc., só que agora agravado por outras variáveis como as decisões passíveis de serem produzidas por algoritmos frios de "machine learning", e, consequentemente, com possibilidades de resultados que poderão implicar em embaraços, desconfortos ou prejuízos para pessoas. Recentemente fiz dois cursos EAD sobre o tema Ética nos Dados: um na Universidade de Michigan, com o título "Ethics on Data Science"[1] e outro na Universidade de Seattle, "Ethics and Law in Analytics and AI"[2]. Ambos somaram muito às minhas percepções sobre o tema quando mergulhei no DMBoK® V2 e vi esses conceitos ganharem destaque. Nesse capítulo falaremos com mais detalhe sobre esses pontos.

---

1 DS101x: Ethics on Data Science, com H.V. Jagadish. Michigan University. Outubro 2017.

2 DAT249x: Ethics and Law in Analytics and AI, com Geneva Lasprogata, Nathan Colaner e Ben Olsen. Novembro 2017.

O QUE É ÉTICA?

A definição de ética é até relativamente simples. Ética é aquele conjunto informal (no sentido de que não está oficialmente escrita) de regras que nos leva a discernir entre o certo e o errado, fronteira por vezes não tão claramente definida. Por exemplo, a ética nos faz entregar no setor de Achados&Perdidos um celular encontrado no shopping ou uma carteira cheia de dinheiro e documentos achada na poltrona do cinema. A Ética difere de legislação, pois esta tem um certo ordenamento jurídico, definido, controlado e aplicado. A ética difere também de religião, onde prevalecem credos e crenças, que, aliás, junto com a legislação, ajudam na lapidação dos preceitos éticos. Essas fronteiras da ética não são claramente definidas e percebidas, podendo variar com fatores de cultura, educação, criação, etc. Por exemplo: furar a fila do cinema é uma atitude antiética, mas não necessariamente ilegal. Por outro lado, se você socorrer alguém, à beira da morte, num terrível acidente de trânsito, com impossibilidade de assistência médica imediata e decidir levá-lo a um hospital perto, seguindo na contramão (por impossibilidades variadas no contexto), você estará sendo ético, mas tendo uma atitude ilegal (transitar na contramão). Por isso, essas fronteiras se complicam quando chegamos aos dados. No ambiente organizacional, com os dados em crescimento e os sistemas de IA sendo desenvolvidos, muitos dos conceitos de ética deverão ser considerados, avaliados e definidos. Por exemplo:

1. É ético a sua provedora de serviços online de vídeos e stream saber dos nossos movimentos na sala de TV (através da mensagem "Tem alguém assistindo aí?"), além de conhecer, pelos nossos dados acumulados, todas as nossas preferências de séries e filmes? Saber qual o capítulo que foi o desmotivador ou o gancho que te prendeu àquela série? Ter mapeado o seu perfil de gosto, compra, hábitos de assistir, etc.? Pelo lado positivo, sugerem títulos mais prováveis para o gosto dos cinéfilos e isso ganha certo valor de retorno.

2. É ético os leitores inteligentes de energia (smart meters) terem os dados que poderão ser usados para inferir sobre a hora em que dormimos, tomamos banho, quando viajamos, ou o consumo de nossos utensílios domésticos? Os de fornecimento de água terem ideia sobre o momento de maior consumo, como, por exemplo, quando damos um "flush" no "toilet"? Pelo lado positivo, vem a percepção de possíveis vazamentos quando uma indicação de consumo anormal é detectada.

3. É ético o FB conhecer todas as nossas informações de relacionamento na rede social e escolher os "feeds" mais adequados que chegam na nossa linha de tempo? Pelo lado positivo, receberemos teoricamente coisas mais do nosso agrado.

4. É ético os grandes data brokers, ou agências de crédito, terem informações sobre cada um de nós, dos nossos movimentos de pagamento, inadimplência, créditos etc. e venderem para uma empresa que está avaliando a nossa admissão no novo emprego? Pelo lado positivo, você, como empregador, terá milhares de pontos de

dados acerca de pessoas que você analisa para trabalhar com você e poderá tomar uma decisão melhor.

5. É ético que posts "mal colocados" por você no FB, Twitter, etc., possam ser elementos de avaliação de sua conduta?

6. É ético que os nossos dados de pesquisa nos sites de busca sejam mantidos e tratados cuidadosamente, possibilitando revelações sobre nossas doenças, posições políticas e opções pessoais de cada um? Pelo lado positivo, não pagamos nada para acessar a maior enciclopédia já desenvolvida na história da humanidade.

7. É ético as operadoras de telefonia terem a completa trilha do seu celular ao longo do dia, na medida em os aparelhos fazem um "ping" com as torres, e podem saber por onde você anda, a que horas você vai e volta do trabalho, ou até as incursões noturnas em nome do futebol com os amigos? Pelo lado positivo, vários crimes ou desaparecimentos de pessoas foram elucidados com informações dos celulares.

O tema é controverso e há algumas referências muito boas sobre esses aspectos de privacidade, que, no fundo, nos levam à reflexão sobre a ética dos dados. Já li os dois livros e recomendo: *No Place to Hide* (2005), de Robert O'Harrow Jr, e *Delete: The Virtue of Forgetting in the Digital Age* (2009), de Viktor Mayers-Schönberger.

Assim, a ética, nos próximos anos, deverá ser um importante elemento avaliado no contexto de dados da empresa, e a GD deverá estar presente. O Gartner Group aponta que 50% dos problemas relacionados com ética de negócios serão originados do uso impróprio/inadequado dos dados. Portanto, a Governança e a Gerência de Dados terão alguns de seus pilares modificados quando chegarem os conceitos de Big Data, IoT, IA e Ciência de Dados. Depois dos arquitetos de dados, gestores de dados, projetistas de dados, modeladores de dados, custodiadores de dados, poderemos ter os psicólogos ou psiquiatras orientando sobre o uso de dados.. Fiquem atentos...

FATORES ÉTICOS SOBRE O USO DOS DADOS

Vários fatores circulam em torno desse tema e podem diretamente afetar o senso de ética no uso dos dados. Esses pontos, depois de devidamente analisados, deverão compor Princípios e Políticas de dados das empresas, caso estas considerem a ética como elemento pertinente, com a chegada desses novos movimentos de dados.

Alguns fatores são muito importantes de serem considerados, quando pensamos em ética. Por exemplo:

- Propriedade dos dados
- Privacidade dos dados
- Validade dos dados
- Corretude e equidade (dos algoritmos) usados na análise.

Embora discutidos em separado, esses fatores se entrelaçam, na medida em que o conceito de privacidade, por exemplo, pode ser afetado pelo senso controverso de propriedade dos dados, pela validade dos dados usados ou até pela corretude ou imparcialidade dos algoritmos de aprendizado de máquina aplicados nas suas análises. Vamos discutir cada um.

PROPRIEDADE DOS DADOS

Aqui começa a polêmica. Quem são os proprietários dos dados?

- Os dados de sua pesquisa na caixa de *search* de um buscador pertencem a você ou a plataforma de pesquisa? Você foi, no mínimo, o produtor daqueles dados de entrada. Nasceram por sua necessidade/inspiração/curiosidade. As respostas recebidas até foram produzidas pelos algoritmos do buscador, mas as questões "drivers" da busca foram suas. A localização é sua, o endereço IP é seu. A quem pertencem então?
- As imagens de segurança de um supermercado que flagram você e seus filhos caminhando pelos corredores em busca de uma lata de leite condensado. Hoje, com o desenvolvimento de técnicas elaboradas de identificação facial, aquelas imagens podem levar até você, sua identificação pessoal, com alto grau de precisão. Pertencem a você, que está flagrado, ou ao supermercado que gravou?

Algumas considerações sobre propriedades de dados já existem em outros domínios. Por exemplo, quando uma biografia é escrita, a quem pertencem os direitos? Ao biografado ou ao escritor? Caso não haja no conteúdo algo que desabone o biografado, não poderá haver nenhuma objeção legal, mesmo que seja uma biografia "não autorizada". A fronteira entre a liberdade de expressão do autor e os dados do biografado é algo que pode ser complexo. Há vários casos na indústria literária brasileira sobre problemas entre autores e biografados ou seus descendentes.

Em 2005, um conhecido escritor nacional foi, por uma obra que versava sobre uma agência de publicidade famosa, contestado na Justiça por um senador e isso virou polêmica. Em 2006, um dos maiores ídolos da música popular brasileira teve um problema com um autor de sua biografia não autorizada, quando o cantor sentiu violada a sua privacidade por fatos relativos à sua infância. E, também em 2006, um famoso escritor e biógrafo brasileiro teve um embate com as filhas de um dos maiores jogadores da história do nosso futebol quando escrevia a biografia dele. Em 2015, o STF liberou esse direito, por decisão unânime, apontando que as reparações somente poderiam vir no caso de abusos ou ultrajes eventualmente acontecidos. Não esqueçamos que um livro biográfico é uma coleção de dados de alguém. Por outro lado, aumentando o espectro de complexidade do assunto, um livro de sua autoria é comprado e colocado numa biblioteca pública ou de uma instituição. Você, como autor, recebeu por um único volume pago, mas dezenas ou centenas de pessoas poderão lê-lo, sem lhe dever direitos pelo consumo/uso de algo que você produziu. A Wikipédia, por sua vez, é uma espécie de enciclopédia digital escrita por milhares de autores, que não tem nenhum direito de propriedade sobre ela. Há alguns sites em que grande parte do conteúdo é produzido com os dados escritos especialmente para eles, via críticas e opiniões (Reclame Aqui, TripAdvisor, Rotten Tomatoes, etc.). Eles faturam com os dados dos outros e não há pagamento direto por isso.

A propriedade dos dados bem qualificados é algo que representa também valor direto e "monetizável" sobre esses tipos de ativo. A Microsoft comprou o LinkedIn, dentre outros motivos, por causa dos 200 milhões de registros dos nossos perfis (escritos por cada um de nós). A IBM comprou a Weather Company, por US$2 bilhões, devido aos bilhões de registros de meteorologia e também aos milhares de registros de grandes clientes que os utilizam. Mas as coisas nem sempre são tão lineares assim. Por exemplo, a quem pertence os registros de dados de uma companhia que faliu e não existe mais? A RadioShack, outrora grande rede americana de lojas de eletrônicos, pediu falência quando foi vendida e rendeu esse imbróglio. A quem pertenceria os milhões de registros de clientes que ela armazenava? Somente depois de um arranjo jurídico complexo, que envolveu opt-in/opt-out dos clientes, é que a questão foi resolvida, com a transferência dos bancos de dados para a empresa compradora. Mas o sentido de propriedade dos dados pode ser ainda mais controverso.

Há sites na Internet que vendem dados embaraçosos sobre pessoas. Neles aparecem fotografias oficiais tiradas pela polícia para registrar o autor de um suposto ilícito. Lembrem-se que essas fotos, de frente e de lado, são elementos obrigatórios para compor o ato da apreensão policial temporária, mas que não representam, necessariamente, uma culpa ou condenação. Mas são extremamente devastadoras e o pior: são dados públicos (nos EUA), e, portanto, passíveis de acesso por qualquer um. Num dos exemplos pesquisados, aparecem os *mugshots* de uma famosíssima atriz de Hollywood, filha de um megastar do cinema dos anos 50, outro de um famoso apresentador de uma grande rede de TV americana, hoje aposentado, outro de uma das mais importantes figuras do mundo da tecnologia, presente na lista Forbes dos mais ricos do mundo, outro do considerado, por muitos, como o maior cantor de todos os tempos e de uma estrela emergente do show business jovem, cantor adorado pelas teens. Essas fotos circulam livremente pela internet, juntamente com a de outros famosos.

Embora controversos, a reprodução desses dados, a partir de uma fonte lícita (Departamento de Polícia) em sites que agregam mugshots (nome das fotografias de frente e lado, normalmente tiradas em situações de prisão), não representa crime. Hoje há mais de 80 sites desses na internet. Embora polêmicos e possíveis de produzir altos danos, a publicação desses dados é defendida por jornalistas e movimentos sociais de livre expressão, além de ser considerada legal pela Suprema Corte Americana. A sua proibição entraria em conflito com a Primeira Emenda da Constituição, que fala sobre a livre expressão, quando considera que a publicação de dados públicos é pura manifestação de liberdade.

Soma-se a isso o argumento positivo de que esses sites estariam prestando um serviço à comunidade, pois mostram publicamente pessoas que estão (ou estiveram) envolvidas em algum ilícito e que poderiam ser a babysitter de sua filha, o professor particular de seu filho ou o fisioterapeuta dos seus pais.

O problema desses sites, com certa propriedade sobre os seus dados, é que eles cobram taxas para a remoção da sua foto. Variando de US$50 a US$500, essas taxas, em tese, serviriam para a deleção das fotos do seu acervo. O grande problema, entretanto, se concentra no fato de que essas fotos já poderão estar espalhadas em dezenas deles e aí as coisas complicam. O livro *Delete: The Virtue of Forgetting in the Digital Age* (Schönberger)[3] fala exatamente sobre isso: a internet nunca esquece... Embora os sites de mugshots argumentem que todas as solicitações de remoção serão devidamente analisadas e feitas gratuitamente para aqueles que comprovarem casos encerrados, absolvições, etc., o problema é sério. Tão sério que hoje já existe um conjunto de sites que se dizem especializados em limpar os seus *mugshots*. Alguns estados americanos se movimentam para, via legislação, apertar o cerco sobre isso, mas os resultados são lentos. Até 2013, somente os estados do Oregon, Georgia e Utah tinham projetos de lei em sua esfera política para tentar regular esses que são considerados elementos da indústria do constrangimento. De lá até hoje houve pouca evolução nesse segmento. Isso exemplifica, de forma simples, a complexidade existente no miolo do conceito de propriedade dos dados. Dentro de um ambiente organizacional, chegará o momento em que caberá à Governança/Gerência de Dados, quando pertinente, um olhar atento sobre o DLCM, Data Life Cycle Management, por exemplo, e os aspectos de privacidade e ética sobre eles. A ideia de DLCM, presente nas melhores práticas de dados, tem exatamente esse objetivo de analisar, regular e documentar as diversas fases da vida dos dados, inclusive a sua eliminação/descarte. Agora, entram também nesse olhar os aspectos de violação, prejuízos e danos que os dados poderão causar, em tese, àqueles que seriam seus próprios donos.

Resumo

A privacidade talvez seja o elemento, dentro do senso ético, que mais preocupação tenha trazido à sociedade digital. A coleta de dados é fácil de ser feita e normalmente é inofensiva, mas o uso e a (falta de) proteção e controle podem ser desastrosos. A premissa de que os dados na internet são para sempre é também assustadora, conforme aponta Schönberger. Parte disso, se deve ao próprio usuário, que se expõe e "se esquece de esquecer" os seus dados. Parte disso também se deve ao "business" de algumas empresas que, por leis ainda frágeis e discutíveis, podem usar os seus dados. Parte disso, também se deve ao senso de reciprocidade com os grandes players do mundo digital (FB, Google, LinkedIn, etc.) que oferecem aplicativos grátis em troca das nossas informações. Parte disso, finalmente, deve-se aos desafios dos hackers, que mostram recorrentemente a

---

3 MAYER-SCHÖNBERGER, Viktor. *Delete:* The Virtue of Forgetting in the Digital Age. Princeton University. 2009.

vulnerabilidade dos mecanismos de proteção dos dados. Isso também é mostrado pela preocupação extrema do GDPR/LGPD, com exigências rigorosas e multas astronômicas. O vazamento de bilhões de dados, citados na internet, evidencia o potencial de danos para os aspectos éticos e de segurança. Só para citar um exemplo de embaraço: em 2015, houve o vazamento de 32 milhões de contas de um site de encontro de casais. Imagine a aflição das pessoas que estavam lá, sem o conhecimento do parceiro(a), para definir justificativas apressadas de homonímia, se vocês me entendem...

Privacidade e proteção dos dados

Privacidade por Projeto

Já falamos sobre esse conceito quando discutimos GDPR e LGPD. Entretanto, no contexto de segurança e privacidade, essa preocupação se potencializa com a chegada dos conceitos de Big Data, IoT e IA. É o chamado "Privacy by Design", ou Privacidade por Projeto. No fundo, a ideia é que os aspectos de privacidade e segurança de dados sejam parte constituinte da solução dos sistemas desde o início, ou seja, "by design". Esse ponto torna-se fundamental à medida em que essa temática, quando em contextos de Big Data, IoT e IA, exigirá cuidados muito maiores do que aqueles que normalmente são dispensados em sistemas até hoje. Por exemplo, os aspectos de Privacidade quando envolvidos com algoritmos de Inteligência Artificial, como aprendizado de máquinas, demandarão uma visão de muito mais cuidado e sensibilidade. Conceitos de XAI (Explainable Artificial Intelligence) e GAI (Governed Artificial Intelligence) já estão sendo trazidos nestes domínios para definir algoritmos de IA que sejam explicáveis (XAI, eXplainable) e que sejam governados (GAI, Governed). No fundo, isso tenta estabelecer um mecanismo de mitigação para os problemas relacionados com resultados embaraçosos ou inexplicáveis produzidos pela Inteligência Artificial. Resultados errados em inferências médicas ou em classificações indevidas de atributos de pessoas, além de atribuição de responsabilidade em desastres de carros autônomos, por exemplo, poderão ser resultantes da complexidade do ecossistema de IA. Será fundamental neste contexto, o envolvimento de uma equipe multidisciplinar, com cientistas de dados, analistas de sistemas, especialistas em IA e gestores de dados, que deverão dar o tom correto da Inteligência Artificial Governada (GAI).

A figura 1 mostra os conceitos que envolvem a Privacidade por Projeto, onde aparecem aspectos éticos como respeito ao usuário, ações proativas e não reativas (como acontece hoje, quando soluções de privacidade e segurança são pensadas, com profundidade, somente depois que a casa cai!) e o foco preventivo como gancho, minimizando os aspectos corretivos a posteriori. Em resumo, a Privacidade por Projeto representa ações planejadas, discutidas num arco de amplo espectro e definidas nos níveis de projeto, focando no ciclo completo dos dados, garantindo transparências nas ações e mitigando os riscos que poderão advir de seus usos indevidos, tanto pela empresa quanto pela máquina. Como consultor na área de dados e um "data geek" por natureza, fiquei em alerta para esse tema depois de fazer os dois cursos específicos na área de ética sobre os dados, um na Universidade de Michigan e outro na Universidade de Seattle, com apoio da Microsoft.

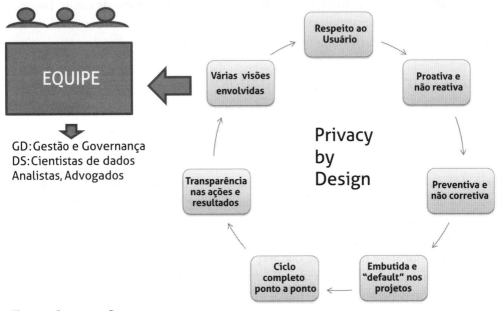

Figura 1: PRIVACY BY DESIGN

Depois desses cursos, recebi um artigo, escrito pelo meu ex-colega de Cemig, Virgílio Almeida, e por Urs Gasser, publicado pela Harvard[4]. O artigo versa sobre uma proposta de modelo estruturado em camadas para a adoção de uma Governança de Inteligência Artificial. No fundo, haveria três camadas, uma com os elementos sociais e legais (normas, leis e regulações), outra com aspectos éticos (critérios e princípios) e uma terceira com aspectos técnicos e os cuidados sobre os dados, envolvendo a GD com padrões e a responsabilização dos algoritmos. Ou seja, claramente a privacidade e segurança de dados ganham contornos de preocupação com a aproximação da Inteligência Artificial, chamada de "inscrutable" (impenetrável), onde os algoritmos profundos de aprendizados de máquinas não são alcançados e plenamente entendidos e, portanto, sugerem a adoção de governança. O DMBoK® V2 já havia trazido a palavra ética e princípios para dentro da seara de discussão de governança e gerência de dados no seu lançamento em meados de 2017. Dessa forma, conceitos de justiça e igualdade, sem discriminação pelos dados, privacidade protegida ou até o grau de substituição do trabalho do homem pelas máquinas começam a ganhar espessura. Isso vai sugerir novos olhares para a responsabilidade

---

[4] ALMEIDA, V. A. F.; GASSER, U. A Layered Model for AI Governance. *IEEE Internet Computing* 21 (6) nov-dec. 2017. p. 58-62. DOI: 10.1109/mic.2017.4180835.

final das empresas e para a explicabilidade (explainability) que poderá ser demandada em decisões polêmicas, feitas por "decisores" humanos ou algorítmicos. Assim, chegamos à conclusão de que os filmes de Tom Cruise não estão mais tão distantes, que Big Data é bem mais do que Data Lake com Hadoop e IA, algo muito mais profundo nos seus efeitos do que sugerem os frios e descansados algoritmos de "deep learning".

Lei e Discriminação

Um dos problemas clássicos na aplicação dessas leis sobre segurança e privacidade é o claro descompasso existente entre a legislação e a velocidade de desenvolvimento das tecnologias. O que acontece é que as leis (ainda) não evoluíram para serem aplicadas em tecnologias como Big Data, IoT e IA e, por isso, busca-se uma adaptação da legislação atual. Mesmo assim, nos EUA, algumas multas têm sido aplicadas em empresas com tecnologia avançada, embora a lei tenha sido definida num contexto antigo e diferente. Exemplo de uma empresa, classificada como data broker, mas que foi punida e enquadrada como empresa CRA (Agência de Classificação de Risco) e que pagou US$800 mil de multa. Outro caso foi a multa aplicada numa empresa que oferece serviços de câmeras de segurança via internet, mas que apresentou problemas na oferta de seus serviços, com invasão de hackers. O FTC, Federal Trade Commission (Procon dos EUA), aplicou, nesses casos, leis já existentes, sem serem específicas para o contexto da era digital.

O FTC, a propósito, lançou um manual relativo a esses aspectos de leis e proteção dos consumidores com relação ao uso de Big Data[5]. O documento faz uma análise detalhada sobre os benefícios de Big Data e os possíveis impactos que o seu uso pode ter na sociedade se certos cuidados não forem observados. São citadas as leis que já existem nos EUA e que podem ser aplicadas na regulação do uso de Big Data:

- Fair Credit Reporting Act, aplicada em empresas chamadas CRA, Credit Reporting Agencies (agências de créditos), que têm o seu business na compilação e venda de informações sobre consumidores, usadas para análise de concessão de créditos, seleção de empregados, venda de seguros, corretoras de aluguéis, etc. e que decidem a elegibilidade de alguém em qualquer dessas circunstâncias. A lei define o rigor de precisão que essas informações devem ter, além de permitir ao consumidor acesso a elas e a possibilidade de corrigi-las, caso pertinente. A preocupação com a chegada de Big Data neste cenário é que as empresas poderão usar, no lugar dos dados tradicionalmente considerados para essas decisões, outras informações que poderão influenciar no resultado final para o consumidor. Por exemplo, no lugar das tradicionais comparações de histórico de pagamento de débitos, a empresa emprega o uso de CEP (analisando a localização da moradia e por consequência

---

5 FTC REPORT. Big Data: A Tool for Inclusion or Exclusion? Understanding the Issues. jan. 2016. Disponível em: <https://www.ftc.gov/system/files/documents/reports/big-data-tool-inclusion-or-exclusion-understanding-issues/160106big-data-rpt.pdf>. Acesso em: 20 nov. 2017.

o seu status social) ou o uso de redes sociais, identificando assim informações e comportamentos não diretamente associados à capacidade de pagamento ou ao risco de inadimplência.

- Leis de igualdade de oportunidades: o FTC também aborda as diversas leis que regulamentam igualdades de oportunidades, como as de oportunidade de crédito (ECOA, Equal Credit Opportunity Act). Outras leis, como a de 1964 (Title VII of the Civil Rights Act, 1964) que protege os direitos civis se juntam às outras que definem um escudo de proteção contra discriminação por raça, cor, gênero, religião, origem, estado civil, deficiências e informações genéticas. Por exemplo, se alguém tem no seu genoma marcadores que sugerem propensão ao câncer de próstata, esse fato (inferido direta ou indiretamente pelos dados genéticos) não poderá ser usado na seleção de empregos ou na análise e escolha de inquilinos.
- Lei do Procon (Federal Trade Commission Act): A seção 5 da Lei do Procon americano, que trata de proteção contra práticas injustas ou enganosas, agora focada no uso de Big Data. As empresas que se utilizam de Analytics com Big Data deverão verificar se não estão quebrando certas regras com relação aos consumidores. Por exemplo, se não estão infringindo aspectos sobre o compartilhamento de dados dos consumidores, ou sobre a preservação de seus dados pessoais, ou se há a opção consciente e consentida deste compartilhamento. Além disso, no mínimo, as empresas provedoras desses dados deverão estar cientes sobre o uso que será feito dos dados, garantindo que este não será com objetivos fraudulentos ou discriminatórios.

Com o objetivo de maximizar os benefícios e mitigar os riscos no uso dos dados, o Guia sugere algumas práticas de QA através de certas observações:

- Quão representativo é o seu conjunto de dados? No fundo, sugere a verificação de quão balanceado está o seu dado, procurando fugir de impropriedades de "extremos". Por exemplo, se os dados são obtidos de redes sociais ou aplicativos, uma parte da população não afeita a esses ambientes poderá ser excluída. Como os dados foram coletados, quando e por quê?
- Como estão os dados e as amostras com relação a tendências/distorções (biased)? O quão confiáveis são os dados? Tem um pouco a ver com o anterior, porém se concentra em observações de partes do ciclo de vida dos dados, atentando para que certos elementos de distorções, omissões ou tendências não estejam presentes nos dados ao longo desse fluxo. Por exemplo, na fase inicial de um processo admissional de uma empresa, no processo de coleta de dados, observar com cuidados possíveis fatores seletivos que definem, por exemplo, universidades "tops" para compor o processo. Isso tenderá a excluir profissionais de outros domínios, que podem ser tão bons ou até melhores, mas serão excluídos pela inserção de um fator "biased".

- Observar com cuidado também os aspectos de precisão dos algoritmos de predição. A análise não cuidadosa de certas variáveis que compõem o "core" do algoritmo de predição e inferência poderá levar a resultados não confiáveis. Os algoritmos deverão ser governados com o intuito de garantir a preservação de aspectos éticos e de equidade das tomadas de decisão. Aspectos de registros de erros já detectados pelo uso dos algoritmos (falsos positivos ou falsos negativos) relacionados com gênero, sexo, raça deverão formar uma base de conhecimento para aprendizado futuro.
- Aspectos de responsabilidades: Definir "accountability" pela aplicação dos algoritmos e de seus resultados que poderão influenciar em liberdades e direitos. A definição de responsabilidade final implica na adoção de maiores cuidados com relação a possíveis resultados tendenciosos ou embaraçosos.

Privacidade e proteção

Alguns cuidados deverão ser observados com relação à proteção da privacidade, com a chegada de Big Data e Data Science. Vejamos:

- Quebra de anonimato por informações parciais: Um ponto importante sobre privacidade dos dados/anonimato é que para quebrá-la não é necessário o conhecimento de todos os seus PII/PD (Personal Identifiable Information/Personal Data). Uma pesquisa, já citada anteriormente, mostra que com somente o seu CEP, sexo e data de nascimento alcança-se uma taxa de 87% de chance de identificar a pessoa. Um relato interessante sobre isso: a Comissão Geral de Seguros, nos EUA, liberou, certa feita, um conjunto de dados (que chamam de *de-identified data*, ou seja, sem a identificação da pessoa) sobre seguro de saúde contendo somente o CEP, a data de nascimento e o sexo, além de informações sobre seguro do referido. Uma especialista em ciência da computação do MIT, chamada Latanya Sweeney, através de um algoritmo desenvolvido, chegou no registro de saúde do governador William Weld (Massachussets, 1991 a 1997), inclusive com diagnósticos e prescrição. Isso comprovou, para espanto de todos, a possibilidade de se alcançar alguém, mesmo que não se tenha os chamados dados identificadores.
- Quebra de anonimato por informações correlacionadas: Outro aspecto importante é que o seu anonimato pode ser quebrado por correlações entre informações colocadas por você mesmo em diferentes fontes/sites. Um exemplo aconteceu num concurso feito por uma famosa operadora de serviços de mídia (vídeo in-stream, atuante no Brasil), que dava US$1 milhão para quem conseguisse desenvolver um algoritmo (tipo Market-Basket, na verdade um método utilizado de recomendação, onde são cruzados perfis de preferência de usuários com perfis de produtos) que superasse em precisão o mecanismo existente. Esse algoritmo é aquele que consegue inferir quais seriam as suas próximas escolhas, baseado no seu perfil de usuário.

Algo parecido com aquele "quem compra A, compra B". Se você tem um perfil "geek", e um elevado percentual de "geeks" gosta de *Star Trek*, possivelmente esta será uma sugestão válida para o seu perfil. A empresa entregou uma lista de filmes assistidos por seus clientes, omitindo, claro, a identificação do assinante. Um certo assinante não identificado assistiu os filmes A, B e C do gênero tal, nas respectivas datas D1 e D2. Um profissional de dados resolveu fazer uma análise do IMDb, aquele grande site com informações sobre todos os filmes. Lá, as pessoas opinam sobre os filmes assistidos e normalmente se identificam. Fazendo uma correlação entre um subconjunto de opiniões emitidas por uma pessoa identificada no IMDb com os registros anônimos da operadora de serviços de mídia, ele chegou à conclusão de quem (provavelmente) era quem. Na lista anônima da operadora (daquela possível pessoa), havia também uma série de filmes do gênero "gay", que, claro, não estavam comentados no IMDb. O analista de dados, por correlações indiretas, publicou nas suas redes sociais a sua "descoberta". A pessoa descoberta era uma mãe "gay" ainda "dentro do armário", o que resultou num grande "rebu". A senhora foi para cima da operadora de serviços de mídia com uma ação de US$8 milhões por quebra de privacidade e a empresa resolveu acabar com o tal concurso. Os exemplos mostram que, embora para nós possa ser difícil perceber certas correlações à primeira vista, isso pode ser feito facilmente, com observação, paciência, e, se necessário, com poder dos processadores.

- A abordagem do direito ao anonimato é realmente algo complexo e os cuidados adotados na preservação de certas informações pessoais podem não ser suficientes. Por vezes, até por legislação, você é obrigado a uma divulgação indesejável de certas informações particulares. Veja, por exemplo, este caso das loterias americanas[6]: a Powerball (espécie de Mega-Sena americana) dá prêmios, às vezes, 3 a 10 vezes maiores do que a nossa. A Powerball de dezembro de 2017 (equivalente à nossa Mega da Virada) teve somente um ganhador. O prêmio foi equivalente a um pedaço de PIB, exatos US$559,7 milhões, ou aproximadamente 1 bilhão e 800 milhões de reais. Passados quase dois meses da extração, o vencedor ainda não tinha ido buscar o prêmio e isso intrigou a imprensa. O detalhe é que a lei de loterias nos EUA varia de jurisdição e, no caso do estado do vencedor, New Hampshire, a lei permite que qualquer pessoa possa solicitar à loteria informações sobre os vencedores. A Loteria tem, por lei, que informar o nome, a cidade, o número do sorteio e o valor do prêmio. Embora seja nos EUA, têm havido muitos casos de violência e até de ameaças de morte. As regras de anonimato variam de estado para estado. Somente seis estados — Dakota do Norte, Kansas, Ohio, Delaware, Maryland e Carolina do Sul — permitem o anonimato absoluto. Os estados de Illinois e Oregon aceitam fazer concessões quando há ameaças comprovadas. Os

---

6 FOX NEWS. $560M Powerball winner refuses to claim prize as she fights for anonimity. Disponível em: <https://www.foxnews.com/us/560m-powerball-winner-refuses-to-claim-prize-as-she-fights-for-anonymity>. Acesso em: 6 fev. 2018.

outros obrigam a esse "disclosure" se algum cidadão assim o solicitar. A vencedora, conhecida somente pelos seus advogados e cujo nome nos documentos da Justiça é Jane Doe (Maria Ninguém, no Brasil), insiste em permanecer anônima e até poderia resolver assim. A lei de NH permite que o vencedor eleja judicialmente um "trust", espécie de "laranja legal". Alguém que, através dos advogados da vencedora, se predispusesse a assumir a fortuna (recebendo uma compensação combinada para isso) e que depois a transferisse, via os mesmos advogados, para a verdadeira dona do dinheiro. Nesse caso, em particular, a vencedora também está impedida de realizar essa triangulação, pois, seguindo as regras da loteria, imediatamente após o resultado assinou o bilhete, o que impede essa triangulação com o laranja. Esse caso ilustra, num país desenvolvido, os contornos complexos do tema privacidade.

Dessa forma, o anonimato tem aspectos mais intrincados do que se imagina, sendo que, dependendo, o cidadão poderá ser obrigado por lei a revelar dados nitidamente comprometedores.

VALIDADE DOS DADOS E DOS ALGORITMOS

Com o crescimento dos conceitos de Big Data e a tendência de sua interpretação por algoritmos de "machine learning", cresce uma preocupação: qual a precisão das máquinas, com seus algoritmos estatísticos, para realizar uma inferência sobre, por exemplo, a homoafetividade de alguém? Qual a garantia de preservação de privacidade ou de possibilidade de geração de embaraços num exemplo como esse? Conforme publicado no Forbes.Uol de 29 de junho de 2017, a Universidade de Stanford desenvolveu um algoritmo que permite com mais de 80% de precisão inferir a opção sexual de uma pessoa analisando somente as suas feições numa fotografia. Embora o algoritmo ainda se restrinja a pessoas adultas e caucasianas, como garantir que tal inferência está estatisticamente correta? Como gerenciar, do ponto de vista de ética dos dados, essas pretensas adivinhações digitais? E as consequências da liberação de um algoritmo desses na internet, onde fotografias de amigos e parentes circulam livremente em redes sociais e poderiam ser analisados? Como gerenciar essa nova e complexa faceta dos dados?

Veja um outro exemplo, veiculado no Globo, de 1 de novembro de 2017. O artigo aponta que os algoritmos de IA já mostram resultados na detecção de padrões cerebrais dos pensamentos suicidas. Embora esse exemplo até sugira intervenção nobre e preventiva, como garantir que os resultados sejam corretos e as suas consequências, no caso do falso positivo e do falso negativo?

Para complementar, outro exemplo, publicado no canaltech.com.br em 13 de dezembro de 2017, mostra o caso de uma atriz famosa, participante de um filme de grande sucesso, cujo rosto foi "transplantado" por algoritmos de IA (Machine learning) para personagens de filmes pornográficos.

Assim, a validade dos dados e a equidade dos algoritmos são temas que deverão logo fazer parte dos itens de QA dos cientistas de dados, se já não o fazem. A Governança e Gerência de Dados ganham mais uma fatia de processos, agora com o que chamei de "psicologia" e cuidado no uso dos dados.

O livro *Weapons of Math Destruction: How Big Data Increases Inequality and Threatens Democracy* é uma referência interessante quando se pensa nos aspectos de igualdade de tratamento e ameaças dos algoritmos. O livro, que tem no título um trocadilho de "armas de destruição em massa" (trocando mass por math, de matemática), circulou pelas listas dos melhores de 2016, no conjunto mais respeitado da imprensa americana como The New York Times, The Boston Globe, Wired, Fortune, etc. Escrito por Cathy O'Neil, uma especialista em matemática que trabalhou como analista de hedge fund e cientista de dados e fundou uma empresa com o objetivo de auditar algoritmos (ORCAA), apresenta uma visão aguda e crítica sobre os problemas produzidos por decisões automatizadas dirigidas por códigos, ilustrada com vários exemplos de problemas desta natureza. Com foco nos algoritmos "black box", objetiva analisar e entender os riscos existentes nas decisões caixa-preta que chegaram com os conceitos de Big Data quando casados com IA. Esses riscos poderão gravitar sobre decisões tendenciosas que são desiguais para classes, raças, sexo, etc. e poderão colocar as empresas em situação de vulnerabilidade em função de suas tomadas de decisão. A consultora criou uma empresa especializada justamente neste tipo de auditoria, desenvolvendo um processo que objetiva, com rigor, avaliar os algoritmos que tomam decisão. É uma espécie do que eu chamei de QA da IA, ou seja, a "Quality Assurance" da Inteligência Artificial.

A falácia dos números

Confúcio teria dito que há três formas de mentira: a encoberta, a descoberta e a estatística. Exageros à parte, uma camada da estatística lida com incertezas, e, considerada uma ciência probabilística, a história sugere cautela quando certas premissas definidas sobre os dados, os algoritmos utilizados na sua análise e a forma de visualização dos resultados não forem devidamente considerados. Alguns sites têm como objetivo tratar com sarcasmo e ironia as impropriedades das correlações espúrias que se pode obter através de análises estatísticas formais, porém sem muitos cuidados. Os sites, claro, têm um tom de deboche sobre o tema, mostrando, por exemplo correlações exóticas e absurdas, como o **número de filmes em que um famoso artista participou e o número de pessoas que morrem por afogamento nos EUA**. Ou como o **consumo per capita de queijo, nos EUA, guarda estreita correlação com o número de pessoas que morrem enroscados nos seus lençóis**, mostra outro exemplo. Os gráficos apresentados, à primeira vista, iludem o observador, pois as linhas das duas correlações são absolutamente coerentes. São gráficos que mostram que a manipulação de variáveis e suas correlações inexistentes podem ser feitas, mesmo para relações não-causais (sem relação de causa e efeito), produzindo resultados ingênuos e extravagantes.

O livro *Os números (não) mentem*, de Charles Seife, também aborda o mesmo tema e chama esses resultados enganosos e aceitos como "ramdomiopia". A citação do sábio chinês, o site de ironias estatísticas e o livro *Os números (não) mentem* são evidências de visões exageradas, mas não infundadas, que acabam por sugerir cautela no uso dessa ciência, cuja força é inferencial. Exageros afora, ao analisarmos o livro de Charles Seife, cujo título em português foi muito mais condescendente do que o original, *The Dark Arts of Mathematical Deception*, que, em uma tradução livre, seria "A Arte Sombria das Falácias Matemáticas", fica bem claro esse alerta. Neste livro, o autor não cria ironias estatísticas, como nos sites discutidos. No livro, Charles Seife rastreou um conjunto de conclusões estatísticas espúrias, mas que foram publicadas como consistentes, veiculadas em canais poderosos de informação, endossadas e assinadas por gente de respeito, mas que no final representavam um forte exemplo de "ramdomiopia". Por exemplo, um gráfico oficial mostra a correlação científica entre o consumo crescente de aspartame com a explosão de casos de câncer cerebral. Ou o aumento no consumo de energia correlacionado com o aumento da expectativa de vida. Observe que esses dois exemplos fogem da borda do sarcasmo e ganham ares de verdades estatísticas sérias. Puras manifestações de "ramdomiopia", conforme contra-argumenta o autor, produzidas por correlações encontradas, mas que não garantem uma relação real e estatisticamente legítima. No fundo essas falácias matemáticas nascem por percepções incompletas do fenômeno analisado, por falta de observações subjacentes dos dados, por apresentarem força na explicação do passado, porém sem capacidade de prever o futuro ou por usarem os chamados "números de Potemkim", equivalentes estatísticos dos muros de Potemkim, macete criado por um príncipe para driblar a imperatriz Catarina da Rússia, que desconhecia a imensidão do vazio de certa região por onde ela resolveu passar certa vez.

Segundo Seife, algumas premissas reforçam a "ramdomiopia":

1. Se você quiser convencer alguém de uma bobagem sem tamanho, basta acrescentar um número.
2. Ideias absolutamente sem nexos podem ganhar respeitabilidade através de aplicação de algoritmos estatísticos.
3. Há uma grande dificuldade do ser humano de tratar a aleatoriedade. Por isso, inconscientemente, há essa compulsão por estabelecer relações de causa e efeito onde elas não existem. Vê-se imagens de humanos em estrelas no céu ou o rosto de Madre Tereza na superfície de um bolinho de canela, diz Seife. A religiosidade confirma isso e entra como um fator fundamental nessa equação, explicando o inexplicável por meio de credos e crenças.

Equidade dos algoritmos

Na discussão sobre os cuidados que devem ser tomados, quando se fala de decisões por IA, sempre surge o conceito de Equidade de Algoritmos (Algorithmic Fairness). O termo "fairness" em inglês tem o sentido de igualdade, isenção, imparcialidade e tratamento justo. No fundo, o termo sugere uma visão de igualdade dos algoritmos, na medida em que esses elementos se tornam (ou se tornarão cada vez mais) os códigos "decisores" nos processos de inteligência artificial. Esses elementos serão os componentes que decidirão, por exemplo, se você é um bom ou mal pagador, ou se você tem propensão a comportamentos suicidas, por vezes baseado em dados amostrais e nos algoritmos definidos no projeto de Ciência de Dados. Por vezes os projetos usam todos os dados e não somente amostras, mas, mesmo assim, esses dados chegam com vieses oriundos de sua própria coleta e formação. Assim, essa igualdade buscada deve considerar alguns fatores, quando dos projetos de sistemas inferenciais. Por exemplo, o cuidado com os dados propriamente ditos e com os algoritmos escolhidos.

CUIDADO COM OS DADOS PROPRIAMENTE DITOS

Os dados, o grande ativo da sociedade digital, o novo petróleo (oil) e o novo solo (soil), quando trabalhados visando a transformação de informações, exigem certos cuidados já discutidos amplamente no âmbito da Governança e Qualidade de Dados. Deverão ser observadas: qualidade estrutural e do conteúdo dos dados; qualidade estatística dos dados e aplicação dos algoritmos corretos.

a) A qualidade estrutural dos dados
A qualidade estrutural e de conteúdo dos dados hoje já é um elemento trabalhado dentro da Governança e Gerência de Dados através dos processos de qualidade. A realização de profiling, cleansing (limpeza), enriquecimento e homogeneização de dados são técnicas comuns já aplicadas objetivando a eliminação de erros e a busca da completude dos dados em projetos de Dados Mestres, Inteligência de Negócios, etc. Esses processos deverão ser acompanhados por gestores de dados, responsáveis pela qualidade final desses elementos, que serão o combustível das máquinas de aprendizado e tomadas de decisão por inferência.

b) A qualidade estatística dos dados
Deverão ser observados os seguintes pontos, manifestados por algumas questões:

- Os dados disponíveis para o projeto (ou projetos) são relevantes e permitem que se possa inferir outros dados, via os que existem? As perguntas que desejo fazer poderão ser respondidas pelos dados de que disponho? Por exemplo, se o projeto está relacionado à inferência de adimplência/inadimplência de emprestadores de uma financeira, você deverá ter dados históricos sobre empréstimos realizados e outros relacionados com os clientes que fazem empréstimo. Você os têm? Os dados, além dos atributos que serão usados, comprados, recoletados ou enriquecidos, deverão ter os seus metadados com clara definição semântica de suas propriedades técnicas e negociais. Isso define melhor os dados. A fonte de onde serão buscados os dados também deverá merecer observação. Segundo o FTC, em 2012, 26% dos dados de credit scores (obtidos de empresas, tipo agência de créditos) tinham pelo menos um erro. Vinte por cento (20%) dos portadores de dados com erro tinham o seu credit score diminuído em 20 pontos ou mais devido diretamente a esses erros. Em 2015, ou seja, três anos depois, 20% desses elementos ainda tinham, pelo menos, um erro não resolvido.

- Os dados deverão estar relacionados. Isso significa que os dados de todos os empréstimos realizados deverão estar presentes, de forma integrada, com valores válidos e evitando-se dados nulos ou zerados. Isso de certa forma se relaciona com os aspectos de qualidade de conteúdo dos arquivos que serão usados.

- Os dados deverão ter acurácia, mesmo que ofereça certa dispersão de precisão neles. O conceito de acurácia e precisão pode ser entendido da seguinte forma: a acurácia está relacionada com a aproximação que o valor medido, o dado, tem com relação ao valor real, o fato. Suponha que você meça o volume de leite encontrado dentro de uma embalagem de leite longa vida de um litro. Se você fizer a medição de um lote com 100 unidades, a acurácia será definida pela maior aproximação da sua medição ao volume de 1 litro (valor de referência). Você poderá encontrar, por exemplo, 95% das caixas com exatos 1000 ml (1l) e 5% das caixas com valores entre 994 e 1001 ml. Isso significa que os seus dados estão com acurácia alta e também com uma precisão boa, esta representada pela faixa de variação de -6 a +1. Caso você encontre uma parte do mesmo lote com 90 embalagens contendo, por exemplo, 800 ml e com variações de 797 a 799, a sua acurácia estaria muito baixa (com 20% a menos) e precisão ainda estaria boa, variando entre -3 a -1. No fundo, a acurácia está relacionada com a aproximação com o valor real e a precisão está associada com a variação com relação ao valor medido. Na literatura, esses dois conceitos são representados, visualmente, por quatro alvos com dardos lançados. É importante entender que dados em pequenos volumes normalmente são insuficientes para análises acuradas e precisas.

- Os dados devem existir em volume que permita o seu tratamento. Esse conceito está diretamente relacionado com a definição de cobertura de dados (data coverage). A cobertura de dados está relacionada com a disponibilidade e abrangência dos dados na empresa, comparadas com as necessidades definidas para um estudo em particular. Por exemplo, suponha que eu tenho uma loja virtual de venda de calçados e atenda o mercado de todo o cone sul. Caso se deseje estabelecer um estudo mais direcionado sobre o comportamento do comprador argentino, deveremos levantar os dados de compras de argentinos e analisar a cobertura que aquilo tem com relação ao total de compradores e compras no meu banco de dados.

- Considerar também que os dados são gerados por "humanos" e vão refletir uma dada situação ou condição do elemento gerador. A qualidade estatística dos dados deve levar em consideração a identificação destes "vieses" existentes nas bases de dados.

CUIDADO COM OS ALGORITMOS USADOS

Os algoritmos de aprendizado de máquinas são essencialmente sistemas que aprendem padrões de comportamento a partir de dados disponíveis com o intuito de suportar/automatizar a tomada de decisões. Tipicamente em negócios, teremos tais modelos sendo utilizados de duas maneiras:

- Ajudando gestores e analistas a descobrir novos conhecimentos que podem ser usados para auxiliar a tomada de decisão.
- Ou gerando modelos preditivos automatizados que são conectados a sistemas operacionais e operam de forma autônoma.

Os novos algoritmos de Aprendizado de Máquina permitem que computadores executem tarefas com competência igual ou muitas vezes superior a especialistas humanos com décadas de experiência. Exemplos envolvem desde o diagnóstico precoce de câncer[7] até a capacidade de interpretação de textos[8].

Mas há um conjunto de preocupações sobre o crescimento desses algoritmos:

- Uma preocupação, de cunho social, que diz respeito às inteligências artificiais é a capacidade das máquinas de "roubar" os trabalhos dos seres humanos e, em um futuro distópico, eventualmente, vir a nos dominar. Entre os grandes nomes da área, não existe consenso quanto a essas previsões. Nomes como Yann Lecun[9] e Elon Musk[10] apresentam opiniões bem distintas.
- Outra, certamente mais imediata, diz respeito à responsabilização dos algoritmos, centrada no fato de que, com estruturas cada vez mais complexas, os modelos obtidos são cada vez menos interpretáveis, e, no entanto, seus resultados são utilizados muitas vezes sem reflexão crítica. Com sua utilização cada vez mais frequente na

---

7 KOUROU, K. et al. Machine learning applications in cancer prognosis and prediction. *Computational and Structural Biotechnology Journal.* v. 13. 2015. p. 8-17. Disponível em: <https://www.sciencedirect.com/science/article/pii/S2001037014000464?via%3Dihub>.

8 FENNER, R. Alibaba's AI Outguns Humans in Reading Test. *Bloomberg.* Disponível em: <https://www.bloomberg.com/news/articles/2018-01-15/alibaba-s-ai-outgunned-humans-in-key-stanford-reading-test>.

9 ARMBRUSTER, A. AI is going to amplify human intelligence not replace it. *Frankfurter Allgemeine.* Disponível em: <http://www.faz.net/aktuell/wirtschaft/netzwirtschaft/f-a-z-talk-with-yann-lecun-ai-is-going-to-amplify-human-intelligence-not-replace-it-15059432.html>.

10 KUMPARAK, G. Elon Musk Compares Building Artificial Intelligence To "Summoning The Demon". *TechCrunch.* Disponível em: <https://techcrunch.com/2014/10/26/elon-musk-compares-building-artificial-intelligence-to-summoning-the-demon/>.

tomada de decisões judiciais, em situações de vigilância e de alocação de crédito, por exemplo, é fundamental compreender bem os processos envolvidos e os eventuais vieses. A União Americana pelas Liberdades Civis (ACLU) é bastante taxativa ao afirmar que "Inteligência Artificial enviesada é uma ameaça às liberdades civis"[11].

- Um outro exemplo de preocupação ética pode ser visto no GDPR, que prevê o "direito à explicação", o que reacendeu o debate com relação à interpretabilidade dos modelos e tem sido vista pelos cientistas como uma oportunidade de aprofundamento em uma área pouco explorada nos últimos anos[12].

É importante observar que as decisões automáticas feitas pelos algoritmos são derivadas dos modelos escolhidos e dos dados selecionados. Entretanto, esses dois componentes são influenciados pelos seus criadores, que carregam uma certa carga de tendências (senso de injustiça, discriminação e distorções). Dessa forma é até natural que o resultado reflita tais problemas, mesmo que inconscientemente. Assim, a aplicação correta dos algoritmos de aprendizado e de seus modelos estatísticos, vão depender do conhecimento direto dos objetivos a serem alcançados e dos recursos humanos envolvidos e seus vieses. É a resposta ao Why, que definirá os algoritmos a serem adotados naquele estudo, dependendo da categoria de aprendizado de máquina que se busca.

Fundamentalmente a Ciência de Dados pode responder a 5 tipos de questões:

- Se alguma coisa é A ou B? Chama-se ***Classificação*** e poderá envolver outros tipos (C ou D ou E, etc.). É um tipo comum de inferência. Com um conjunto de dados, monta-se uma classe de pessoas que são bons pagadores ou maus pagadores (potenciais inadimplentes), mas poderiam ser decisões do tipo certo/errado; aceito/não aceito, doente/são, etc. Outro exemplo, poderia ser um conjunto de marcadores de sangue (variáveis independentes) para inferir uma variável categórica com dois estados: leucemia/não leucemia. Nesse caso, estou classificando em duas categorias, mas poderia ser em outras mais (multiclasse). Regressões logísticas, Árvores de decisão, Redes Neurais e algoritmos baseados em vizinhos próximos são exemplos de modelos que executam esta tarefa. Em aprendizado de máquina, este tipo de questão também é chamada de aprendizado supervisionado, uma vez que se tem a resposta e as variáveis que buscam explicar determinada situação.
- Isso está estranho? É um outro tipo de questão que se busca responder. Isso se aplica em tipo de detecção de anomalia. Envolve padrões de consumo, de comportamento. Os cartões de créditos usam muito isso quando você, por exemplo, adquire uma passagem aérea com estadia para o exterior e esse padrão é incomum. Ou seja, quando aquela ocorrência de gasto, comparada com o seu padrão de consumo, chama a atenção. Outros usos são análises de e-mails, do tipo spam,

---

11 BUDDS, D. Biased AI Is A Threat To Civil Liberties. The ACLU Has A Plan To Fix It. *Fast Company*. 25 jul. 2017. Disponível em: <https://www.fastcodesign.com/90134278/biased-ai-is-a-threat-to-civil-liberty-the-aclu-has-a-plan-to-fix-it>.

12 FLAXMAN, S; GOODMAN, B. European Union regulations on algorithmic decision-making and a "right to explanation". Disponível em: <https://arxiv.org/pdf/1606.08813.pdf>.

ou outros fenômenos que se caracterizam por estar "fora da curva". As técnicas usadas pelo Microsoft Azzure, por exemplo, para essas análises são: PCA (Principal Component Analysis), baseado em detecção de anomalia e One Class SVM, baseado em Support Vector Machines. Mas outros modelos também podem ser utilizados: redes de Hopfield, redes neurais profundas do tipo "autoencoders", modelos mistos gaussianos, dentre outros.

- Estimativa numérica para fenômenos: Aqui busca-se inferência sobre valores (de ações no mercado, de temperaturas, de marcadores em geral, etc.), pela criação de um modelo matemático que seja capaz de extrair uma regra geral para o comportamento. Um exemplo são os métodos de regressão, que podem ser linear simples (comportamento é moldado por uma equação de reta, com uma variável independente), múltipla (com mais de uma variável independente) ou não linear (modelado por uma equação de uma curva). Por exemplo, se tenho uma coleção de dados com temperatura de um forno e o grau de dureza de uma peça ali produzida, posso estabelecer um método de regressão linear, via uma equação de reta, que me permite calcular o grau de dureza alcançada (variável dependente), dada uma certa temperatura de um forno (variável independente). Há vários outros tipos de modelos que são capazes de gerar essas estimativas numéricas como a regressão linear, no entanto, esses modelos vão variar de acordo com o tipo de dado estudado (se possui uma série temporal ou não, por exemplo) e a necessidade da ser parcimonioso, ou seja, em bom português, simples de explicar: uma regressão linear é simples de ser explicada, como no exemplo do forno anterior. No entanto, uma rede neural LSTM (Long Short-Term Memory), por exemplo, pode contar com 37 milhões de parâmetros, algo que definitivamente passa longe da compreensão humana.

- Como algo está organizado/agrupado?: Essa abordagem objetiva produz uma coleção de conjuntos (nuvens, grupos ou famílias de objetos). Tipicamente organiza-se os objetos em espaços n-dimensionais, contendo elementos de dados (pontos de dados) que possuem certo grau de semelhança/similaridade nas suas características. Por exemplo, agregar clientes do Netflix, com preferência por filmes de ação. Agregar grupos de clientes com certos perfis de comportamentos de compra semelhantes. Em aprendizado de máquina, é um método considerado não supervisionado (pois não se fornece dados de apoio para inferência, a menos dos parâmetros iniciais para a formação das nuvens) e centrados em técnicas de Agregação (Clustering). Alguns algoritmos conhecidos são K-médias, redes neurais auto-organizáveis, DBScan, modelos baseados em grafos, dentre outros.

- O que fazer agora?: Objetiva definir métodos, baseados em "punições ou incentivos", em função de resultados prévios. Chamados de "reinforced learning", são aplicados em sistemas de controles, ajustes automáticos de máquinas, teoria dos jogos, etc. No fundo são algoritmos baseados em psicologia "behaviorista", que levam o software a executar ações baseadas em premiações acumuladas (rewards) por acertos anteriores.

Todas as possibilidades acima são passíveis de erros durante o processo de aprendizado. De acordo com Tom Mitchell, há três tipos de fontes de erros em modelos de aprendizado de máquina:

- Erro de viés: Quando um processo de aprendizagem falha ao considerar igualmente a possibilidade de solução para todo o conjunto de dados. Com este tipo de erro, o aprendizado mostra "inclinações" para algum tipo de comportamento/solução possível. Será necessário fazer com que o modelo explore outras soluções além daquela adotada. Por exemplo: algum algoritmo durante a fase de aprendizado pode "ter inclinações" para classificar pessoas como inadimplentes, e, neste caso, o modelo apresentará problemas, evidenciando baixa acurácia.
- Erro de variabilidade: Quando o conjunto de dados utilizado não representa corretamente a situação ou problema tratado como um todo. Tipicamente serão necessários mais dados que complementem o que deverá ser aprendido. O processo de aprendizado não possui todas as possibilidades de ocorrência e tem uma visão incompleta do todo.
- Erro inevitável: quando o processo tenta aprender algo que é, em sua natureza, aleatório. Este erro nos processos de aprendizado deve ser o único que deve remanescer. Os outros dois não podem e não devem existir.

Aqui o ponto mais importante é escolher o algoritmo mais adequado aos objetivos e atentar para dados que não produzam erros de viés, erros de variabilidade ou correlações fracas. Deverão ser cuidadosamente verificados, dependendo do objetivo a ser alcançado. Por exemplo, na adoção da regressão logística, deverá ser observada a não linearidade entre as variáveis independentes, ou seja, elas não deverão ter alta correlação entre si. No exemplo onde temos um conjunto de marcadores (variáveis independentes) que inferem leucemia ou não (variáveis dependentes categóricas), as independentes não deverão ter colinearidade entre elas. Ou seja, a lista desses fatores usados na produção da inferência deverá ser de variáveis que não influenciam diretamente umas nas outras.

Já em modelos de "gradient boosting", variáveis categóricas devem ser cuidadosamente transformadas em números ou faixas de valores. Nos modelos de redes neurais profundas, o número de camadas, a interconexão das camadas e o algoritmo de treinamento da rede devem ser aderentes aos objetivos do estudo proposto.

RESUMO DOS PONTOS A SEREM OBSERVADOS

Com relação aos dados:

1. Conhecer os dados, metadados e a sua qualidade (estrutura, conteúdo, fonte).
2. Entender a coleta dos dados até o ETL (Extração, Transformação e Carga). Se você não entende o dado com que vai começar a criação do modelo, terá altos riscos na produção dos resultados confiáveis.
3. Realizar análise exploratória dos dados.
4. Entender os dados, com suas tendências ("bias"), é a melhor maneira de ganhar visibilidade dos modelos da black-box das técnicas de Machine Learning.

Com relação aos modelos:

1. Escolher adequadamente o modelo para o problema específico, observando que isso dependerá do volume, da qualidade e da natureza dos dados, além do tempo de performance, etc.
2. Conhecer o modelo usado, entendendo as suas recomendações como restrições de multicolinearidade entre variáveis, número mínimos de variáveis independentes, número mínimo de pontos de dados, etc.
3. Lembrar que mesmo os mais experientes Cientistas de Dados não conseguem dizer o melhor algoritmo sem testá-lo.

Com relação aos resultados:

1. Entender que, em certas situações, os modelos usados são caixas-pretas e seus resultados não oferecem "track-back".

   Veja, por exemplo, essa aplicação de redes neurais, reportada pelo NYTimes, em 2 de janeiro de 2018. Em 2016, um estudante de Ciência da Computação de Stanford resolveu, juntamente com uma pequena equipe da Escola Médica daquela universidade, desenvolver uma aplicação de IA que pudesse fazer uma previsão de sobrevida de pacientes em estado terminal, sujeitos a tratamentos paliativos. A ideia seria tentar definir a probabilidade do paciente de ficar na faixa de sobrevivência de 3 a 12 meses, normalmente considerada pelos oncologistas e profissionais daquela especialidade de últimos socorros. O objetivo seria uma visão gerencial buscando uma preparação adequada da infraestrutura, sem gastos desnecessários e nem economias indevidas e inexplicáveis. As intervenções médicas seriam, em tese, mais focadas, conhecendo-se com maior precisão o que a experiência médica sinalizava por intuição. O projeto identificou cerca de 200 mil pacientes, com variados diagnósticos terminais, que haviam falecido e que poderiam ser analisados. Os dados levantados de cada ficha foram o diagnóstico do paciente, os exames realizados, o número de dias internados, os procedimentos realizados e as prescrições feitas. O objetivo seria descobrir, considerando a data da morte e os dados a serem analisados, qual seria a probabilidade de óbito acontecer naquela faixa de tempo, praticada pela intuição. A equipe separou 160 mil fichas para fazer o modelo da rede neural e 40 mil para realizar o teste do modelo. Os resultados, segundo a reportagem, foram surpreendentes na acurácia. Nove dentre 10 pacientes (90%) foram corretamente previstos naquela faixa de tempo. Além disso, 95% dos pacientes que a IA definiu como sendo de baixa probabilidade de chegar ao óbito naquela faixa realmente sobreviveram além dos 12 meses. A grande surpresa ficou quando a equipe tentou entender quais tinham sido os "circuitos lógicos" que a rede neural tinha produzido para servir como aprendizado e expansão de conhecimentos da equipe médica. A conclusão foi que os algoritmos aprenderam, mas não podiam "dizer" como e o porquê. Passam a ter certa semelhança quando as crianças aprendem a andar de bicicleta, por tentativas de erros e acertos, mas depois não conseguem responder como conseguiram. A equipe do projeto concluiu, assim, que as caixas-pretas algorítmicas nem sempre conseguem ter explicações plausíveis para os seus acertos. Conforme já discutido, com a aproximação da Inteligência Artificial chamada de "inscrutable", será necessária, além da QD (Qualidade dos Dados), também a adoção da chamada QA da IA, Qualidade da Inteligência Artificial.

2. Quando possível, após cada decisão, modelar a razão pela qual ela foi tomada, buscando entender melhor a caixa-preta dos algoritmos de IA.

Qualidade de Dados e a Ciência de Dados

Com o crescimento do conceito de Ciência de Dados e com o aparecimento dos papéis de cientistas de dados (considerada uma das funções mais atraentes do mercado), torna-se imperioso um olhar sobre como a GD e esta vertente de dados se alinham. Na realidade, a questão centra em como a GD, uma espécie de "observadora atenta" sobre as coisas de dados no ecossistema da empresa, deverá se aproximar dos cientistas de dados e dos seus projetos. Daí a minha intenção em buscar subsídios para entender bem como a Qualidade de Dados (um dos pilares da GD e talvez, na generalização, um dos seus maiores objetivos) é tratada e considerada na Ciência de Dados (DS, Data Science). Como o assunto é relativamente novo, esse matrimônio (GD x DS) deveria ser analisado por pesquisas informais com profissionais de dados que atuam na área. Foi o que procurei fazer, conversando e pesquisando visões, opiniões, percepções de profissionais da área, mencionados nos agradecimentos. Além disso, algumas referências na internet demonstram que esse assunto já está na tela de radar do interesse de profissionais de dados nos EUA e estão citadas nas referências. Na essência, com as mesmas questões que eu havia discutindo com os meus entrevistados. Essas questões e suas respostas qualitativas são importantes no momento em que se analisa como se pode realizar um tipo de QA do

IA, tema que começa a ser amplamente discutido, baseado no conceito de XAI e GAI, conforme já falamos. Fiz uma análise das percepções dos sites/cursos, com as obtidas por mim com diversos profissionais brasileiros envolvidos também no assunto e as apresento consolidadas.

As perguntas foram em cima de temas dentro da Qualidade de Dados:

1. Como você garante a qualidade de dados nos seus projetos de Ciência de Dados e quais são os principais problemas de dados nestes projetos?
2. Como você avalia se o "insight" que você obteve do projeto de analytics está "correto" ou é "bom" ou "relevante" para o domínio do problema?
3. Como saber se os "data sets" que estão sendo usados são grandes o suficiente para serem significativos?
4. Erros típicos de um projeto de Ciência de Dados.

Abaixo há uma síntese das ***respostas consolidadas***, com interpretação minha.

GARANTIA DA QUALIDADE NOS PROJETOS DE CIÊNCIA DE DADOS

Nessa parte, as respostas foram agrupadas e resumidas por afinidades de visão sobre a importância da qualidade dos dados nos projetos de Ciência de Dados:

1. A garantia plena é bastante difícil. Nos projetos de Data Science é fundamental a verificação dos dados, evitando viés e buscando boa variabilidade. Em muitos casos, são encontrados dados desbalanceados, incompletos ou com qualidade muito ruim. Nesse caso, o cliente deverá ser avisado e há, via de regra, três caminhos a seguir:
   - O projeto é inviabilizado por questões dos dados (não há como prosseguir).
   - Ajustes são feitos até certo ponto, cuidando-se para que não se aumente o erro no modelo (tratamento dos "outliers", balanceamento dos domínios de dados, filtros e até data "augmetation", quando for possível).
   - Busca pelo engajamento do cliente na questão da qualidade, procurando pelas causas raízes, com o tratamento devido dos dados.
2. A Qualidade de Dados (QD) é considerada somente um dentre os muitos desafios para garantir que os resultados tenham acurácia e precisão. As ações de QD devem estar associadas a outras como a QA para verificação da adequação dos algoritmos usados. Também é importante haver uma explicação clara do sistema para o cliente, para que haja pleno entendimento e um certo ajuste nas expectativas quando chegarem os resultados. Esses fatores observados de qualidade servirão para ajustes de pesos e parâmetros no sistema. Assim, a QD deve ser vista como algo integrado num processo de início ao fim e não um "check" isolado feito antes de resultados serem liberados.
3. A qualidade de dados é executada de forma manual pela equipe de TI e pela área de negócio. Por meio de planilhas geradas a partir dos bancos de dados, são tabulados

dados para a análise da área negocial sobre o assunto específico. Posteriormente são executadas as alterações solicitadas, mas antes a equipe de TI analisa o impacto e, se necessário, intervém na alteração solicitada.

4. É fundamental avaliar a medida de "bias" (tendências/viés) dos dados. Se o dado vem com um sabor "biased" ou vem de uma medida indireta, ele poderá refletir um comportamento diferente do esperado. É importante confirmar certos comportamentos conhecidos, manifestados pelos dados, como, por exemplo, se o volume de transações de cartão de crédito tem momentos de picos, na época das festas de fim de ano. Se isso não estiver sendo manifestado, os dados devem ser questionados. Assim, verificar se o seu dado apresenta comportamento naturalmente esperado é também um ponto importante neste quesito.

5. O cientista de dados tem pouco controle sobre a qualidade dos dados. Em geral, são feitas análises preliminares que permitem compreender melhor a estrutura dos dados e identificar os potenciais problemas (presença de outliers, variáveis fortemente correlacionadas, etc.). A partir dos resultados das análises preliminares, opta-se pela melhor alternativa (na presença de outliers, por exemplo, é comum a opção pela mediana ao invés da média). É importante a utilização de conjuntos de dados separados para treinamento e teste (ou validação) de modelos. Supondo-se que os conjuntos de teste (ou validação) sejam representativos, é importante, em seguida, selecionar a métrica de avaliação adequada ao problema em específico, o que depende fundamentalmente do objetivo final da análise de dados.

6. Deve-se olhar as estatísticas básicas (tendência central e dispersão) para poder se obter um bom "insight" sobre a qualidade dos dados. Poderão ser realizadas análises em uma variável por vez ou em várias em conjunto, a fim de entender as tendências e relacionamentos entre elas.

7. Normalmente o maior gerador de qualidade dos dados é o uso. Os problemas só irão realmente aparecer quando os dados forem utillizados na prática. Para garantir essa melhoria é importante que todos os Cientistas de Dados olhem para os resultados com senso crítico. Algumas práticas adotadas no dia a dia envolvem a criação de testes unitários e asserções para os dados. Por exemplo, se um histograma de idades tem um grande volume de usuários com -1 anos, provavelmente este valor tem um significado especial na base. Simplesmente tirar uma média destes números iria gerar um resultado incorreto. Em outros casos, os testes unitários devem ser criados em cima de regras de negócios. Por exemplo, uma determinada loja sempre vende seus produtos com uma determinada margem. Se tiver algum ponto no dataset que esteja fora, provavelmente temos um erro de captura e processamento, ou este produto contradiz a regra de negócio inicial e deve ser investigado. Apesar de todos estes testes, sempre existirão casos em que o comportamento é muito complexo para automatizar. Nestes casos, o importante é que o Cientista de Dados sempre trabalhe utilizando seu senso crítico, julgando todos os resultados obtidos e avaliando sua consistência.

8. A qualidade de dados tem um efeito significativo nos resultados e eficiência dos algoritmos de machine learning. Assim, torna-se importante a realização de um "check" buscando por dados "outliers" ou fora da curva, inconsistências, valores ausentes, etc. Isso pode ser feito numa fase prévia de preparação e na análise exploratória. A análise exploratória de dados antes de modelagem permite a obtenção de histogramas, séries temporais, etc. Isso pode ser suficiente para se obter uma percepção inicial sobre os dados, seus ranges, valores ausentes, etc. É importante, entretanto, que se entenda os dados e suas análises com o devido cuidado e certo ceticismo na medida em que muitas decisões da vida real precisam somente de indicadores de direção. Isso é particularmente verdade quando há projetos de IoT de monitoração de máquinas (e não de seus controles), onde a qualidade de certos dados pode não ser tão significativa, pois pode ser compensada pelo conjunto dos outros parâmetros coletados, conferindo a precisão necessária nos seus resultados finais.

9. É importante realizar uma inspeção visual, obtendo uma percepção geral no "browsing" dos dados, sem detalhes, somente para obter uma visão de como os dados brutos se encontram. Depois, via estatística básica, analisar como os dados se apresentam numericamente. Para problemas não-supervisionados, como "clustering analysis", analise a contribuição dos dados selecionados com relação à heterogeneidade entre grupos (clusters) e a homogeneidade dentro de grupos. Para problemas supervisionados, verifique o desempenho preditivo dos dados selecionados.

10. É fundamental entender a origem dos dados e a quais transformações eles foram submetidos. A partir daí deve-se começar com o processo de limpeza. Para modelos já rodando em produção, pode-se definir certos "checks" automatizados de qualidade de dados (profiling), como verificação de faixas, de valores ausentes ou não esperados. Conhecer o conceito de Data Provenance, ou seja, saber a procedência dos dados, via o conhecimento das suas fontes e de seus pontos de tratamentos, é também muito importante. O conhecimento da procedência e de sua linhagem deve vir também com o seu significado (metadados). Gráficos de dados, via histogramas ou outros tipos, são uma boa forma para se achar "outliers" (pontos discrepantes) e gaps (lacunas nos dados), que deverão ser corrigidos. A observação também via testes de desenvolvimento e a avaliação por especialistas de negócios complementam a percepção sobre os dados em uso.

11. Entender claramente os conceitos de dados mestres, dados transacionais e dados de referências, visando observar a qualidade através desses conhecimentos. O processo de entrada de big data poderá exigir a mesclagem desses dados, de tipos variados. Por exemplo, os dados de IoT chegando de um determinado equipamento, coletados para inferir a necessidade de manutenção, poderão vir somente com o ID do equipamento, que deverá ser mesclado com seus dados mestres e referências,

enriquecendo o conjunto com informações como a marca do equipamento, tipo, data da última manutenção, etc.

12. A garantia da qualidade de dados (em big data) deverá vir do conhecimento de um especialista de domínio, aliado a testes estatísticos que poderão levantar alertas a serem verificadas por esse especialista.

13. O uso de projetos de "crowd", visando a criação de uma rede que facilite a conscientização sobre a qualidade de dados, melhorando, por exemplo, o entendimento de imagens, de dados de redes sociais, dados de integração, etc. é uma alternativa colocada por um dos respondentes da pesquisa.

14. É importante também considerar a origem dos dados: quando oriundos de fontes internas, podem conter erros, que são mais facilmente acertados. Quando são dados externos, o seu acerto é mais complexo. Os cientistas de dados podem, caso os dados venham errados de fontes externas, montar uma camada de filtros e acertos na sua entrada na empresa.

15. A qualidade de dados exige o uso de um processo mais adaptável devido às mudanças que podem sugerir alterações nos dados, via leis, definições regulamentares, compliances, etc. Envolver especialistas em diversas áreas, como advogados, cientistas de dados, matemáticos, gestores de dados e SMEs, permitindo uma análise mais ampla dos dados, é fundamental.

16. A qualidade dos dados é fundamental e deve ser prioridade. Os limites e tolerâncias podem variar com o domínio do problema e a indústria, mas, de qualquer forma, essa prática deverá estar fortemente integrada nas fases de preparação dos dados. Ter plena visão de transparência e qualidade dos data sets com que vão trabalhar, além de ferramentas para remediar, com a adequada presença de práticas de governança e de processos, devem ser consideradas. Tecnologias emergentes de qualidade de dados estão compondo máquinas de aprendizado para detectar, de forma proativa, erros de dados e tornar a qualidade de dados um elemento mais próximo dos usuários de negócios, bem mais do que sempre foi considerada.

17. A qualidade de dados é algo fascinante, diz um respondente. Você pode investir muito na sua manutenção, mas mesmo assim falhar. A questões básicas devem começar sempre com princípios de governança de dados, como:

    - Qual o valor de negócios real daquilo que se intenciona fazer no projeto? (O 5th V do Big Data.)
    - Quanto dos resultados pretendidos (intended insights) podem ser afetados pelos diferentes níveis de qualidade de dados (Veracidade, o 4th V do Big Data). Essa questão será abordada no item a seguir.
    - Qual o nível de vulnerabilidade (6th V do Big data) da organização, em termos de reputação e consequências financeiras, se os dados não estiverem corretos? Uma vez respondidas essas questões, aliadas à sensibilidade dos projetos com os diversos níveis de qualidade de dados, você obterá uma visão próxima do

nível de qualidade que se deve ter. Também, com isso, você produzirá algumas métricas necessárias para serem guias nas fases de ingestão, limpeza e atividades de filtros dos dados.

18. Não há forma plausível de se ter a garantia de qualidade de dados, diz um dos respondentes, pois a QD tem várias dimensões e são conceitos relativos (o dado pode ser bom para uns e ruim para outros), diferente se está em estado bruto (raw) quando comparado com outros níveis. O mais difícil é que "você não sabe o que você não sabe sobre os dados". Assim, ceticismo, experiência e intuição poderão ajudar, nas doses apropriadas.

QUALIDADE DO PRODUTO OBTIDO

Nessa parte, está uma coletânea de visões, agrupadas por afinidades, sobre a importância de se aferir se o produto planejado foi devidamente obtido nos projetos de Ciência de Dados, com grau de qualidade:

1. Sempre fica por conta dos especialistas do negócio. Garantimos que os modelos gerados para os insights não sofrem de "overfitting" ou "underfitting". Quanto à utilidade, irá depender da definição do problema feito pelos especialistas e da sua experiência.

2. Com relação ao resultado ter sido relevante, envolve haver conhecimento do domínio. O especialista naquele domínio é quem deve verificar a relevância do que se conseguiu obter. Entretanto, avaliar se a análise é boa ou correta é muito mais difícil e está associada com os conceitos discutidos anteriormente sobre qualidade de dados.

3. Realiza-se a apresentação do painel para mais de um perfil de cliente. Dessa forma é possível avaliar o valor daquele resultado considerando várias percepções. Foi reiterada, várias vezes, a importância de se ter um especialista que conheça o domínio da aplicação para garantir a relevância dos resultados. Os aspectos de resultados serem bons ou ruins podem estar atrelados aos fatores de qualidade anteriormente discutidos, mas é algo que exigirá avaliações futuras.

4. O domínio trabalhado sempre apresenta diversas regras de dados, processos e negócios. Mais uma vez, os testes e asserções são utilizados para garantir que análises não conflitem com nenhum destes pontos. Já a relevância dos dados ao problema em si, normalmente está ligada ao conhecimento do problema. Por isso é importante que o Cientista de Dados esteja sempre próximo ao desafio de negócio. Uma forma de construir análises com qualidade é focar na aplicação e nos possíveis impactos nos processos internos. Se estou construindo uma análise para detectar "churn" em uma academia (de ginástica), preciso primeiro entender como este processo ocorre e todas as ações que já são desenvolvidas para evitar a saída dos clientes. Após esta etapa, é importante entender como um eventual

modelo alteraria estes processos internos, e como as decisões passariam a ser tomadas. Desta forma, quando o resultado da análise for ser utilizado na prática, os casos de uso já foram devidamente exercitados, reduzindo a chance de surpresas. Olhando por essa perspectiva fica mais fácil se manter no caminho certo e evitar gastar tempo com análises irrelevantes ou sem uso prático.

5. É importante estabelecer comunicação constante com as pessoas do projeto, que poderão ter "insights" diferentes gerando percepções que poderão se somar.

6. É sempre importante lembrar que Ciência de Dados não é uma bola de cristal e sim uma ciência que joga com probabilidades. Se for previsto uma taxa de acerto de 80%, nunca esquecer que, em 20% dos resultados, as coisas poderão ser diferentes. Assim, para verificar a qualidade dos achados é importante:

   - Verificar se o modelo estabelece suposições razoáveis no domínio do problema e leva em conta todas as variáveis de entrada relevantes.
   - Observar que, se o modelo faz suposições conceituais erradas, os resultados poderão ter problemas.
   - Observar se o modelo está rodando em amostras em volumes suficientes de dados (as tecnologias de hoje permitem grandes volumes de dados). Quanto mais dados houver, melhor, embora nem todos os problemas exijam grandes volumes de dados do mesmo tipo.
   - Avaliar com cuidado os eventos "estranhos" e possíveis influências oriundas de domínios externos como macroeconomia (oscilações), tempo/clima (variações), tendências de consumidores, etc. Um dos pontos citados e discutidos em projetos de inferência por dados de IoT é justamente a influência do contexto externo dos dados, quando sensores poderão estar expostos a um ambiente susceptível a oscilações, trepidações, temperaturas, umidade, etc.
   - Avaliar a qualidade dos dados na entrada do sistema. Dados errados inseridos num bom sistema de analytics não produzem bons resultados (famosa referência de garbage in-garbage out).
   - Cuidados devem ser maiores em ambientes regulatórios, onde pequenos erros podem causar grandes prejuízos.
   - Sempre será boa prática pilotar o modelo em ambientes de teste (menor população), ligar os resultados a métricas operacionais e financeiras, medir os resultados e então decidir se deve-se melhorar ou descontinuar o modelo.
   - Mesmo as organizações que aplicam corretamente essas técnicas enfrentam desafios na tradução de "insights" em valor.

7. É importante a apresentação dos resultados para especialistas naqueles domínios, com a ajuda de seus clientes, obtendo feedbacks rápidos para se aferir a direção em que se encontra o produto obtido. É sempre bom coletar expectativas antes para entender a forma de sua avaliação depois.

8. Aferir o alcance usando técnicas clássicas de estatísticas e o envolvimento do especialista no domínio.

9. O cientista de dados deve ser capaz de explicar os "insights" obtidos.

10. Devem ser usadas estratégias para estimação do erro de teste: uma das mais comuns é a chamada validação cruzada em k-folds. Outras técnicas de verificação da acurácia da predição, além de k-fold cross validation como confusion matrix, r-square, absolute error, MAPE (Mean Absolute Percentage Error) e p-value também podem ser consideradas. Observar que uma alta variância na estimação do erro de teste pode indicar data sets pequenos demais para o problema.

11. Entender que um bom insight é aquele fruto de uma avaliação detalhada e que pode conduzir a uma ação de reposicionamento de mercado ou o mergulho detalhado numa ação fraudulenta, por exemplo. Entretanto, não se deve confiar muito em valores estatísticos sem uma análise criteriosa e ampla do contexto.

COM RELAÇÃO AO TAMANHO DOS DATA SETS

1. É uma questão bem difícil para ser respondida de forma genérica: para previsão em séries temporais, precisamos de um data set com 60 pontos ("rule of thumb"), por exemplo. Em outros casos, conhecimento a priori deve ser utilizado testando se a distribuição estatística dos dados segue o conhecimento. Para alguns tipos de modelagem com redes neurais profundas em que a quantidade de parâmetros é muito grande, o conjunto de dados também deve ser grande. Além disso, o tipo de dado pode ser "representado" de forma diferente de acordo com a técnica (one hot encoding, por exemplo, que basicamente transforma os dados em "representação binária"). Isso deverá fazer parte do trabalho do cientista de dados ou engenheiro de IA.

2. Em tempos de infraestrutura robusta, o melhor é analisar o maior conjunto de dados possível, obter algumas amostras para realizar alguns testes e posteriormente retirar os filtros e analisar o conjunto de dados por completo. A separação em conjuntos de dados menores pode mascarar cruzamentos que existam no conjunto maior dos dados.

   É necessário a criação de data sets, mas que sejam poucos e com volume de dados considerável se comparamos com a base completa.

3. É importante observar que o data set para treinamento histórico e construção de modelos deve ser grande o suficiente para capturar as tendências e padrões que sejam relevantes para o problema em questão.

4. Dependendo do tipo de estudo (classificação, por exemplo), dependerá da quantidade de classes desejadas e de sua distribuição.

5. Não é recomendável se partir para coletar um vasto conjunto de dados, de todas as fontes e colocá-los no seu "engine" de Big Data. Lembre-se que os dados poderão ter mudado com o passar do tempo, consequência das alterações de processos, condições de operações, sistemas, regras, etc.

6. O tamanho dos data sets necessários irá depender de alguns fatores como: a análise sendo desenvolvida, a complexidade dos dados, o desvio padrão, entre outros. Isto é determinado para cada caso. No caso de Aprendizado de Máquina, a complexidade do modelo sendo aprendido (em número de parâmetros) tem influência direta no volume de informação necessária para seu treinamento. Por exemplo, modelos de Deep Learning para detecção de objetos normalmente são treinados com milhões de imagens.

COM RELAÇÃO AOS ERROS TÍPICOS DE DADOS, ACONTECIDOS NUM PROJETO DE DS

1. Os erros em projetos de ciência de dados podem ser vários e típicos de qualquer projeto: comunicação, pessoas, integração, etc. Mas os erros de análise de dados advêm de questões técnicas/interpretativas quanto à qualidade dos dados, técnica para modelagem dos dados, ausência de análise exploratória, não envolvimento de especialistas no negócios e subajuste (underfitting) e sobreajuste (overfitting) na modelagem.

2. Os problemas mais comuns encontrados estão associados com controles de status de registros que não se interligam entre si, fontes de entrada de dados com regras diferentes de inserção/alteração e manipulação de dados com scripts não monitorados. Para mitigar esses riscos, torna-se fundamental levar a base de dados para um estado consistente, completo e válido quanto às regras dos sistemas mantenedores, convergindo para uma fonte com qualidade, eliminando-se, dessa forma, as origens das "sujeiras" dos dados. Isso é fator crítico para a entrega de um projeto com dados coerentes e confiáveis.

3. Uma fonte de erro é o viés do próprio cientista, que, por esperar determinado resultado, tende a "torturar" os dados para obter a resposta desejada. Em se tratando dos modelos propriamente ditos, existem dois tipos fundamentais de erro: subajuste e sobreajuste. O primeiro consiste na utilização de modelos simplificados demais para o problema, que são incapazes de representar de forma adequada os dados. O segundo ocorre quando se opta pela utilização de modelos excessivamente complexos, que são capazes de representar muito bem o conjunto de treinamento, mas perdem a capacidade de generalização.

4. Erros relacionados à implementação podem ser mitigados com testes de código e infraestrutura. A automação de etapas do processo também ajuda a reduzir a probabilidade de erros. Sobre o uso de dados em modelos de Aprendizado de

Máquina, um ponto muito importante é garantir que não exista vazamento de informação na avaliação (acesso a dados que não estarão disponíveis no momento do teste) e que o processamento de "features" seja feito da forma correta tanto no treino quanto no teste. Mais uma vez, a automação e a utilização de frameworks podem a ajudar a reduzir a probabilidade deste tipo de erro.

CONCLUSÃO

Essa verificação obtida com cientistas e profissionais de dados experientes, nas análises das pesquisas americanas citadas e aqui no Brasil, mostra, sob diversos ângulos, a importância da qualidade de dados na produção de sistemas analíticos. Diversos elementos que compõem o arco da Governança e Gerência de Dados são citados direta ou indiretamente: origem ou proveniência dos dados (data provenance), seus ciclos de vidas ou DLCM, com linhagem de dados, a participação de especialistas de dados (gestores ou stewards de negócios), etc. Conforme mostrado, esses e outros aspectos de controle prévio dos dados, antes deles chegarem às portas da Ciência de Dados, demonstram a importância da gestão formal e organizacional desses ativos. Isso, de certa forma, minimizará as dificuldades de se explicar resultados obtidos, já que a qualidade dos dados usados foi contemplada e gerenciada. O foco, dessa forma, será na saída dos resultados com a concentração nos algoritmos complexos e impenetráveis. Considerando que os algoritmos de Machine Learning ganham espaço nos processos de decisão, que a tecnologia de ML não revela necessariamente como aquelas decisões foram tomadas, como aquelas opções foram as escolhidas e como aquelas conclusões foram alcançadas, cresce o desafio da GD de atentar para controlar a caixa-preta da IA. Será fundamental que a GD observe que os 5W2H serão gradativamente respondidos pelos algoritmos de ML e será importante um olhar de controle e governança sobre isso. Alguns pontos de controle sobre a criação dos modelos de ML, a partir dos dados e a busca de um ponto de equilíbrio entre a liberdade dos algoritmos para (decidirem/inferirem) com observações de QA tanto dos dados de entrada quanto dos resultados, serão fundamentais na aplicação adequada destes novos arsenais de inteligência artificial. O conceito de GAI entra como um dos grandes desafios do domínio da Governança e Gerência de Dados. Não basta somente governar os dados, mas agora também é preciso atentar para os algoritmos que produzirão resultados a partir deles. Nas próximas linhas, mostro um exemplo real disso.

CORRETUDE E ÉTICA NAS ANÁLISES

A revista Newsweek, de 16 de junho de 2017, trouxe uma reportagem inquietante sobre Big Data: "Como Big Data está corrompendo a democracia via a lavagem cerebral". Eu estava nos EUA, saindo da DGIQ, Data Governance and Information Quality Conference, onde os assuntos "dados" e privacidade foram amplamente discutidos. "Big Data" foi um tema muito tratado nas sessões mais tecnológicas das quais participei, e "Privacidade", de forma colateral, foi destaque nas sessões mais focadas em GDPR. Claro que resolvi mergulhar na reportagem da revista, escrita em 12 páginas, pela importância do tema. Abaixo a síntese do que observei na reportagem:

1. As coisas começaram pela suspeita de que a eleição de Trump teria sido ganha, em parte, devido à ação da sua equipe digital, comandada por seu genro, Jared Kushner (hoje denunciado por agir em interesses escusos com os russos), e chefe do Escritório de Tecnologia e Inovação do Governo Americano. Ele, depois de um curso no Facebook, teria montado um forte time de especialistas para trabalhar o perfil dos quase 220 milhões de eleitores, que, segundo dizem, está disponível nos Data Lakes de Zuckerberg. Nessa mina de ouro, há informações sobre o eleitorado americano, com detalhes maiores do que seríamos capazes de imaginar. Os dados dariam uma formidável possibilidade de estudos analíticos, passíveis de produzirem detalhes sobre comportamento, pensamento e emoções de todos os americanos e dos "facebuqueiros" do planeta. Já existiria uma ferramenta para tal, capaz de analisar os milhares de "data points" que cada um de nós teríamos nos Data Lakes gigantescos do FB.

2. A primeira suspeita surgiu numa apresentação, antes da eleição, feita por uma empresa acerca de um produto chamado "Cambridge Analytica", originado de estudos/pesquisas de IA e supostamente desenvolvido na famosa universidade que lhe dá parte do nome. O produto da classe dos "Analytics" seria capaz de produzir o que chamam de "perfil psicográfico", onde certas dimensões da nossa "forma de ser e pensar" seriam detectadas pela análise dos "Likes" que damos ou pelos livros que lemos ou através dos dados que mostramos, seja por espontaneidade ou por indução. Na demonstração, foi feita uma análise com drill-down, a partir de um conjunto de dados de pessoas selecionadas e gradativamente sendo segmentado em conjuntos menores e mais focados, que, por sua vez, dariam origem a outros sempre com um foco refinado, até chegar num certo indivíduo específico. Isso se chama microtargeting e já é usado em outros campos, inferindo consumos e hábitos de internautas no mundo do marketing digital. No caso da aplicação política, o objetivo foi criar um mecanismo de identificação de grupos de pessoas que pudessem ser persuadidas por mensagens que lhes falem de forma mais significativa. Se não para comprarem seus produtos, mas para "comprarem" ideias e aderirem aos candidatos "digitais" em eleições.

3. Segundo a reportagem, teoricamente as pessoas podem ser subdivididas em dois grandes grupos gerais: as emotivas e as cognitivas. As emotivas são as mais suscetíveis a argumentos que lhes tocam em pontos vitais da camada emocional e são deixadas levar mais facilmente por ações de convencimentos (por exemplo, alguém que se

vê "incomodado" com o excesso de estrangeiros no país e tem certo receio contra imigrantes recebe um posicionamento de um candidato com forte propensão à criação de barreiras à migração. Bingo!). Os outros seriam os cognitivos, aquelas pessoas que julgam ou decidem por aspectos de cognição e são mais resistentes a e-mails/propagandas de sedução fácil. Aplicam sempre um filtro mais racional antes de darem um passo. Essa é a base da segmentação desejada por partidos políticos para poderem criar as táticas de persuasão digital, com a lupa do "microtrageting" apontada para as devidas camadas sobre as quais desejam interferir.

4. A aplicação do sistema Cambridge Analytica foi baseada em algoritmos de "Cluster Analysis" já usados há anos pela IA, principalmente no foco de segmentação de clientes por hábitos de compras e preferências. A Universidade de Cambridge não confirma a derivação do produto aplicado nas análises do Partido Republicano (vencedor), mas oferece, no seu site, um link para que você a experimente no seu perfil. O repórter do Newsweek autorizou a análise do seu perfil de FB e eu também fui experimentar. A ideia é entender as pessoas, baseado nos seus dados no FB, procurando as tendências psicológicas descritas no acrônimo OCEAN: Openness (abertura), Conscientiousness (consciência), Extraversion (extroversão), Agreableness (concordância) e Neuroticism (instabilidade emocional). Antes de analisar o "OCEAN" do eleitorado, a equipe de Trump teria enriquecido o banco de dados de 220 milhões de americanos com informações de registros de votação, registro de propriedade de armas, histórico de compras por cartões de créditos, além de outros trazidos de fontes de dados. Com esse poder de fogo, foi montado o Projeto Álamo, que pode ter direcionado a virada de jogo na campanha de 2016, com a vitória de Trump. Os Republicanos não foram os primeiros (os democratas já haviam tentado algo via Catalist), mas foram aqueles que cruzaram o poder de fogo do Lookalike do FB (busca por pessoas com hábitos e jeitos semelhantes aos seus amigos/clientes, mas que ainda não são) com o microtargeting. Assim, a campanha de Trump pôde estender seus tentáculos para assuntos considerados normalmente fora da "Overton Windows", protocolo político contendo uma lista de assuntos considerados "politicamente incorretos" e que não devem ser tratados diretamente em discursos e políticas governamentais.

5. Em resumo, segundo a Newsweek, na eleição de 2016 a IA com Big Data permitiu que conceitos cinzentos como sentimentos de racismo, supremacia branca, restrições a refugiados, antissemitismo e misoginia violenta alcançassem targets simpáticos de forma direta, porém silenciosa. Tudo pelos efeitos dos algoritmos de mineração e dos exabytes armazenados sobre os americanos. Para 2020, prevê-se que esses algoritmos estarão mais refinados e a produção destas mensagens focadas alcançará um nível de automação infinitamente maior, quando centenas

e milhares delas serão produzidas e distribuídas. Essa é a teoria desenvolvida no artigo da Newsweek e que coloca o conceito de Big Data com Analytics cada vez mais na alça de mira da proteção dos dados, com segurança e respeito à privacidade. Num futuro próximo, a ética dos dados também deverá ser foco da Governança e Gerência de Dados, conforme já discutido até aqui. Nunca governar os seus dados se tornou tão crítico...

6. Depois de ler e reler a reportagem, resolvi experimentar o algoritmo que estava disponível. Os resultados apresentados pelo algoritmo supostamente "base" do produto Cambridge Analytica, quando entrei com meu ID do FB e o autorizei foram os seguintes:

Gênero psicológico:

A IA sugere que meu perfil digital é bastante andrógino. Sugere que eu seja do sexo feminino (sic!), mas que não reprimo meu lado masculino (Ainda bem!!!). Abaixo ele dá uma dica do porquê: os livros nos quais dei "Like". Interessante que, provavelmente, ele me transforma em um ser mais feminino por causa de uma postagem que fiz do filme "The Boy in the Striped Pajamas", um drama da guerra que fala sobre a amizade de dois meninos num campo de concentração! Acho que o algoritmo se "embolou" quando analisou as palavras "boy" and "pajamas". Vá entender!

Depois veio a interpretação dos cinco pontos sobre a minha personalidade, baseado no conceito OCEAN, nas quais afirmações generalizadas forma estabelecidas a meu respeito, permitindo, dessa forma, uma amplitude de avaliações e considerações. Alguns pontos de poucos acertos e muitos desacertos foram cometidos pelos "engines" de inferências oferecidos para este teste, no meu caso particular. Nada que um horóscopo ou um praticante de quiromancia não faça com quase a mesma precisão nos jornais diários ou nos programas de TV. Não sei se ainda está disponível, mas você pode tentar experimentar o traçado do seu perfil psicográfico acessando **ApplyMagicSauce.com** e autorizando o acesso ao seu perfil do FB. Mas não se assuste. Uma coisa é existir zetabytes de informações sobre nós. Outra coisa é a ferramenta ter a capacidade inferencial refinada para interpretá-los, levando a estatística a uma quase adivinhação digital. Talvez numa assinatura "premium" do produto os algoritmos aplicados sejam bem mais precisos.

Neste caso, foi relativamente insipiente. A essência da discussão aqui não está na acurácia da inferência, mas sim nos embaraços que podem ser produzidos por algoritmos ainda mal ajustados e carentes de refinamentos de modelos, dados, qualidade e processos. Por isso, a Ética na aplicação dos dados se torna um dos pontos mais relevantes nos novos caminhos da sociedade digital, onde somos todos "bitficados" com os bits de Shannon.

ÉTICA NOS DADOS: RESUMO

A ética nos dados deverá ser um ponto fundamental a ser considerado nos próximos anos. A ética nos dados, na realidade, já existe definida em vários ambientes, como ACM, Association for Computing Machinery (www.acm.org), há mais de 25 anos e está sendo continuamente atualizada. A American Statistical Association também oferece seu guia ético para práticas estatísticas (Ethical Guidelines for Practical Statistical). Os profissionais de ciência de dados, desenvolvedores de software e os gestores de dados deverão cada vez mais primar por esse conceito. O grande desafio, além de conhecer os princípios éticos, é colocá-los em prática. O conceito-chave da ética nos dados é o de "fairness", que significa uma aplicação ou tratamento imparcial ou um comportamento sem favorecimento nem discriminações. O espaço fundamental da aplicação da ética nos dados deverá contemplar algumas dimensões como o real significado de ética, qual o custo que isso representa e como se dará sua implementação. O livro *Ethics and Data Science* (2018), de Mike Loukides, Hilary Mason e DJ Patil, sugere algo semelhante aos Ps da Governança de Dados que usamos aqui. Eles sugerem os Cs da Ética dos Dados: Consentimento, Clareza, Consistência e Confiança, Controle e Transparência e Consequências.

O Consentimento é o primeiro elemento, centrado na concordância do uso de seus dados por alguém. Os seus dados são coletados por alguém e deverá existir um claro consentimento tanto para a coleta quanto para o uso. Normalmente esses mecanismos vivem escondidos em letras minúsculas ou seções invisíveis e, na maioria das vezes, não explicitam o que será feito com eles. O GDPR/LGPD foca muito nisso, conforme falamos.

A Clareza, o segundo C, vem justamente para isso. Prover, com todas as letras, os "porquês" daquela coleta e daquele uso. Os usuários deverão ter absoluta transparência acerca dos objetivos e propósitos de uso de seus dados. Mesmo quando os dados estão num domínio aberto, ou público, os usuários frequentemente não observam a forma como os seus dados poderão ser usados. Por exemplo, todos sabem que os seus posts em algumas redes sociais são públicos, mas não percebem que eles poderão ser usados em pesquisas ou até para propósitos comerciais. O grande ponto aqui, de novo, não é somente obter o consentimento do uso dos dados, mas deixar claro o que será feito com eles. Na maioria das vezes, por preguiça ou negligência, nós, os próprios usuários daquela plataforma e provedores de nossos dados, não observamos com a atenção devida a intenção do seu uso.

A Consistência e Confiança estão ligadas entre si pelo fato de que a confiança sobrevive diretamente pela consistência das atitudes daqueles que usam os nossos dados. Os portadores de atitudes imprevisíveis geram sensação de baixa confiabilidade. Poderão ter as melhores intenções, mas poderão não honrá-las quando você menos espera, ou dar a elas interpretações estranhas e imprevistas. Em outras palavras, uma organização que não seja consistente na preservação dos seus dados não inspirará confiança. O uso dos dados do Facebook, no caso da Cambridge Analytica, expôs essa conjugação de fatores, quando a confiança se perde nas fragilidades da consistência. O FB teve que fazer malabarismos para explicar o acontecido, demonstrou intenção de reposicionamento total com relação ao ocorrido e, se não fosse uma plataforma com foco mais social e pessoal e menos corporativa e comercial, estaria com mais problemas.

O Controle e Transparência estão relacionados com o saber, com detalhes, o que está acontecendo com seus dados, já que você deu autorização para tal. O que acontecerá, caso você tenha mudado de posição, opinião ou ponto de vista sobre certo ponto já capturado? E se você mudar, qual a garantia de que os dados anteriores não serão mais usados? Isso, no fundo, significa ter certo controle sobre os seus dados, que, de certa forma, não mais estão sob seu controle. Isso não é trivial. As regulações GDPR e LGPD chegaram para impor certas regras neste campo, mas o livro de Schönberger sugere algo que merece cuidado: a internet nunca esquece!

Consequência: o quinto e último C da ética dos dados: aqui mora todo o perigo. Os dados e seus produtos nasceram e foram projetados para adicionar valor a algo ou alguém. À medida em que a sociedade digital cresce, com os dados tendo grande presença nas nossas vidas, a sua utilização sem ética estabelece uma fronteira de risco e de consequências. Danos poderão ser causados a pessoas ou grupos. De novo, as empresas responsáveis pela coleta, uso, armazenamento, etc. deverão estabelecer procedimentos de governança que garantam a inofensibilidade dos dados. Os dados, nas suas diferentes dimensões (dados de identificação, opções pessoais, etnias, doenças, genéticas, etc.) deverão ser observados com cuidado e responsabilidade e a GD cresce em importância, neste momento, na estrita definição de responsabilidades sobre eles e as consequências que seu mau uso poderá causar.

CAPÍTULO 7

METADADOS

PESQUISA FUMSOFT E DAMA BRASIL (2012)

Neste capítulo discutiremos o conceito de metadados, uma das áreas de conhecimentos existentes nos principais frameworks de dados disponíveis, porém nem sempre praticada. A figura 1 mostra o resultado de uma pesquisa, de 2012, em que se evidencia a pequena intimidade que a comunidade no Brasil tem com esse tema. A pesquisa foi realizada por uma parceria da Fumsoft com a DAMA Brasil (Carlos Barbieri, Fernanda Farinelli e Rossano Tavares), com o objetivo de mapear o posicionamento das empresas com relação à Gestão e Governança de Dados em todas as suas áreas de conhecimento.

A pesquisa foi realizada durante os meses de outubro e novembro de 2012, período em que foi disponibilizado um questionário online. Este foi preenchido por empresas convidadas pelas instituições realizadoras, sem nenhuma limitação prévia de tamanho, ramo de atividade, faturamento ou número de colaboradores. A ideia foi buscar a primeira impressão qualitativa sobre Governança de Dados no Brasil, visto que tais dados nunca haviam sido levantados no país em uma pesquisa como esta. Foram obtidas 76 respostas completas e seus resultados, na forma de tabelas e gráficos, estão disponíveis nos sites da Fumsoft. Os resultados completos da pesquisa, bem como a sua interpretação, podem ser acessados no link abaixo:

1. Resultados: http://bit.ly/2BU34Zg

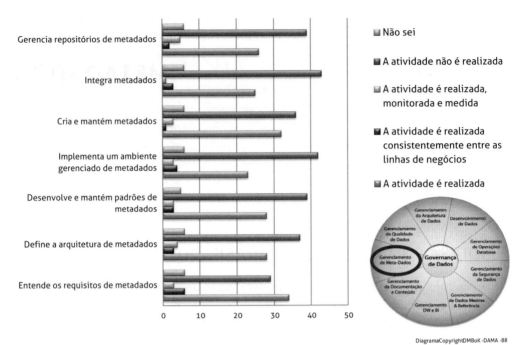

Figura 1: Resultado da Pesquisa Fumsoft e Dama BR (2012) sobre Metadados. DMBoK V1.

PRIMEIRAS IMPRESSÕES (2012)

O processo ou corpo de conhecimento de metadados foi aquele em que praticamente todas as respostas ficaram fora do viés positivo, ou seja, houve a predominância absoluta da resposta "A atividade não é realizada", com um grau médio de "não sei" de quase 8%. A única resposta com viés positivo foi o entendimento dos metadados, na clássica imagem de que se entende a importância daquilo como requisito, mas não se implanta.

Outro ponto importante para aprofundamento aqui é com relação à diferença entre metadados de negócios e metadados técnicos. Como a pesquisa não detalhou essa diferença, parte das respostas positivas ainda podem estar direcionadas para os metadados técnicos, normalmente mantidos em ambientes de bancos de dados e de seus catálogos físicos e não para os metadados de negócios. O item "Cria e mantém metadados", que apresentou um indicador de 46% no viés positivo, empatado com o viés negativo, talvez possa ser explicado por esse aspecto. A Gestão de Metadados se mostra, nessa pesquisa, como a parte da gestão estratégica de dados com maiores lacunas, dentre todas. Os metadados podem ser considerados como um dos temas mais falados e menos implementados no mundo dos dados. Isso em 2012. Hoje talvez tenha havido pequena evolução, que discutiremos a seguir.

Costumo definir, metaforicamente, o metadado como aquela plaquinha que identifica "comida a quilo", que fica ao lado dos réchauds, nos restaurantes que trabalham com essa modalidade. Tiram a dúvida se o que você está prestes a consumir é uma posta de peixe ou peito de frango, escondido sob molhos e complementos. Sem a perfeita identificação dos pratos oferecidos, você não sabe o que está consumindo. Simples assim. É exatamente o que acontece hoje com os dados. Poucas empresas se preocupam com uma arquitetura de metadados, afora aqueles que são produzidos automaticamente pelos SGBDs para abrigar informações físicas sobre tabelas, campos, índices, triggers, entre outros. Mas isso é muito pouco, e nisso a Gestão Estratégica de Dados tem espaço para desenvolvimento.

Primeiras impressões (2018)

Com o crescimento da GD e a chegada de novas fontes de dados, um maior cuidado com esse corpo de conhecimento torna-se requerido. Associado a isso, novas camadas de tecnologias, na forma de produtos voltados para esse segmento (Governança, Glossário de dados, Catálogos, etc.), auxiliam na expansão e adoção do conceito.

Definição de Metadados

Há a clássica definição de que metadados são os dados sobre os dados e também a definição de que são os dados colocados num contexto. Vou repetir aqui, uma conceituação usada no primeiro capítulo, quando, pela primeira vez, falei de metadados. Nesta visão, os metadados são os elementos de contexto dos dados. Vou reprisar aqui a discussão sobre o número 38, feita no capítulo inicial.

Pegamos o número 38, na sua forma mais orgânica. Um número 3 seguido do número 8. O que significa isso? Bem, 38 pode ser uma temperatura corporal, considerada febril, um calibre de revólver que vale muito na Baixada Fluminense ou uma medida linear de extensão ou de peso. Nesse momento, você tem somente o dado na sua forma mais elementar. Pode-se notar que ele precisa de contexto para ser entendido, pois a sua fria configuração de bits pouco informa. Se eu disser que isso é uma medição de temperatura em grau Celsius, estou dando contexto. Agora já temos informação. É um dado de temperatura, em escala Celsius, e teríamos outros metadados associados como a data/hora da medição, o dado associado a quem nos referimos (o paciente), etc. Constituímos a **informação**, dando ao dado um certo entorno ou contexto. A próxima camada seria a de **conhecimento**.

Conhecimento é definido como o ato de entender coisas (a informação, por exemplo) por meio da razão ou do experimento ou experiência. Ele exige as sinapses cerebrais para ajuntar esses outros ingredientes. O conhecimento nos diria que uma "temperatura corporal de 38°C significa febre" e que um antitérmico deve ser ministrado. Ou seja, expandimos a informação em direção a (ou pela agregação de) conhecimento. Finalmente, chegamos ao quarto patamar, a **sabedoria**.

A sabedoria é uma espécie de experiência acumulada no tempo, revista e com certos contornos de vivência experimentada, associados com percepções e pontos de vista. A sabedoria poderia dizer que, caso o antitérmico demore para funcionar, um banho frio pode ser aplicado e ajudará no controle da febre. Ou seja, saímos do dado, passamos pelas camadas de informação, conhecimento e sabedoria. Tudo isso se deu pelo enriquecimento dos dados sobre o dado (os metadados).

REGRAS DE METADADOS

Outras formas de se entender e não se esquecer da importância dos metadados é lembrar dessas regras:

1. Metadados estão sempre associados aos dados. Não há sentido lógico de um sem o outro, pois um coloca o outro em contexto. No fundo, ***metadados são dados (também) que atribuem contexto e definição a outros dados***. O detalhe é que os dados e os metadados se transmutam, dependendo do contexto. Às vezes são dados e às vezes são metadados. Por exemplo, quando você entra com uma definição como "driverless car" na caixa de busca do Google, esse elemento é um dado. Do outro lado da cortina, esse mesmo dado confere contexto a diversas "coisas". Ele pode ser considerado um novo tipo de veículo. Dessa forma, ele é usado pelo Google para alinhavar vários outros dados associados a ele (locadoras, fabricantes, acidentes, problemas, cuidados, discussões sobre IA, etc.) e entregar os resultados. Nessa visão, para o Google, ele é um metadado.

2. Desde o início da informática, eles tendem a vir em estruturas separadas. Os "copybook" do Cobol, os esquemas de bancos de dados, etc. definiam os metadados separadamente. Por exemplo: no Create Table (DDL dos SGBDs), definíamos o metadados (num-peca, nome-peca, qtd-peca, custo-peca, preço-peca) e na carga das tabelas os dados eram inseridos para cada metadado definido. A tabela abaixo ilustra os conceitos de dados e metadados, quando em elementos separados.

num-peca	nome-peca	qtd-peca	custo-peca	preco-preca	**{Metadados}** definidos em lugares diferentes
123-abs-987	#4 peça cilindro	04	60,94	83,99	**{Dados}** inseridos nos elementos de armazenamento

Hoje, com a chegada dos NoSQL e Hadoop-like, os metadados já vêm (ou podem vir) definidos juntamente com os dados. Por exemplo:

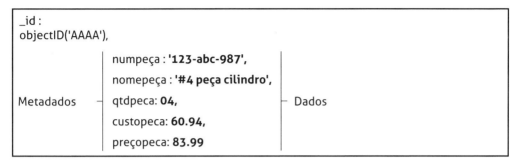

3. Algumas linguagens surgiram com forte vocação para a união entre dados e metadados. Por exemplo, a estrutura XML abaixo seria a forma aplicada na estrutura anterior:

```
<?xml version="1.0"?>
<peca>
    <numpeca> 123-abc-987 </numpeca>
    <nomepeca> #4peca cilindro </nomepeca>  ⟶  <xs:element name= "nomepeca" type="xs:string"/>
    <qtdpeca> 04 </qtdpeca>
    <custopeca> 60,94 </custopeca>
    <precopeca> 83,99 </precopeca>
<peca>
```

4. Os metadados estão fortemente atrelados aos tipos de dados. Dados estruturados, semiestruturados, não estruturados são definidos e contextualizados pelos seus metadados.
5. Os metadados definem os dados sob várias óticas: **características** daquilo que está se contextualizando (nome, peso, tipo, comprimento, formato, altura, distância, preço, etc.), **relacionamentos** (trabalha para, mantido por, tem como gestor(es) o(s), localizado em, etc.), **formas de tratamento** (fórmulas, cálculos, manipulações, procedimentos, etc.), **regras** (obrigatoriedade de presença do dados naquele contexto, regras de qualidade exigidas para formas, valores, conteúdos, etc.) ou até **informações históricas** (inventado em, descoberto por, desativado em, etc.).
6. Daí os metadados, em certas divisões, poderem ser classificados em metadados de negócios, metadados técnicos e metadados operacionais.
7. Os metadados de negócios tratam de contextualizar o dado nas visões de negócios e da organização, envolvendo, entre outros, informações sobre os níveis de segurança e privacidade que aquele contexto impõe ao dado, os devidos graus de criticidade do dados relacionados aos seus impactos de segurança e privacidade em contextos de regulações, "compliance", o uso de elementos facilitadores como acrônimos e abreviações, de elementos semânticos, como sinônimos e de outras regras de negócios impostas aos dados.

8. Os metadados técnicos estão associados aos elementos de manipulação computacional daqueles dados, envolvendo estruturas, tamanhos, comprimento, domínio, aspectos de nulidade dos dados, etc. Os metadados operacionais se relacionam com os processos , rotinas, e tratamentos associados aos dados.

9. Outro ponto importante é a participação dos metadados no conceito de DLCM, Data Life Cycle Management. Isso significa entender os metadados e a linhagem dos dados. A linhagem dos dados envolve conhecer o fluxo (stream) que os dados têm circulando pelos diversos sistemas. Ou seja, o ciclo de vida do nascedouro (módulo onde é criado) até o módulo onde é descartado ou armazenado em estágio final. No fundo, ilustra como os dados perpassam as diferentes camadas de processamento, com que valores entram, com que valores saem e a que processamentos e regras são submetidos. Uma espécie de viagem transversal do dado por entre sistemas. No fundo, a linhagem de dados é explicitada pelos metadados de relacionamentos com diversas áreas funcionais e com os sistemas que os processam. Outro ponto importante da linhagem de dados é permitir análises de impactos. Quando um determinado metadado de um dado (tamanho, forma, etc.) é alterado em certo momento, por uma modificação de regras de negócio ou de regulação, o relacionamento daquele dado com outros, via metadados de relacionamentos, facilitará a análise dos impactos e das consequências. Isso aconteceu em 1999, quando os dados de data tiveram que ter acertados e os valores do ano da data passaram para 4 dígitos (eram registrados com 2 dígitos). O ano 1999 passaria a ser seguido pelo 01, o que era prenúncio de muitos problemas em classificações, diferenças entre datas, etc. O certo seria passar de 1999 para 2000. Uma forma "bruta" foi varrer milhares de arquivos e milhões de dados para se descobrir os dados alvos (datas) e a outra, mais inteligente, foi buscar, via catálogos de dados, aqueles campos associados com o metadado "data". Entretanto, somente poucos ambientes de dados continham dicionários de dados que permitiam a captura automática dos metadados e sua indexação ou "tagging". Esses levaram uma grande vantagem no planejamento e na implementação dos projetos do Bug do Milênio. Na época, eu era o gerente geral do Projeto do Bug do Milênio (Y2000) de uma das maiores empresas elétricas do Brasil e parte do trabalho foi resolvido mais rapidamente porque usávamos um DD (Dicionário de Dados) ativo. Isso significava que qualquer programa compilado que fosse usar os dados daquele SGBD específico tinha automaticamente coletado e registrado no DD os dados que pretendia usar.

10. Quando os metadados são falhos ou mal gerenciados, potencializam-se os problemas de qualidade de dados. Muito simples: um "profiling" de dados, buscando erros de conteúdo ou de estrutura poderá, numa base de dados, ser influenciado pela baixa qualidade dos metadados (ou seja, de suas definições, regras, etc.). Um módulo que esteja fazendo integração de bases de dados, baseada em campos comuns a

ambas as bases, produzirá erros, caso os metadados dos campos de integração não estejam consistentes e coerentes.

11. Os metadados são fundamentais também para se ter coerência entre descrições de campos. Por exemplo, o que significa **evasão escolar** em sistemas de controle de cursos, estudantes, educação profissional, etc. Esse exemplo era sempre lembrado por Anderson Ricardo Ferreira, CIO da FIEMG, no trabalho que desenvolvemos lá sobre GD. A esse exemplo se juntam outros associados a definições que podem variar de geografia. Por exemplo, a definição de Ano Fiscal, que dependendo da região, tem faixas de meses diferentes e esse ponto pode levar a erros de análises comparativas entre empresas globais. Nas empresas Utilities de energia elétrica nos defrontamos com problemas de definições de dados (metadados), como "dia crítico", caracterizado por certas incidências de interrupções de fornecimentos de energia elétrica, etc.

12. Conforme já discutido no capítulo sobre Big Data, o conceito de metadados também será aplicado naquele contexto. Aqui o desafio será metadados sobre DNE, Dados Não Estruturados ou Semiestruturados. No campo de metadados técnicos, haverá novidade com relação ao ecossistema Hadoop, com variações de estruturas hierárquicas dos HDFS, com novos elementos de metadados, como fator de replicação de clusters, níveis de segurança, etc. Com o conceito de IoT, teremos metadados associados com dados de máquinas e motores (temperatura, pressão, campo magnético), de medidores inteligentes (pontos de consumo em kWh), no campo médico com medições de dados de monitoração corpórea, como batimentos cardíacos, pressão, temperatura, além de metadados de dados não estruturados como sinais analógicos de ecocardiogramas, metadados sobre imagens (como código do aparelho, tipo, escala, resolução, data de gravação, etc.). Documentos também são considerados elementos fundamentais e, quando tratados por bancos de dados especializados, também terão metadados associados, além dos dados de conteúdo. Por exemplo: título do documento, tipo do documento, tamanho, tags para indexações, estado atual, criado por, data de criação, última atualização por, atualizado por, etc.

13. O conceito de metadados e dados começa a ganhar certa complexidade quando falamos de metamodelos. Os metamodelos são modelos definidos para facilitar a criação de (outros) modelos. Há diversas propostas de metamodelos. A ISO tem, via ISO/IEC 11179-3 (Metadata Standard), uma proposição para padrões de metadados. Esses padrões facilitam a troca de informações entre entidades. Por exemplo, o CWM (Common Warehouse Metamodel) é usado para troca de dados em modelos de data warehousing e a ISO 19115 para compartilhamento de dados espaciais. Na medida em que se evolui para compreender dados, modelos de dados, metadados, metamodelos, etc., acaba-se esbarrando numa fronteira meio filosófica, que engloba esses conceitos. O melhor livro a tratar dessas nuances e

que foi a minha inspiração no início de carreira é *Data and Reality,* de William Kent, publicado em 1978. É definitivamente uma das melhores referências para se entender o conceito de dados e metadados, quando tentamos representar coisas do mundo, via modelos, e colocá-los dentro de um computador. Em 2012, Steve Hoberman, uma referência mundial na área de modelagem de dados (tentativa de se modelar coisas do mundo na forma de caixas e setas), fez uma reedição do livro de Kent, com algumas colocações e extensões. Esse livro, tanto o original como o estendido, deve ser leitura obrigatória para todos os amantes de dados.

5W2H dos Metadados

Uma forma mais suave de se entender e estender os conceitos de metadados é a aplicação dos eternos preceitos de 5W2H para melhor caracterizá-los. Como sempre, começamos pelo *Why*.

Why: Fale sobre os objetivos e propósitos do uso do dado. Quais são os objetivos de armazenamento e uso? Quais são as linhas de negócios que estão mais fortemente atreladas?

What: Fale sobre o dado e seus elementos fundamentais. Quais são suas definições de negócios? Quais são as regras de negócios que se aplicam? Quais as regras de privacidade e segurança mais importantes associadas? Quais regras de "compliance" ou aderência regulatória se aplicam àquele dado e quais são as formas de representação, como abreviações ou acrônimos?

Who: Fale das pessoas/papéis envolvidas com aquele dado. Quais são os papéis/pessoas que fazem a criação daquele dado? Quem são os gestores? Quem são os consumidores? Quem são os considerados "owners"?

Where: Fale sobre geografia e localização dos dados. Onde aquele dado está armazenado, de onde se originou (proveniência, ou data provenance), por onde ele circula (ciclo de vida), onde há cópias disponíveis? Considere aspectos geográficos ou regionais que definem políticas de segurança e privacidade. Ligue essa informação de Where com Who.

When: Fale sobre aspectos temporais do dado. Quando ele é produzido? Em que ciclo é produzido? Quando ele é atualizado e em que pontos do ciclo? Quando ele é eliminado e qual o tempo necessário para permanência em depósitos secundários? Hoje é comum você ouvir falar de "dados in rest, ou descanso" e dados em movimentos.

How: Fale sobre o como o dado é tratado, processado, consumido, armazenado, etc.

Classicamente, a Gerência de Metadados implica em planejar, implementar e controlar atividades que viabilizem um fácil acesso aos metadados integrados e de qualidade (DMBOK, 2009). A estrutura é mostrada a seguir:

- Entender os requisitos de metadados.
- Definir a arquitetura de metadados, já mencionada anteriormente na função Gerência da Arquitetura de Dados.

- Desenvolver e manter os padrões de metadados.
- Implementar um ambiente gerenciado de metadados.
- Criar e manter metadados.
- Integrar metadados.
- Gerenciar repositórios de metadados.
- Distribuir e entregar metadados.
- Consulta, relatórios e análises sobre metadados.

APLICAÇÃO DE METADADOS, GDPR/LGPD

No dia 25 de maio de 2018, passou a vigorar, na União Europeia, o GDPR. Em agosto de 2020, deverá começar no Brasil algo semelhante: a LGPD, Lei Geral de Proteção de Dados. Essas resoluções exigirão que as empresas desenvolvam um rigoroso controle sobre os dados pessoais de identificação e sensíveis (DPIS) de seus clientes, funcionários, parceiros, etc. Suponha, por exemplo, que uma grande empresa de saúde tenha atuação no mercado europeu, com foco em exames diversos. A figura 2 mostra uma decomposição dos dados/metadados, com os dados considerados DPIS e os dados das classificações (ontologias) dos diversos tipos de procedimentos. Neste exemplo, simplificado, porém real, há diversos exames com seus metadados estruturados, semiestruturados, como laudos que têm textos delimitados, mas que podem ser considerados não estruturados, e os metadados de dados não estruturados, como imagens, escritas à mão e sinais, etc.

O primeiro passo proposto por qualquer abordagem para se preparar para o GDPR/LGPD deverá ser, obviamente, conhecer quais dados (DPIS) existem na empresa e, claro, os seus metadados. Somente o conhecimento desse ativo, nessa profundidade, poderá estabelecer o Plano adequado de Riscos e Mitigações para se definir "compliance" com o GDPR/LGPD. Os dados e seus metadados deverão ser extraídos analisados e organizados, em Catálogos, onde poderão ser devidamente "governados", de novo, garantindo um Plano de ação efetivo para a busca do "compliance" requerido pelas regulações. Nesse ambiente, os dados e metadados serão avaliados à luz da aderência às regras das Regulações, identificados e etiquetados para o seu acesso, atribuídos aos respectivos gestores de dados, áreas responsáveis, fontes existentes, etc. Seus aspectos atuais de qualidade serão analisados e relatórios serão produzidos para controle com dados de revisões periódicas. O entendimento dos dados e de seu ciclo de vida deverão ser analisados pela linhagem dos dados. Em resumo, o GDPR e a LGPD exigirão que você se aproxime dos dados, e, claro, dos seus metadados. E onde essas informações deverão habitar?

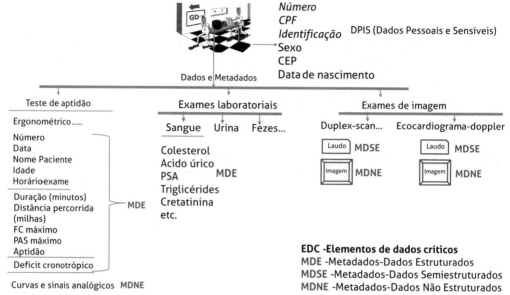

Figura 2: EXEMPLO DE DADOS E METADADOS DE UMA EMPRESA DE ANÁLISES MÉDICAS.

Evolução dos catálogos de metadados

O conceito de dicionário de dados vem desde os anos 70-80, com o surgimento dos SGBDs, Softwares Gerenciadores de Bancos de Dados, que traziam embutidos estruturas para documentar os dados que eram armazenados nesses softwares. Alguns SGBDs tinham dicionário de dados mais ativos do que outros, o que significava que eles conseguiam extrair de outros elementos a definição de dados. O IDMS, software muito conhecido nos anos 80, tinha o DD mais ativo do mercado, interceptando todos os códigos compilados que usariam aquele banco e extraindo, automaticamente, uma série de informações de programas e estruturas, que, nos casos de DD mais passivos, tinham que ser documentados à mão. Assim, o conceito de dicionário de dados ficou atrelado ao ambiente físico da TI, servindo de retaguarda para os SGBDs que surgiam.

Os conceitos de negócios, entretanto, continuavam sem um depósito onde pudessem ser registrados. Com o crescimento dos conceitos de governança de dados e a chegada de Big Data, IoT e IA, cresceu a necessidade de se gerenciar e usar os metadados com mais cuidado, com outro patamar de visão. Nesse período, houve o surgimento de ambientes e plataformas voltadas para a gerência de metadados, com o aparecimento dos conceitos de glossário de dados, ladeando agora os já existentes dicionário de dados.

O conceito de glossário de dados ganhou o sinônimo de glossário de negócios. Enquanto o dicionário é voltado para o armazenamento de dados em nível de projetos, com um sabor mais de projeto físico de dados e associações com bancos de dados, o glossário tem outro objetivo. Primeiramente, o glossário tem foco em termos de negócios, com o objetivo de que eles sejam bem entendidos. Deverão conter minimamente a definição de cada dado, com seus metadados, regras, os seus "owners" e seus gestores de dados. Poderá haver um termo de dados com várias definições e uma definição que serviria para vários dados. A resolução desta relação M x N é fundamental e deverá ser gradativamente encaminhada, a fim de que os dados estejam sem ambiguidade nas definições e produzam valor quando da sua entrega às áreas de negócios. Um conjunto mais completo de metadados dentro de um glossário de dados pode ser: número de identificação, nome, definição sintética, definição estendida, acrônimo, regras de negócios, categoria&subcategoria, status de aprovação, criticidade, classificação semântica, tipo externo/interno, primitivo/derivado, elementos formadores do cálculo, elementos formadores da estrutura, sinônimos, processos de origem, processos consumidores, área responsável, gestor responsável, revisto por, notas de revisão, status de aprovação etc.

FERRAMENTAS E AMBIENTES PARA GERÊNCIA DE METADADOS

Alguns conceitos fundamentais e gerais para se observar no conjunto de ferramentas de metadados:

- Antes de pensar em Ferramentas, analise bem os seus problemas, objetivos, alcances, estratégias, etc.
- Nunca compre "tools" antes de avaliar os caminhos/objetivos e sustentabilidade do programa de GD.
- Avalie as opções de mercados e analise usuários, faça benchmark e, se possível, uma POC (Prova de Conceito).
- Veja as ferramentas presentes no mercado do Brasil, considerando venda e suporte.
- Pense, inicialmente, até na possibilidade de uso inicial de Planilha Excel com Office, ou ferramentas mais simples como SharePoint, Trello, Asana, etc., antes de comprar plataformas mais sofisticadas. A associação de uma ferramenta de glossário mais simples, com o uso de Excel, BD SQL, pode ser enriquecida com ferramentas de BI mais acessíveis, como PowerBI, por exemplo, provendo uma alavanca inicial para o conceito. Depois ferramentas mais sofisticadas de glossário de dados existentes poderão ser viabilizadas, caso o conceito de metadados progrida na empresa.

Características

A figura 3 mostra os principais pontos relacionados às características de uma plataforma de metadados, onde o catálogo de dados desempenha papel fundamental. Hoje há diversas opções de mercado para a aquisição de uma plataforma que atenda uma gerência de metadados minimamente efetiva. Na figura, destacamos alguns pontos que deverão ser observados numa eventual Prova de Conceito de uma plataforma como essa. Essas plataformas têm módulos, alguns negociados separadamente, que objetivam atender as funcionalidades básicas da Governança de Dados e da Gerência de Metadados. Os pontos importantes a observar:

Figura 3: Principais características de um ambiente de Metadados (Catálogo de dados).

- Data Discovery: Permite a leitura de fontes de metadados, realizando uma descoberta automatizada, com captura de metadados e colocação no Catálogo. Podem usar métodos mais evoluídos de IA, como modelos semânticos de dados para automatização e procura de elementos de dados afins, baseados em conteúdos ou nomes. Oferecem a formação inicial da linhagem de dados, na forma visual e descritiva, indicando os módulos e os processamentos dos dados em pontos do fluxo.
- Plataforma para gestores de dados: Permite visões separadas e integradas por gestores de dados, atuando nos seus respectivos dados e domínios. Isso facilita a visão dos gestores e os dados pelos quais são responsáveis. Também oferecem pontos no fluxo para revisão, consolidação, aprovação e notificação sobre os dados entrados.
- Gerência da Governança de Dados: Permite o conjunto de ações organizacionais para a implementação da governança de dados e sua sustentação, podendo ser particularizada em casos especiais como o GDPR/LGPD.
- Gerência das Políticas: Camada destinada à Gerência de Políticas, dentro da linha de que essas são elementos basais da governança de dados e delas derivam os Padrões e Processos/Procedimentos a serem aplicados.
- Gerência de Integração: Permite a integração com ambientes e ferramentas de diversas naturezas: produtos de BI, de bancos de dados, qualidade de dados, camadas Hadoop, etc., alcançando, dessa forma, projetos de Big Data e IoT.

- O catálogo poderá ser o repositório de templates, documentos e processos da GD.
- Catálogo de dados: Elemento central da plataforma, acessado pelos gestores e outros usuários, podendo rodar na nuvem ou "on-premises", onde residem os dados, metadados, seus elementos de contextualização e elementos da GD, com facilidades de tags e acessos. Funciona também como elemento integrador das funções de GD.

Produtos de Catálogos/Glossários de dados

No momento de produção deste livro, há um conjunto de ferramentas oferecidas no mercado. Algumas dessas ferramentas podem ser encontradas como open source, mas a maioria está sob marcas fortes de mercado. A tabela abaixo apresenta uma lista preliminar de ferramentas, com as respectivas empresas responsáveis:

VENDEDOR	*PRODUTO*
Alation	Alation Enterprise Edition
Alex Solutions	Alex Version 2.23
Azure Data Catalog MS	Serviço gerenciado em Cloud para gerenciamento de dados (Microsoft)
ASG	ASG Data Intelligence Metadata Repository
BackOffice Associates	Data Stewardship Platform
Cloudera	Cloudera Enterprise 5.10
Collibra	Collibra DG Center
Datum	Information Value Management
Global Data Excellence	DEMS - Data Excellence Management System
Global IDs	Enterprise Information Management System
IBM	InfoSphere Information Governance Catalog
Informática	Enterprise Information Catalog e Informatica Axon
SAP	SAP Data Services 4.2 EE e SAP Information Lifecycle Management 1.0
SAS	SAS Metadata Server Manager
Talend	Talend Metadata Manager
Apache	Apache Atlas
CKAN	Open Knowledge International
DKAN	DKAN Open Data Platform
WhereHows	Data discovery e Lineage tool
Kylo	Data Lake Management Software

Variações

- Alguns produtos embutem na sua suíte outras funcionalidades como descoberta de dados (data discovery) e análise de qualidade de dados. Já em outros, tais funcionalidades são vendidas separadamente.
- Alguns produtos trabalham on-premises e/ou cloud-based (com armazenamento dos dados na nuvem).
- Alguns produtos permitem acesso role-based, que oferece a visibilidade do usuário (sobre elementos, métricas, etc.) de acordo com seu papel.
- Alguns produtos permitem o trabalho colaborativo (vários usuários atuando sobre o mesmo elemento), alguns no limite de até 15 "personas".
- Os usuários podem configurar seus dashboards particulares para facilitar a visualização dos seus elementos.
- Alguns produtos são mais focados para o trabalho dos líderes e equipes de gestores de dados.
- Alguns produtos permitem a expansão de seus catálogos para novas funções emergentes como aplicações para cientistas de dados (find, acesso e colaboração em arquivos).
- Alguns produtos oferecem a capacidade de profiling dos dados (verificação de conteúdo, forma, qualidade e coerência dos campos).
- Alguns produtos oferecem o uso de inteligência artificial para automatizar a GD e analytics. Essas empresas têm projetos com universidades, baseados em modelos semânticos e IA para automatizar numerosos processos manuais trabalhosos. Alguns produtos caminham para a melhoria da IU (Interface de Usuário).
- Alguns produtos concentram sua força no catálogo. Alguns possuem dashboards com alertas para gestores de dados, mas podem carecer de maiores funcionalidades para GD.
- Alguns produtos começaram a sua vida com baixa dedicação à GD, mas evoluíram pela aquisição de produtos neste domínio. Possuem estruturas de catálogo e agregam funcionalidades para gerência de métricas. Algumas ferramentas, em releases mais novos, trazem linhagem de dados avançada.
- Alguns produtos começam a oferecer (ainda que de forma incipiente) mecanismos para valoração de dados (atribuição de valores aos dados).
- Alguns produtos oferecem uma suíte cheia de opções, com múltiplos produtos: qualidade de dados, Catálogo, Extração/Transformação/Carga, área para Gerência de Políticas (baseado em BPM, Business Process Management), etc.

Síntese

- O glossário de dados é um compêndio gerenciado e aprovado composto de termos de negócios e definições. Um processo, originado de uma ou mais Políticas de Metadados, define como a organização cria, aprova, atualiza e promulga termos e definições de negócios consistentes, alavancando o uso compartilhado de dados ao longo da organização. Termos consistentes e definições, com os correspondentes metadados, são essenciais para a gerência dos dados corporativos no contexto de seu significado.
- O glossário de dados provê uma fundação estável para o entendimento e integração dos dados da empresa. O objetivo do glossário de negócios é garantir que cada termo se refira a um específico fato atômico, sem ambiguidade ou duplicação. Os possíveis conflitos semânticos entre dados deverão ser dirimidos pelo modelo operacional de GD (Comitê de gestores, Conselho de GD), e, caso persistam, mantidos como variações aceitáveis documentadas.
- A linguagem que descreve o dado é alinhada sem ambiguidade com a linguagem de negócios.
- A organização segue os padrões de nomes, definições e metadados associados com os termos de negócios.
- O acesso em nível organizacional ao glossário de dados permite aos stakeholders alcançar um entendimento comum dos termos de negócios padrões, consensado entre as áreas.
- A GD facilita a revisão, aprovação e o uso consistente dos termos de negócios.
- Políticas e processos garantem a aderência e obrigatoriedade na aplicação dos termos de negócios quando surgirem novos projetos e requisitos de dados.
- A organização terá um plano de comunicação e processo colocado para prover feedback contínuo no uso e na utilidade do glossário para os usuários de dados e outros envolvidos.

Governança de dados e Metadados

Algumas perguntas deverão ser pensadas, discutidas e respondidas, quando da definição inicial do modelo operacional de GD na empresa, no que tange aos aspectos de metadados:

- Qual o papel da GD na criação, aprovação, gerência e atualização de termos de negócios?
- Qual o fluxo que deverá ser definido, regulado e seguido para tal?
- A organização tem uma política de uso mandatório dos termos de negócios e seus padrões definidos?

- Como os termos são promulgados e tornados acessíveis, após sua entrada e aprovação no catálogo?
- Como os termos de negócios são integrados nos projetos de aplicações de Data Base, DW, DLakes?
- Como se gerencia as referências internas e mapeamentos de termos de negócios (sinônimos, glossários de unidades de negócios específicas, elementos de projeto físico, etc.) para termos de negócios padronizados?
- Como o glossário de dados é expandido (melhorado) e mantido para refletir alterações e adições?
- Há um processo de verificação de garantia de qualidade que garanta que os termos estão sendo corretamente usados?

Com o crescimento da sociedade digital e da importância dos dados nesse contexto, os metadados ganharão papel de destaque, dentro da ambiência de governança de dados. Associa-se a isso o aumento do número de regulações sobre os dados em termos de privacidade, segurança e ética. Diferentemente do que foi mostrado no início deste capítulo, quando os números da pesquisa de 2012 mostravam os metadados como o patinho feio da rosácea DAMA DMBoK®, isso mudará de agora em diante. Dados e metadados estarão juntos para sempre.

CAPÍTULO 8
QUALIDADE DOS DADOS

PESQUISA FUMSOFT E DAMA DMBOK BRASIL (2012)

Neste capítulo discutiremos o conceito de qualidade de dados, elemento pilar da GD, também presente como área de conhecimento nos principais frameworks de dados disponíveis. A figura 1 mostra o resultado de uma pesquisa de 2012, em que se evidencia a pequena intimidade que a comunidade de dados no Brasil tinha com esse tema naquele momento. A pesquisa foi realizada por uma parceria da Fumsoft com a DAMA Brasil (Carlos Barbieri, Fernanda Farinelli e Rossano Tavares), com o objetivo de mapear o posicionamento das empresas com relação à gestão e governança de dados, em todas as suas áreas de conhecimento. A pesquisa foi realizada durante os meses de outubro e novembro de 2012, período em que foi disponibilizado um questionário online. Este foi preenchido por empresas convidadas pelas instituições realizadoras, sem nenhuma limitação prévia de tamanho, ramo de atividade, faturamento ou número de colaboradores.

A ideia foi buscar a primeira impressão qualitativa sobre governança de dados no Brasil, visto que tais dados nunca haviam sido levantados no país em uma pesquisa como esta. Foram obtidas 76 respostas completas e seus resultados, na forma de tabelas e gráficos, estão disponibilizados nos sites da DAMA Brasil e da Fumsoft. Os resultados completos da pesquisa, bem como a sua interpretação, podem ser acessados no link abaixo:

1. Resultados: http://bit.ly/2BU34Zg

PRIMEIRAS IMPRESSÕES: QUALIDADE DE DADOS (2012)

O gráfico da figura 1 apresenta os resultados da pesquisa quanto aos quesitos da gestão da qualidade de dados. Observa-se que, na maioria das questões, houve a prevalência do viés de não realização das atividades (quatro questões contra duas). Os aspectos de definição de requisitos de qualidade, de análise e avaliação da qualidade dos dados, de definição de métricas para se gerenciar a qualidade e de gestão sobre qualidade se mostraram com viés de não realização. Somente duas perguntas apresentaram viés positivo de realização: a promoção da conscientização em qualidade de dados (com 51% para a realização e 47% para a não) e a limpeza e correção de defeitos de qualidade de dados (com 49% e 47%).

Neste último, inclusive, há uma questão fundamental que não foi expressa na pesquisa: o fato de se limpar e corrigir os defeitos de dados de forma preventiva e profilática e não de forma reativa, como provavelmente ocorre na maioria das empresas. As respostas podem ter sido dadas com a percepção de que existe a correção a posteriori e não a ação profilática a priori, que seria o grande objetivo da prática.

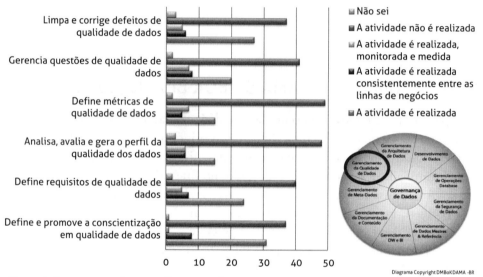

Figura 1: Resultado da Pesquisa Fumsoft e Dama Brasil (2012) sobre Metadados. DMBoK V1.

O grau médio de desconhecimento sobre o assunto é pequeno, com cerca de 3% dos respondentes, apontando que a qualidade dos dados faz parte do contexto de gestão das empresas, embora ainda realizada com certa discrição.

Essa é outra dimensão que apresenta grande lacuna no espectro da gestão estratégica de dados. A qualidade de dados talvez seja um dos mais importantes domínios da GD e paradoxalmente legado a um segundo plano. Há hoje diversas proposições de processos de qualidade, como MIT/Wang, Larry English, Danette McGilvray, Jack Olson, entre outros. O grande desafio aqui é mostrar que a qualidade tem ROI e isso não é tarefa fácil pela intangibilidade dos conceitos.

Existem diversos domínios na percepção da qualidade: qualidade intrínseca, que envolve a credibilidade que os dados sugerem e a reputação dos projetos a que eles servem. Veja, por exemplo, os dados de cadastros do INSS e do Bolsa Família, normalmente divulgados na imprensa, com distorções inconcebíveis. Há aspectos de falta de integração de dados processados por processos de negócios diferentes. Existem lacunas de qualidade dos dados nos aspectos de sua documentação, metadados, padrões, regras de negócios para seu processamento, com clara ausência de dicionários, glossários ou repositórios de metadados, conforme capítulos anteriores.

No domínio da integridade, os dados são observados segundo os pontos: a validade ou range de valores aceitáveis, máscaras de edição ou de aceitação e integridade referencial. Novamente aqui, observa-se o papel dos SGBDs como indutores de certos pontos de qualidade, como a integridade referencial e cláusulas Check. Os aspectos de duplicação de registros já se tornaram alvos das técnicas de MDM, como dito anteriormente. O sentido de precisão dos dados, quando confrontados com referências oficiais, como os dados referenciais de CEP, CID (Código Internacional de Doenças), domínios de internet, cadastro de logradouros oficiais, entre outros, já é bem observado nas empresas.

Aspectos mais amplos como disponibilidade dos dados (tê-los quando precisamos), apresentação (forma de visualização) e amplitude (cobertura com que os dados atingem os objetivos propostos) são considerados medianamente nas empresas. Embora seja de fundamental importância e um dos pilares da gestão estratégica de dados, a qualidade ainda tem muito caminho a percorrer, conforme sugere a pesquisa e as percepções qualitativas observadas nas empresas em que atuamos.

Primeiras impressões (2018)

Com o crescimento da GD e a chegada de novas fontes de dados, certamente um maior foco será dado ao conceito de qualidade de dados. As regulações, cada vez mais presentes e exigentes, serão um fator fundamental para se ter uma lupa cuidadosa sobre os aspectos de qualidade de dados. Hoje, com as empresas altamente reguladas, o envio de dados com qualidade torna-se fundamental para minimizar riscos de glosas, autuações e multas significativas. Diversas agências reguladoras no Brasil, com ações em variados segmentos, como ANEEL (Agência Nacional de Energia Elétrica), Banco Central, ANS (Agência Nacional de Saúde Suplementar), Anvisa (Agência Nacional de Vigilância Sanitária) e ANP (Agência Nacional do Petróleo, Gás Natural e Biocombustíveis), são gradativamente fatores de alavancagem de qualidade dos dados. Um dos pontos importantes na definição das dimensões de qualidade de dados é entender perfeitamente quais as regulações a que a empresa está sujeita. Por exemplo: disponibilidade de dados deve ser uma dimensão considerada sempre, a precisão pode ser mais exigente quando se fala de regulações com indicadores numéricos, a exigência de comunicação com os clientes pode implicar em dados de comunicação precisos (CEP, endereço, nome, etc). De toda forma, os aspectos de regulação nas empresas brasileiras crescem, sendo um "driver" importante para as sementes de governança de dados. As próprias leis associadas à proteção de dados, como GDPR e LGPD, exigem aspectos de manutenção de qualidade nos dados sob a guarda dos Responsáveis e Operadores. No artigo 6, inciso V, da LGPD, por exemplo, há a citação do princípio de qualidade, com a "garantia aos titulares de exatidão, clareza, relevância e atualização dos dados, de acordo com a necessidade e para o cumprimento da finalidade de seu tratamento".

CONCEITO DE QUALIDADE DE DADOS

O conceito de qualidade de dados varia nas diversas correntes de especialistas na área. Cada qual apresenta um conjunto de dimensões (muitas comuns e outras próprias) que servem para o balizamento da qualidade dos dados nas empresas.

Há um conjunto diferente de autores e instituições que apresentam dimensões de qualidade. Por exemplo, Danette McGilvray, amiga constante de congressos e seminários internacionais, escreveu o livro *Executing Data Quality Projects: Ten Steps to Quality Data and Trusted Information* (2008), que apresenta 12 dimensões: especificação dos dados, integridade, duplicação, acurácia, consistência e sincronização, temporalidade e disponibilidade, facilidade de uso e manutenabilidade, cobertura, qualidade de apresentação, percepção de relevância e confiança, envelhecimento dos dados e transacionalidade.

Outros autores apresentam outras dimensões com algumas comuns. David Loshin, em *The Practitioner's Guide to Data Quality* (2011, p. 133), apresenta as dimensões: intrínsecas (acurácia), linhagem (origem), semântica (significado) e estrutura. Na dimensão contextual aparecem: completude, consistência, atualidade, disponibilidade, razoabilidade e identificação.

Em *Journey to Data Quality* (2006), de Yang W. Lee, Leo L. Pipino, James D. Funk e Richard Y. Wang, aparecem: facilidade de manipulação, consistência de apresentação, completude de valores, proteção contra acessos indevidos, reputação e confiabilidade, facilidade de compreensão, volume suficiente, atualidade, facilidade de interpretação, temporalidade (disponibilidade no tempo necessário), aspectos de coleta, aspectos de armazenamento, aspectos de uso, aspectos de importância, acurácia, consistência, acessibilidade e quantidade necessária.

Uma das formas de se avaliar a qualidade dos dados, além do conjunto de ferramentas disponível para tal, como profiling, identificação, matching e discovery, é através de entrevistas com usuários de negócios ou, mais formalmente, da aplicação de um questionário de avaliação, destinado a usuários-chave, para que se obtenha a percepção do grau de qualidade com que os dados são vistos na organização. As perguntas variam de acordo com algumas dimensões e deverão ser centradas nos problemas mais comuns de negócios da empresa, de certa forma, associada aos dados. Por exemplo:

1. *INTEGRIDADE DE DADOS*

As diferentes dimensões de qualidade de dados, desenvolvidas por diferentes autores, podem levar a definições com certo grau de divergência entre os conceitos.

Dados com/sem integridade (estrutura e conteúdo)

Extensão na qual os dados são avaliados na integridade, observando-se problemas de estrutura, formato e conteúdo. Exemplos: datas usadas em formatos americano, brasileiro, europeu; CPFs com valores inválidos, campos em branco, etc. Integridade também pode ser entendida pela coerência entre os valores em campos diferentes ou formatos de dois campos em depósitos diferentes, que servem como elementos de integração (integridade referencial).

Dados com/sem duplicação (unicidade): Mestres, Referenciais, Transacionais

Extensão na qual os dados existem duplicados em várias fontes, havendo uma perda de garantia da "verdade" factual sobre eles. Podem acontecer em todos os tipos de dados, porém se manifestam com maior impacto nos dados mestres e referenciais. O aparecimento desse tipo de problema sugere projetos desenvolvidos em tempos diferentes, por equipes diferentes, com tecnologias diferentes e serão corrigidos por uma definição estratégica de projetos de dados mestres/referenciais, data lake, etc., que busquem a integração governada entre as fontes.

Dados com/sem precisão e corretude

Extensão na qual os dados estão corretos e também estão garantidamente precisos. Por exemplo, João tem um CEP válido e correto na sua estrutura, mas deve ser coerente e preciso com o local (bairro) onde reside. Por exemplo, o CEP 30310-110 deve ser de uma rua do Bairro do Cruzeiro, em Belo Horizonte. Maria tem um telefone completo com DDD (completude), mas deve se ter a garantia de que seja efetivamente dela (precisão).

Dados com/sem sincronização dos valores

Extensão na qual as diferentes manifestações dos dados se mostram fora de sincronismo, com relação à sua atualidade. Consequência da duplicidade (os dados existem em fontes diferentes) e da temporalidade (frequência e momento com que esses dados são atualizados, podendo gerar a falta de sincronismo entre os seus valores).

Dados com/sem facilidade de acesso e manutenção

Extensão na qual os dados existem e o seu acesso e manutenção podem ser complexos e trabalhosos. Dados não estruturados, como redes sociais, tendem a ter problemas nessa dimensão.

Dados com/sem completude (completos, sem lacunas)

Extensão na qual os campos de um registro podem ou não estar totalmente preenchidos. Tem campos brancos ou nulos ou zerados, além dos campos preenchidos, ou seja, podem haver campos faltantes num registro. É uma condição que pode levar o dado a um estado de baixa reputação e confiabilidade.

Dados com/sem cobertura necessária

Extensão na qual se define se a população dos dados existente/desejada para os negócios tem a abrangência necessária ou se faltam dados. Por exemplo: há a necessidade de dados da região sul de MG, mas não há essa disponibilidade. Há dados de todas as outras regiões do estado, excluindo-se essa. A falta de cobertura ou abrangência pode causar limitações ao plano de negócio.

Dados com/sem percepção de confiabilidade/confiança

Extensão na qual os dados inspiram ou não confiança no seu uso e na tomada de decisão. Normalmente resultantes de dados com valores distorcidos, como alguns divulgados em programas sociais no Brasil (Bolsa Família, por exemplo). É um problema decorrente das outras causas de erros de qualidade.

Dados com/sem validades referenciais

Extensão na qual os valores dos dados são verificados contra uma fonte reconhecida e oficial. Normalmente relacionado a dados referenciais (porém não somente). Exemplos: CEP, códigos de entrega, códigos financeiros, códigos de doenças, etc. Representa a falta de sincronismo com dados de referências, sendo que esses normalmente são de origem externa e representam uma espécie de padrão adotado por todos, como CEP e CID.

Dados definidos com/sem ambiguidade

Extensão na qual os dados têm definições diferentes em contextos diferentes, fruto de sentidos negociais atribuídos em unidades organizacionais, empresas clientes, coligadas, etc., onde o mesmo dado pode ter semântica diferente. Por exemplo, a taxa de evasão escolar possui diferentes definições em organizações que tratam de dados sobre alunos, matrículas e cursos. O "dia crítico" definido em sistemas de controle de atendimentos em empresas de utilidade, como elétricas, são normalmente fonte de erros.

Dados com/sem apresentação com qualidade

Relacionados a formatos e aparência com que os dados são apresentados, mostrados ou catalogados. Associados à visualização, constituem fator importante para o consumidor daquele dado.

Dados com/sem disponibilização necessária, no momento necessário

Relacionados à existência, disponibilidade e acessibilidade dos dados necessários, no momento demandado. Diz respeito à temporalidade dos dados.

Dados com/sem percepção, relevância

Grau em que os dados (não) denotam importância, valor e relevância para as necessidades de negócios.

2. SEGURANÇA E PRIVACIDADE DE DADOS

Com o advento da sociedade digital, novos conceitos foram introduzidos com relação aos dados, expandindo os contornos que eram definidos na dimensão segurança e privacidade. Estão mais relacionados com o "entorno" dos dados do que com eles próprios. Por vezes, o dado no seu conteúdo e forma estão corretos, mas os fatores que garantem a sua entrega adequada para o destinatário correto e no momento necessário não estão devidamente estabelecidos. São mais atrelados à sua governança e gerência do que ao seu próprio conteúdo e estão fortemente associados às regulações sobre dados.

(Não) Há uma área da governança dedicada à segurança e privacidade

Diz respeito aos aspectos de segurança e privacidade dos dados, potencializado pelas regulações, cada vez mais presentes, como GDPR, LGPD e BCBS 239. Deve ser vista como um elemento fundamental da governança e qualidade de dados. A empresa ainda não possui uma área dedicada ao controle da segurança e privacidade do ponto de vista organizacional e ainda mantém uma forma insipiente de controle de segurança de dados, sem uma visão organizacional, normalmente derivada dos controles primários de dados da TI.

(Não) Há processos de garantia de segurança de dados por categoria de dados

Extensão na qual há uma classificação de tipos de dados de acordo com o seu grau de criticidade. Por exemplo, dados pessoais que permitam a identificação direta da pessoa, dados que permitem a sua identificação indireta, ou dados de naturezas diferentes, como dados biométricos, genômicos, sensíveis de forma geral, etc. Conceito aplicado em regulações como GDPR e LGPD.

(Não) Há cuidados com o consentimento explícito do uso dos dados

Consentimento do uso dos dados de forma explícita, sem legalese "escondida" e sem checkboxes previamente marcados.

(Não) Há processo para explicação dos usos dos dados pessoais, caso requerido

Processos para atendimentos de explicação sobre o uso de dados (aplicações de BI, Analytics, IA, filtros seletivos etc.).

(Não) Há processo para eliminação de dados pessoais, caso requerido

Processo para remoção de dados pessoais por solicitação explícita, respeitando certos aspectos legais e as circunstâncias, consideradas razoáveis.

(Não) Há processos para avisos formais sobre vazamentos de dados e ataques

Processos definidos com tempo máximo para publicação de avisos sobre vazamentos (72 horas, por exemplo, no GDPR), ou em tempo razoável, na LGPD. Implica na existência de políticas sobre como tratar esse aspecto de qualidade dos dados nas empresas, podendo haver a adoção de ocultamento do "breach" para o público externo, encaminhamento de negociação com o "hacker", etc.

(Não) Há auditoria de processos de segurança de dados

Garantia de QA sobre processos de controle de segurança e privacidade adotados na empresa.

(Não) Há gerência de riscos sobre segurança dos dados

Gerência formal de riscos sobre segurança, baseada em tipos de riscos, classificação de riscos por probabilidade e impacto, ações de mitigação, ações de contingência e comunicação e de acompanhamento de informações de ataques, vazamentos, etc.

3. *DOCUMENTAÇÃO E ENTENDIMENTO CLARO DOS DADOS*

Diz respeito aos aspectos que a ausência de uma documentação correta de dados pode ocasionar. Por exemplo, a definição dúbia de certos elementos de dados/metadados associados.

(Não) Há gerência de metadados de negócios

Diz respeito aos impactos que podem ser produzidos por ausência ou imprecisão de definição de dados, do ponto de vista de negócios, resultando na falta de clareza, que pode comprometer ações importantes nas áreas de negócios. É normalmente implantado via plataforma que contempla a definição negocial dos dados, com todos os metadados pertinentes. No capítulo de metadados falamos sobre esses pontos.

(Não) Há gerência de metadados físicos

Diz respeito aos impactos que podem ser produzidos por ausência de definição de dados, do ponto de vista de tecnologia, resultando na falta de clareza em definições importantes de elementos operacionais de negócios da empresa. Normalmente esse problema é pequeno, pois a grande maioria dos SGBDs/ferramentas possuem metadados no plano físico.

(Não) Há gerência de modelos de dados conceituais

Extensão na qual já se percebe a falta de um modelo conceitual dos dados, que fornece ideia dos elementos (objetos/entidades) de dados e principais atributos, numa macro visão organizacional, que pode ser entendida pela alta gerência, sem o apoio de especialistas em modelos físicos de dados.

(Não) Há gerência de modelos de dados lógicos

Extensão na qual há problemas acerca da falta de modelo lógico dos dados, que fornece ideia dos elementos (objetos/entidades, relacionamentos, atributos) num contexto de implementação, que gravita entre o conceitual e o físico.

(Não) Há gerência de modelos de dados físicos

Extensão na qual há problemas acerca da falta de modelo dos dados, que fornece ideia dos elementos de BD/DW num contexto de implementação física (tabelas, índices, campos, etc.). Torna-se mais importante quando a empresa migra, por exemplo, para Hadoop, onde os projetos físicos das estruturas são relegadas a um segundo plano, dando-se prioridade às documentações no próprio código.

Há metadados espalhados em diversas fontes/ferramentas (BI, ETL, Ferramentas BPM, Case, ERP, etc.)

Extensão na qual há problemas em função das diversas fontes de metadados em diferentes ambientes-ferramentas. Sugere que há que se pensar em integração, caso se deseje uma fonte única e fidedigna de metadados. Dependendo da solução de GD/Glossário, este poderá referenciar os diversos repositórios físicos de metadados.

4. Produção de dados qualificados para tomadas de decisão

Extensão na qual há problemas relativos à insuficiência de dados para a tomada de decisão gerencial, no âmbito de negócios.

(Não) Há relatórios gerenciais confiáveis e satisfatórios obtidos/ fornecidos no momento adequado

Extensão na qual há problemas relativos à insuficiência de dados para a tomada de decisão gerencial, no âmbito de negócios, produzidos por relatórios periódicos ou por demanda. Esses relatórios poderão ser produzidos na própria área de negócios, por analistas de negócios especializados em técnicas e ferramentas mais user-friendly.

(Não) Há sistemas de Data Warehousing, Data Marts e Business Intelligence que suportam a produção de informações analíticas e de tomada de decisão

Extensão na qual não há sistemas de depósitos centralizados, integrados, com dados mantidos em perspectiva histórica e controle de atualizações (changing dimension type 2), por exemplo. Nesse contexto os dados atuais e os de versão imediatamente anterior são mantidos.

(Não) Há sistemas de Data Lake, aplicação para ciência de dados

Extensão na qual ainda não há depósitos centralizados em arquitetura flexível e elástica, com escalabilidade horizontal, com ingestão e facilidade de dados (schemaless) de várias naturezas, capaz e atender processamentos batch ou streaming.

5. Responsabilidade e Accountability sobre os dados

Relativo a problemas devido à ausência (ou ineficiência) de recursos dedicados a assumir a accountability (responsabilidade final) dos dados (owners), ou a sua gestão local (data stewards), dentro da área de negócios. Caracterizada pela extrema dependência da área de negócios, com relação à TI, no que tange ao conhecimento, uso e a gerência dos dados fundamentais daquela área.

(Não) Há clareza sobre quem define os dados

Não há uma definição clara de onde os dados são definidos (em quais unidades de negócios, ou BU, áreas funcionais, etc.).

(Não) Há clareza sobre quem produz os dados

Não há uma definição clara de quais são as áreas produtoras dos dados e nem do seu fluxo de produção, mostrando a linhagem dos dados.

Não há clareza sobre quem usa os dados

Não há uma definição clara de quais são as áreas usuárias dos dados, com as suas ações CRUD (Criação, Leitura, Atualização e Eliminação).

6. *USO DE DADOS PÚBLICOS/EXTERNOS*

Há ou pode haver conflitos no uso de dados públicos

Extensão na qual há conflitos ou problemas no uso de dados públicos, que são regulamentados pela Lei de Acesso à Informação pública. Pode ser fonte de problemas quando na fronteira (ainda indefinida) entre "dados disponíveis publicamente" e "dados de domínio público ou uso restrito".

Há ou pode haver conflitos de uso de dados pessoais

Extensão na qual há conflitos ou problemas no uso de dados pessoais. Coleta, armazenamento, tratamento, compartilhamento e qualquer uso ou acesso que envolva dados pessoais. Isso pode ensejar sanções administrativas; ações individuais ou coletivas e processos criminais, além de responsabilização individual de colaboradores. Dados pessoais são regulamentados pelo Marco Civil da Internet (MCI), Código Civil e Código de Defesa do Consumidor (CDC) e agora mais amplamente pelo LGPD, a vigorar a partir de agosto de 2020. Estão relacionados com regulações externas como GDPR, LGPD, BCBS 239 etc.

Há ou pode haver conflitos no uso de dados externos

Extensão na qual há aspectos de conflito no uso de dados de fontes externas adquiridas. Enseja garantia de qualidade técnica e legal do fornecedor externo.

7. *VARIEDADE DE PLATAFORMAS TECNOLÓGICAS*

Diz respeito aos impactos de se ter uma variedade de ferramentas, do ponto de vista de armazenamento de BD, de seus metadados, de sistemas legados, ou de pacotes ERP para as diversas soluções de tecnologia da área de negócios.

Variedade de SGBD-fontes

Extensão na qual há aspectos relacionados à existência de diferentes fontes de dados e de metadados físicos.

Variedade de sistemas legados

Extensão na qual há aspectos relacionados à existência de diferentes fontes de dados, em tecnologias antigas, que poderão exigir sistemas de integração.

Variedade de sistemas ERP

Extensão na qual há aspectos relacionados à existência de diferentes fontes de dados e de metadados físicos, armazenados em sistemas ERPs mais modernos.

Variedade de ferramentas de BI (analytics, OLAP, relatórios, ETL)

Extensão na qual há aspectos relacionados à existência de diferentes fontes de metadados físicos associados a relatórios, consultas, buscas, etc.

RESUMO

Há hoje definições metafóricas para o valor dos dados, comparando-o ao petróleo (*data is the new oil*) ou ao solo (*data is the new soil*). Como também é válido para essas comparações, esses elementos somente produzirão valor caso ofereçam qualidade. O petróleo contendo elementos mínimos que permitam o investimento na sua produção e refino e o solo, com ingredientes básicos para o seu cultivo. Os dados somente poderão entrar na equação de busca de novos negócios, expansão de valor e inovação de produtos caso ofereçam este elemento de qualidade. E isso não é uma qualidade necessariamente intrínseca. Depende de pessoas e de processos, além de tecnologia. Por isso a qualidade de dados é considerada o elemento pilar da governança de dados e a sua busca, o seu objetivo maior.

Capítulo 9
AGILIDADE, DADOS E GOVERNANÇA DE DADOS

Embora rótulos como "agile" e "lean" tenham se tornado moda, não há muitos autores pensando sobre o tema quando o cenário é casado com governança de dados e seus *corpus* de conhecimento. Há, na realidade, certas visões diferenciadas. Scott Ambler[1], por exemplo, foca mais numa proposta para desenvolvimento de sistemas e bancos de dados com aspectos de agilidade, enquanto Ken Collier[2], Lawrence Corr[3], Ralph Hughes[4] aplicam os mesmo conceitos com foco em BI Ágil.

Na esfera de governança de dados com agilidade, aparecem Kelle O'Neal e John Ladley, da First San Francisco Partners, e Robert Seiner, da KIK Consulting, seguidos de Dhivya Venkatachalam, da Onecode Limited, e Tami Flowers, da MetaGovernance Solutions, com quem fiz um curso de Agile GD nos EUA, em novembro de 2016, no DGIQ, em San Diego, Califórnia. Todos esses autores seguem uma abordagem padrão de implantação de GD, porém com uma visão de otimização de tempo e recursos na definição dos seus elementos básicos, com o objetivo de neutralizar percepções criadas de movimentos que se tornaram lentos e burocráticos. É diferente de outras propostas, que são mais centradas em certas gerências específicas de dados, como BD e DW/BI, e que aderiram ao rótulo de agilidade.

---

1 http://agiledata.org ou http://disciplinedagiledelivery.com

2 Hughes, Ralph. *Agile Data Warehousing*. iUniverse. 2008.

3 Corr, Lawrence. *Agile Data Warehousing Design*. Dec1sion Press. 2012.

4 Collier, Ken. *Agile Analytics*. Addison-Wesley. 2012.

AGILIDADE DISCIPLINADA: SCOTT AMBLER

Scott Ambler é um conhecido profissional da área de banco de dados que aderiu aos movimentos ágeis[5] já no seu nascedouro, quando os primeiros sinais do manifesto ágil foram publicados, e promoveu o conceito de "Agile Data", com diversas proposições para a mistura dos dois genomas (Agilidade e Dados). Entretanto, o foco inicialmente dado por Scott Ambler foi muito mais de "Agile **Data Base** Governance" do que "Agile Data Governance". E isso faz certa diferença. Todas as suas ideias são centradas na linha de que a "Governança de TI" é a que deve ser a prevalente e que a de dados é uma componente dela, como é a de sistemas, por exemplo.

Sua visão, de certa forma, se contrapõe aos conceitos de dados vistos como ativo organizacional (portanto pertencente à organização) e não mais um recurso de exclusividade da TI, como entendido nos anos de 60 a 90. Embora a aplicação de preceitos de agilidade seja válida em projetos de banco de dados, observando aspectos de aderência de padrões, modelos, metadados, etc., isso deverá ser costurado e alinhado com visões acima dos projetos, coerentes com modelos mais conceituais, arquiteturas e estratégias de negócios. Por exemplo, dentro da visão do Release Planning, poderia se ter esses alinhamentos com estratégias, arquiteturas e modelos de dados. Isso também certamente adicionará na receita Scrum novas etapas (sprints, atividades, etc.) hoje normalmente desconsideradas em função do tempo.

O mundo da GD, hoje, se preocupa com os dados, desde o seu nascedouro, conhecendo o seu ciclo de vida, o seu significado via glossário, alocando gestores para tomar conta dos dados (stewardship), designação de áreas de negócios responsáveis pelos dados (ownership) com responsabilidade total (accountability) e prestando contas sobre eles. Vai além de uma preocupação focada somente no momento em que os dados se tornam inquilinos de tabelas relacionais. Nessa fase, sem as devidas observações acima, os erros de dados já poderão ter acontecido e não tem "recovery". Aí mora a diferença. Por conta disso, gradativamente começa a aparecer a necessidade de se aproximar dados e agilidade de forma mais efetiva. A chegada das regulações GDPR e LGPD já exigem o conceito de "privacy by design", ou seja, a preocupação com os dados e seus entornos (privacidade, tipos e criticidade) são exigidas no nascedouro da solução. Numa espécie de evolução dos métodos ágeis tradicionais, já existem novas propostas do Agilismo. DAD (*Disciplined Agile Delivery*) e SAFe (*Scaled Agile Framework*) são duas delas, que buscam essa aproximação fundamental.

DAD: DISCIPLINED AGILE DELIVERY

Scott Ambler lançou em 2015 o livro "Introduction to **D**isciplined **A**gile **D**elivery" (co-autoria de Mark Lines), com o conceito chamado coloquialmente de **DAD**. A ideia é

---

5 http://www.manifestoagil.com.br/principios.html

apresentar algumas arquiteturas alternativas à tradicional Agilidade básica. O objetivo do trabalho parece estar marcado pela presença da palavra "disciplined" (disciplinado) contido na proposição, mandando uma mensagem que remete a um maior controle, embora ainda estejamos mais no campo de projetos de funções de dados, como BD e BI. A ideia é preencher alguns gaps deixados pela camada Ágil tradicional e sugerir quatro possíveis abordagens ou ciclos de vidas, expandindo a visão ágil hoje consolidada através do uso do eufemismo "escalando a agilidade". DAD traz uma mistura de várias abordagens, como a Modelagem Ágil, Extreme Programming, o UP do velho RUP, Kanban, Lean Software Development, tudo centrado na visão por objetivos. Os quatro ciclos propostos são:

1. **Versão básica do Scrum, enriquecida com genoma do RUP.** Contém os aspectos básicos do Scrum, com releases, sprints/iterações, retrospectivas ao final desses marcos, reuniões diárias nos sprints, etc., e introduz as fases "rupianas" de Concepção, Construção e Transição.

2. **Um ciclo de vida avançado com Lean.** Contém uma proposição Lean com desenvolvimento contínuo, sem, obrigatoriamente, os protocolos de releases, sprints, etc., do item anterior, que se transformam em elementos opcionais. Exige claramente maior controle da equipe.

3. **Um ciclo de vida de entrega contínua.** Contém ênfase na entrega contínua e pode ser visto como uma decorrência/extensão natural dos ciclos anteriores, casado com os aspectos atuais de DEVOPS, fincado nas premissas de desenvolvimento, testes e integrações contínuas.

4. **Um ciclo de vida exploratório, baseado no lean startup.** Contém elementos para uma abordagem de situações quando não se conhece claramente os problemas a serem resolvidos e, portanto, nem as soluções imaginadas. Favorece experimentos e laboratórios, minimizando investimentos em soluções e priorizando a descoberta. É a base das ações de P&D já existentes nas empresas.

Essas novas visões da agilidade poderão contribuir para um encaixe maior com a gestão de dados necessária. Na fase de Concepção, os aspectos de dados poderão ser amplamente discutidos, como, por exemplo, a criação de modelos de dados de domínios, alinhando-os com direções estratégicas de dados já definidas em níveis acima. A proposição de Ambler, por ter tido certa influência da IBM, onde ele atuou por um período, e também pela incorporação de genoma do RUP, acabou deixando espaço para a criação de algo mais neutro. Dessa forma, surgiu o **SAFe**, uma nova proposta com visão mais corporativa, centrada nos mesmos princípios de visão organizacional, mas sem reminiscências diretas da IBM.

SAFe: Scaled Agile Framework

Enquanto o Scrum era considerado algo mais focado na construção, o Scaled Agile Framework (SAFe) se volta para a empresa, numa visão organizacional. A visão mostrada[6] permite claramente a observação de novos elementos que trazem um conteúdo mais estratégico, necessário para se colocar a agilidade em consonância com aspectos de negócios e, por consequência, com os de dados. Nitidamente se observam três grandes camadas. Na primeira camada, chamada **Portfólio**, há a tradicional gerência de Portfólios, com "temas" estratégicos (lembre-se que em Agilidade, "Temas e Épicos" são sinônimos de requisitos em granularidades diferentes), há owners de épicos (responsáveis por requisitos de alto nível, onde os dados deverão ser considerados), há a presença do arquiteto corporativo (onde a arquitetura de dados deverá ser considerada), há épicos de negócios (requisitos de negócios, que se associam com requisitos de dados), há épicos de arquitetura (requisitos de arquitetura, onde também entram as arquiteturas de dados), backlog de portfólios e uma nítida visão do planejamento dos releases.

A camada seguinte, denominada **Programa**, se apresenta com a Gerência de Produtos e roadmaps, a Gerência de Releases com épicos de programa (requisitos daquele conjunto de projetos/releases), há portfólio de programas, etc. Na terceira camada, chamada de **Equipe** (Team), chegamos aos ciclos de iterações (sprints), hoje conhecidos dentro do Scrum tradicional. Há as equipes ágeis, a figura do PO, do Scrum Master, dos desenvolvedores e testadores e as estórias encaixadas nas iterações. Em resumo, todas essas proposições buscam esse casamento desejado entre Agilidade e dados, embora, neste caso, o sabor sugira maior concentração na fase de desenvolvimento dos produtos.

Afora os excessos de modismos encontrados em adoções dessa natureza, o conceito de agilidade, na essência, é hoje fator fundamental em qualquer implementação de processos e isso não é diferente para os processos de dados. Há, entretanto, que se observar certos pontos dentro do espectro de governança de dados e o seu entrelace com os conceitos de Agilidade. Há uma clara necessidade de se aproximar essas duas ideias, na medida em que os métodos ágeis facilitam o desenvolvimento de soluções, mas os dados deverão ser preservados via políticas, padrões e processos, a fim de se evitar o "data chaos", que hoje não é incomum nas empresas.

Em resumo, no momento em que os dados estão sendo considerados ativos estratégicos nas empresas, não interessa o estabelecimento de abordagens que mantenham o descontrole sobre eles, sejam produzidos por metodologias cascata, ágil, lean, DataOps, etc. Ambos os genomas (rapidez e controle) devem ser considerados importantes para a organização e buscados com certo equilíbrio.

Os métodos ágeis, com Scrum, estão consagrados e se mostram com uma adoção sem volta, pois garantem desenvolvimentos e entregas rápidas, alinhados com os novos momentos da sociedade digital. Por outro lado, é fundamental que tais entregas de

---

6 scaledagileframework.com

códigos estejam acompanhadas de dados corretos e com qualidade. Os métodos ágeis, tradicionalmente refratários a certos níveis de controle que comprometam a rapidez de suas ações, deverão abrir espaço para que os aspectos de dados sejam considerados como um ativo e não como uma peça colateral do processo Scrum. Aqui será necessário um comprometimento importante dos agilistas. Um ponto de convergência entre as duas abordagens deverá ser buscado, com o apoio e a aprovação da alta gerência, ciente de que o desafio pode não ser simples. Afinal a agilidade é uma metodologia que traz no seu DNA a rapidez na construção de software, embasada por pequenas iterações construídas, testadas e modificadas rapidamente, mas buscando um resultado de qualidade. Por outro lado, a governança de dados é um programa contínuo, que objetiva que a qualidade também esteja nos dados que serão usados nessas mesmas aplicações. E a qualidade dos dados exigirá controles e padrões a serem seguidos, protegidos por políticas a serem respeitadas, o que sugere um tempo maior de observação e, consequentemente, possíveis choques de percepções.

PRINCÍPIOS DE AGILIDADE E DE GOVERNANÇA DE DADOS[7]

Para um melhor entendimento de como esse matrimônio pode dar certo, é importante relembrarmos alguns dos princípios de agilidade, comparados com os princípios trazidos pela governança de dados. Dessa forma, poderemos observar pontos de convergência e de divergência entre a duas visões, Agilidade e GD. Alguns dos princípios de Agilidade clássica são compatíveis com os de GD e outros o serão, desde que haja alinhamento e convergência entre as duas linhas de pensamento. Por exemplo, entregas rápidas e incrementais sugerem que pequenas partes da solução (estórias ou um conjunto delas) sejam entregues ao invés de esperar pelo todo. Um projeto de BD, dentro do contexto de GD, poderá também ser feito em pequenas construções, desde que alinhavados por um modelo conceitual de dados maior, que costure essas partes, feitas em separado. As tabelas que atendem aquele pedaço do sistema deverão estar coerentes com a visão maior de uma arquitetura física de dados, alinhavada por camadas lógicas e conceituais mais amplas. A Agilidade sugere que os requisitos podem surgir ou evoluir dentro de um release ou de sprints. Caso os requisitos que alteram estórias impliquem em modificações de bancos de dados (inclusões ou refactoring), esses mesmos elementos de dados deverão ser alterados em outras partes de código (onde já estão sendo usados) e que poderão estar fora do contexto daquele sprint, gerando os chamados débitos técnicos. Lembre-se que a premissa de agilidade, normalmente é de timebox, com tempo fechado. Isso normalmente impossibilita extensões de escopos e gera transferência de requisitos para outros ciclos.

Outro aspecto fundamental de ser discutido é a presença dos usuários em direta interação com os desenvolvedores, uma das premissas da agilidade. Os representantes do

---

7 Principles behind the Agile Manifesto. Disponível em :https://agilemanifesto.org/principles.html

negócio poderão estar presentes com a visão de dados (da mesma forma que no Scrum tradicional), mas isso, sabemos, não é tão trivial. Provavelmente, a área de dados estará representada na equipe pela figura de um gestor técnico de dados (DBA, DA, Arquiteto, etc.) para opinar sobre esse domínio. O gestor técnico deverá fazer parte da estrutura formal de GD, com as atribuições de ações operacionais, mas alinhado por um comitê de gestores de dados, por exemplo, conforme a figura 1. Algumas empresas americanas já usam a figura do gestor de dados de projeto, que estará presente na equipe Scrum. Essas discussões de dados, entretanto, muito provavelmente merecerão momentos especiais, do tipo "Sprint exclusivo de requisitos de dados", para que o alinhamento aconteça com mais propriedade. A tabela 1 mostra uma análise dos princípios canônicos da Agilidade, com as devidas considerações sobre GD.

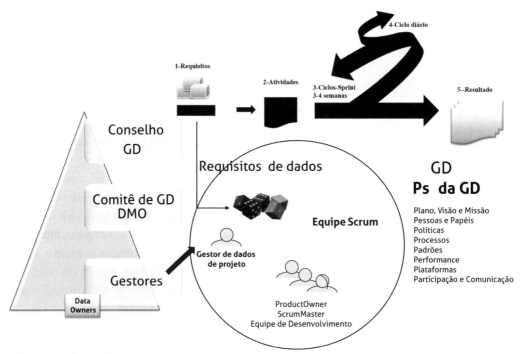

Figura 1: VISÃO DE GD: GOVERNANÇA DE DADOS COM AGILIDADE

TABELA 1: PARALELO ENTRE OS PRINCÍPIOS DA AGILIDADE E CONSIDERAÇÕES DE GD[8]

AGILIDADE	*GOVERNANÇA DE DADOS*
1. A prioridade é com a satisfação do cliente, entregas rápidas e contínuas de software, com valores alinhados aos objetivos do sistema.	1. A prioridade é com a satisfação do cliente, entregando soluções com *dados* com valor, sem erros de *qualidade* e atendendo aos objetivos de negócios da empresa.
2. Mudanças de requisito aceitas a qualquer momento.	2. Mudanças de requisitos aceitas a qualquer tempo desde que os dados demandados para atendê-las estejam alinhados com Padrões, Políticas e outros Ps da GD.
3. Entrega de software funcionando com mais rapidez.	3. Entrega de software com rapidez, porém funcionando com dados documentados, com qualidade, consistência e integridade e outros atributos de qualidade de dados.
4. Pessoas de negócios e desenvolvedores trabalhando juntos, integrados na equipe Scrum (*).	4. Equipe Scrum com a participação de um gestor de dados de projetos, alinhado com a GD.
5. O método mais efetivo e eficiente de troca de informação é o "face-to-face".	5. Participação do gestor de dados, com discussões abertas, envolvendo os dados necessários ao desenvolvimento.
6. Software funcionando é a medida de progresso do projeto ágil.	6. O software deverá estar funcionando com os dados corretos. Indicadores de dados com qualidade, na forma e conteúdo, evidenciando a funcionalidade dos controles de dados são requeridos.
7. Agilidade promove desenvolvimento sustentável. Os patrocinadores, desenvolvedores e usuários devem manter o ritmo.	7. Desenvolvimento com dados qualificados criando ambiente para uma GD sustentável, implementada em passos com rápidas melhorias.
8. As melhores soluções de arquitetura, requisitos e projetos vêm de equipes auto-organizadas.	8. As equipes auto-organizadas deverão envolver os gestores de dados e seguir as regras definidas pela GD para os dados envolvidos no projeto.

---

8 Os aspectos relacionados às caraterísticas ambientais e motivacionais, como pessoas focadas, com ambiente e suporte necessários à interação e comunicação; atenção contínua para a excelência técnica do projeto que aumenta a agilidade; concentração na simplicidade, maximizando o que tem para ser feito num tempo menor ou uma reflexão periódica da equipe, que ajusta e melhora seu comportamento, valem igualmente para ambas a visões, seja Ágil ou tradicional.

Agilidade na Governança de dados

Há uma certa preocupação estabelecida quando se fala de governança de dados em função da ideia de morosidade e engessamento que isso pode representar. Os conceitos de administração de dados, introduzidos nos anos 80 e 90, acabaram produzindo essas percepções, visto que muitas implementações da AD foram tragadas pelo gigantismo. Hoje a GD tem nos seus drivers alguns elementos fundamentais que diferenciam a sua implantação dos casos de insucessos passados. Por exemplo:

- Naquele tempo, era *importante* ter uma administração sobre os dados, enquanto hoje governar os dados é *fundamental*. Hoje, grande parte das empresas em setores estratégicos como saúde, finanças, serviços, etc., são reguladas e exigem dados precisos e com qualidade, enviados periodicamente às agências reguladoras.
- Os dados eram estruturados na sua quase totalidade, enquanto hoje há uma variedade de tipos, com um volume e uma velocidade de produção que clamam por controles específicos.
- Essas iniciativas de dados nasceram da TI, enquanto hoje a GD tem os seus pilares nas *áreas de negócios*.
- O *vírus* da informática estava fundamentalmente na TI, enquanto hoje várias áreas de negócios respiram dados e seus tratamentos.
- O ferramental existente para tratamento de dados se resumia quase que exclusivamente aos SGBDs, com seus dicionários focados em estruturas físicas de dados, enquanto hoje o arsenal para captura, tratamento conceitual de dados, metadados e ferramentas de qualidade de dados é muito mais amplo.

Assim, a possibilidade de se estabelecer uma GD que seja ágil, focada, com produção de alcances chaves (key wins) e rápidos (quick wins), é um objetivo a ser perseguido, fundamental dentro da linha de maior agilidade e de menores obstáculos. No fundo, elas centram em conceitos muito próximos dos de qualquer programa de GD "tradicional", porém com certas observações básicas. O foco mais importante, nesse caso, é a definição de ações mais focadas, sem gigantismos, com iterações de implantações e entregas, apresentando resultados claros e mensuráveis e ganhos obtidos mais rapidamente e com mais objetividade. No fundo, torna-se fundamental a neutralização da ideia de que um programa de GD é lento, burocrático e demorado. A sua visão traz os mesmos Ps da GD, com Políticas, Padrões, Processos, Pessoas e Papéis, Comunicação (Participação), Tecnologia (Plataformas), Monitoração e Medidas (Performance), além de um Plano Estratégico. O P do Patrocínio continua importante para o sucesso da GD e poderá até ser mais viabilizador caso os aspectos de tempo sejam elementos que cheguem claros às mesas da alta gerência. Veja a figura 2, a seguir. Ela evidencia um ciclo tradicional de PDCA, ao qual se pode incorporar fatores de maior agilidade, dentro das fases definidas: levantar os problemas; definir e planejar; implementar; avaliar e refinar. Esse ciclo,

Figura 2: GD com agilidade, PDCA clássico

dependendo da cultura da empresa e do patrocínio de recursos, poderá ser realizado em espaços de 100 dias, desenvolvido com técnicas de UAAI Learning, mostradas nos capítulos anteriores. Os detalhes dessas fases estão a seguir:

1. Levantar os problemas
   - Equivale ao "oncotô", já discutido no capítulo 3.
   - Concentrar em problemas mais críticos de dados (regulação, riscos, necessidades de dados, etc.) Pensar em problemas de negócios oriundos de dados e em dados com problemas afetando os negócios. Para esses dados considerados críticos entender o seu ciclo de vida, mapeando o seu movimento transversal por entre módulos e sistemas.
   - Levantar possíveis soluções, sempre envolvendo os usuários e conhecedores de negócios.
   - Analisar as soluções que sejam mais rápidas e factíveis de implementação em curto tempo, evitando o "to boil the ocean". É fundamental adicionar valor e não obstáculos, o que vai depender de aspectos do problema e do patrocínio da empresa. Delinear claramente a trajetória do "oncotô" para o "proncovô".
   - Observar a propensão à cultura data driven da empresa e possíveis processos de dados e especialistas existentes, que poderão ser destacados para o papel de gestores de dados.
   - Identificar os principais elementos no domínio do problema, usando o 5W2H:
   - What: Identificar os dados e metadados críticos, seus domínios e principais fontes. Documentar num glossário de dados ou ferramenta semelhante. Hoje há ferramentas que facilitam essa captura e ingestão.
     - How: Identificar os processos envolvidos no tratamento dos dados críticos, destacando fontes e processamentos.

- Where: Conversar com as áreas de negócios envolvidas nos processos relacionados àqueles dados críticos selecionados. Identificar as áreas de negócios responsáveis/produtoras dos dados, consumidoras dos dados e áreas envolvidas na regulação que utilizam aqueles dados. Nas áreas observe a cooperação entre elas e o alinhamento com relação aos dados. Atribuir responsabilidade e accountability.
- Who: Observar pessoas e papéis envolvidos nos processos relacionados àqueles dados, classificando como consumidores de dados, os produtores de dados, os analistas de negócios, custodiadores, etc.
- When: Observe a temporalidade dos dados, o ciclo dos sistemas e os seus momentos críticos de disponibilidade.
- How much/many: Observar valores, dimensões de investimentos, custos associados, etc.

2. Definir e Planejar
- Equivale ao proncovô, também discutido no capítulo 3.
- Definir as possíveis soluções, sempre ajustadas diretamente às necessidades e problemas de negócios.
- Planejar possíveis soluções de GD:
  - Definir uma missão e objetivos claros.
  - Definir um possível modelo operacional de GD otimizado, com conselho para supervisionar e comitê de GD para apoiar a execução. Atentar para a minimização de impactos nas estruturas e operações existentes. Sempre atentar para o funcionamento entre áreas.
  - Elaborar os Ps da GD:
    - Patrocínio: Analisar e buscar patrocinadores fortes com os argumentos de um possível e rico casamento do controle com a rapidez.
    - Políticas: Definir e aprovar políticas mínimas que apoiem a GD. Evite a criação exagerada de regulações por políticas, focando mais em dados críticos.
    - Padrões: Definir padrões mínimos para regular a GD.
    - Processos/Procedimentos: Documentar minimamente os processos de negócios/procedimentos com os seus de dados envolvidos, de forma simplificada. Deve ser o suficiente para evidenciar os pontos por onde os dados circulam e suas alterações.
    - Pessoas: Analisar os envolvidos vislumbrando possíveis pessoas para papéis definidos (gestores de dados de negócios, gestores de dados técnicos, etc.), com respectivas responsabilidades e accountability. Evite buscar recursos especiais para essas implementações. Considere sempre a possibilidade de uso dos próprios recursos da área de negócios, já envolvidos em dados, como os chamados especialistas ou SME (Subject Matter Experts). Observe que os potenciais gestores de dados já poderão existir nas empresas e que é apenas uma questão de identificá-los e treiná-los devidamente.

- Performance: Definir critérios de sucesso e métricas de alcance. Concentre em indicadores que mostrem os ganhos da GD, conforme "vendidos" na fase de convencimento.
- Definir um plano de comunicação eficiente, priorizando contatos frequentes, que mostrem a evolução do programa, sessões de discussões e resolução de dúvidas. Lembre-se que a comunicação é fator crítico de sucesso na implantação de GD.
- Planejar processos de mudanças (change management) com o objetivo de controlar, motivar e alavancar as quebras de resistências e garantir o controle sobre os dados e fontes alteradas.
- Planejar possíveis soluções de dados que poderão envolver ações de qualidade de dados, metadados e glossário de dados, dados mestre, etc.
- Plataformas: Analisar ferramentas de dados caseiras ou prospectar.

3. Implementar
   - Divulgar e treinar os elementos da GD.
   - Operacionalizar os Ps da GD.
   - Rodar alguns ciclos do modelo de GD.
   - Avaliar e resolver pendências.
   - Rodar ciclos do projeto "driver" de dados (Regulação, BI, MDM, etc.).
   - Avaliar e resolver problemas.
   - Aplicar auditorias (QA).

4. Avaliar
   - Levantar informações sobre alcances e problemas, via entrevistas com envolvidos e auditorias realizadas.
   - Levantar e avaliar métricas de alcance.
   - Planejar e realizar ajustes e melhorias nos processos.
   - Planejar e realizar feedbacks para as equipes.
   - Comunicar a alta gerência sobre os resultados alcançados.
   - Consolidar e registrar lições aprendidas.

Fatores críticos de sucesso

A governança de dados deverá ser direcionada para os objetivos de negócios. O aspecto cultural da sua implantação deverá ser trabalhado com busca de apoio, sensibilização e treinamento.

Plano Estratégico: Definir com clareza a visão, missão, objetivos gerais e específicos do programa de GD, estabelecendo sempre alinhamento com objetivos de negócios.

Medidas e Monitoramento: Nesse ponto aparece o P de Performance. Ponto fundamental para se acompanhar o andamento do processo de GD. Uso de medidas, medições e análise com monitoramento do progresso do programa e com acompanhamento numérico das pendências apresentadas em dashboards, scorecards, etc. É elemento fundamental de balizamento do programa de GD, a fim de justificar a sua adoção e os alcances até o ponto de avaliação.

Comunicação: Elemento fundamental, por vezes negligenciado, envolve o plano de Comunicação de GD, com divulgação em massa, atualizações individuais e personalizadas, além de mecanismos e estratégia de treinamento. Pode se ter um site de GD na empresa, com os todos as Políticas, Padrões, Processos, etc. A comunicação é também parte fundamental da estratégia, visando a uma GD bem sucedida.

Cultura: Observar e pensar em caminhos e abordagens de remoção dos obstáculos culturais e metodológicos que surgirão no acoplamento entre GD e Agilidade. Certamente deverá haver uma estratégia definida em alto nível, acompanhada pela alta gestão, com pontos de treinamento para convergências de visões e resolução de pendências.

RESUMO DA ÓPERA

O resumo da ópera é que essas abordagens de agilidade, independentemente de sua gênese, deverão estar perfeitamente alinhadas com os Ps da GD daqui para frente. Políticas, Padrões, Processos, Procedimentos, etc., farão toda a diferença nesse casamento de duas linhas fundamentais, que vieram para ficar. Os conceitos emergentes de DataOps, DevOps, Engenharia de dados e outros já aparecem nos cenários de desenvolvimento de dados como novas opções e deverão também considerar aspectos de Qualidade, Ética, Metadados, Glossário de dados, Arquitetura de dados, além de ter o Peopleware sensibilizado para a importância de se produzir e entregar dados com Qualidade, além da agilidade. Lembre-se sempre de que governar os dados não é nem tanto governança, nem tanto os dados e sim muito mais as pessoas...

Capítulo 10

CDO (CHIEF DATA OFFICER)

Nos últimos 8 ou 10 anos, as empresas mais "data driven" começaram a sentir a necessidade de organizar seus dados, dando a eles um sentido mais empresarial e de negócios. Foi criado o papel de CDO (Chief Data Officer), que, conforme a IBM[1], é *"um líder de negócios que cria e executa estratégias de dados e de "analytics" direcionadas para valores de negócios. O papel é responsável pela definição, desenvolvimento e implementação de estratégias e métodos, através dos quais a empresa adquire, gerencia, analisa e governa os seus dados. Ele também tem a responsabilidade estratégica de identificar novas oportunidades de negócios através do uso mais criativo e efetivo dos dados"*. Embora os números não sejam oficiais (eu os levanto informalmente nos eventos de dados dos quais participo), estima-se que haja hoje aproximadamente 500 CDOs nos EUA e um número um pouco menor na Europa. No Brasil, estima-se que não haja mais do que 10 papéis oficiais de CDO. Alguns cuidados acompanham a criação desse novo papel, fruto das diversas implementações bem ou malsucedidas nos EUA e na Europa. Alguns deles:

1. O CDO deve (preferencialmente) estar alocado na área de negócios. Em empresas mais evoluídas nesse novo papel de governança e gerência dos dados, observa-se a presença do CIO para funções bem mais específicas no ecossistema de TIC das empresas. Muitas empresas veem hoje o CIO muito mais como o responsável pela camada de tecnologia e não diretamente no envolvimento com o negócio, numa espécie de retorno ao começo (conceito de CPD dos anos 60/70), com responsabilidade sobre a execução de sistemas e manutenção do maquinário, hoje muito mais complexo e cheio de alternativas, como ERPs, *cloud computing*, virtualização, dados em tempo real, etc. O aspecto negocial dos dados, cada vez mais crítico, deveria mudar de mãos, segundo alguns desses preceitos novos que envolvem CDO e GD.

---

[1] IBM Institute for Business Value, "The new hero of big data and analytics: The Chief Data Officer".

2. O CDO não deve ser visto como um novo concorrente do CIO (papel já estabelecido há anos nas empresas), mas sim como uma parceria entre o lógico e o físico do mundo dos dados. O CIO deverá assumir o papel de "custodiador" dos dados da empresa, focando na área de operação e serviços de TIC, enquanto o CDO deverá ter o foco nos dados como um novo tipo de recurso a ser gerenciado pela empresa.

3. O CDO não deverá ser subordinado hierarquicamente ao CIO. Eles deverão atuar no mesmo nível, cada qual com o seu foco devido na faixa específica de dados. Numa das conferências americanas de dados (IAIDQ, Baltimore, EUA, 2015) tive a oportunidade de assistir a uma palestra de uma gigante da área de Telecom da região da Austrália, Nova Zelândia e Oceania. A empresa mostrou a sua estratégia de dados e uma boa maturidade em GD. Em conversas com a palestrante, após a apresentação, observei que a empresa já teve a figura de CDO, mas que, por um erro estratégico na sua criação, foi colocado sob a gerência do CIO. A convivência durou apenas dois anos e, segundo ela, o problema poderia ter sido evitado se a empresa tivesse percebido que o CDO é para tocar a organização e governança dos dados do ponto de vista de negócios e não de tecnologia (TI). A presença do CDO sob o CIO criou óbvios impedimentos.

4. Também em um seminário exclusivo sobre CDO, acontecido no EDW 2015, em Washington D.C., a temática foi: "CDOVision: Governance, Risk and Security; Innovation and Monetization; Organization and Structures". As sessões do CDOVision tiveram foco na emergente dicotomia entre CDO e CIO. As sessões foram desenvolvidas durante um dia todo com o formato conhecido hoje no Brasil como Learning 3.0. No fundo, é a velha forma de se trazer temas para debates, com a presença de pessoas com certo domínio inicial sobre aquele assunto e que ainda têm contornos indefinidos e verdades subjetivas, liderados por um facilitador profissional, que conduz, induz e atiça a plateia para as discussões. Daí sairão mais conhecimentos e "insights" sobre aquele assunto. Acresce-se a isso pequenas palestras cronometradas de 10 minutos, feitas por convidados, sobre o tema. Houve palestras de duas CDOs e de um consultor. O tema central foi a emergência do CDO (não no sentido de urgência, mas de ser algo novo despontando/emergente no cenário de dados das empresas). Foram discutidos, em separado, os três temas do título: Governança, Risco e Segurança; Inovação e Monetização e Organização e Estrutura. Todos os subtemas apresentados serviram de pretexto para induzir a discussão sobre a figura do CDO. A discussão foi rica, com a participação de figuras proeminentes da área de dados como John Zachman, John Ladley, Peter Aiken e dezenas de CIOs e CDOs americanos e europeus. Estávamos em 2015 e a conclusão à que cheguei naquela época foi que nem mesmo os americanos tinham uma equação pronta para definir se uma empresa necessita de um CDO. Isso vai depender diretamente de alguns fatores, como:

a) Cultura e tipo de negócios da empresa, com a percepção de que empresas mais regulamentadas (área financeira, saúde, governo, etc.) estariam mais propensas a ter essa nova figura.

b) Empresas mais "data driven" que, saindo na frente, gradativamente percebem o crescimento da importância dos dados como um ativo e planejam uma dedicação gerencial especial e concentrada sobre eles.

c) Hoje, nos EUA, a presença do CDO no organograma varia. Alguns ainda estão sob o comando do CIO (numa convivência harmoniosa), outros já se deslocaram para áreas críticas de negócios, onde os dados tornam-se fundamentais. Por exemplo, há CDO sob a Gerência de Operações da empresa (COO), sob a Gerência de Risco (CRO), CFO (Financeiro) e até mesmo diretamente sob o CEO (Executivo) da empresa. Há empresas com mais de um CDO, dependendo de suas características geográficas. Assim, a figura do CDO começa a ganhar contornos mais claros ao se aproximar dos gestores de dados de negócios e fazer uma ligação forte entre a GD e os serviços de gerência de dados, estes sob a responsabilidade operacional dos CIOs na TI. O CDO deverá ter conhecimentos consistentes de negócios da empresa e uma visão prospectiva dos assuntos emergentes da área de dados, como Big Data, IoT e IA, com os quais poderá elaborar estratégias de inovação de produtos, através dos dados, com consequente acréscimo de valor aos negócios. Além desses, a comunicação será fator fundamental na missão de mudar paradigmas e trabalhar aspectos de convencimentos nas altas camadas da empresa.

d) A figura do CDO tem forte correlação com a presença de GD nas empresas, embora não seja bidirecional. Muitas empresas têm governança de dados estabelecida, porém ainda sem CDO formal. O contrário é menos comum, visto que a estratégia definida por qualquer CDO certamente passará por estruturas que possam implementá-la, e aí entra a presença da GD. O CDO tem forte atuação no convencimento da alta gerência, onde gravita, sobre a importância da GD, e também na sua operação, centrando nos preceitos do Legislativo (definições dos Ps) e Judiciário dos dados (resolução de pendências). Nas diversas formas de estruturação operacional da GD, os CDOs estarão presentes, participando de Conselhos/Comitês, levando a visão estratégica dos dados atrelada aos negócios e atuando na remoção de obstáculos.

e) Com o surgimento da GDPR e da LGPD, aspectos de segurança e privacidade dos dados estão se deslocando para papéis especializados de CPO (Chief Protection Officer), que também estarão se relacionando com CDO (caso existam).

f) Com o crescimento da área de Analytics, onde despontam aplicações inferenciais (mining, IA, aprendizado de máquinas, ciência de dados, etc.), algumas empresas estão criando a figura do CAO (Chief Analytics Officer). Esse papel deverá ter importante relacionamento com o CDO, na medida em que crescem aspectos associados à inovação no uso de dados. A simbiose entre o CAO e CDO poderá apontar para uma direção de novos produtos, até então não percebidos, alavancando o papel dos dados como ativos organizacionais. Um ponto importante aqui será a consideração sobre os aspectos éticos no uso dos dados no escopo desses novos produtos gerados por técnicas inferenciais, conforme já discutido.

g) Os CDOs deverão ter como fatores de obstáculos os aspectos culturais, que envolvem mudança sobre os dados, seu "proprietarismo com silos de dados" e a relativa falta de intimidade e homogeneidade das áreas de negócios com termos e conceitos relativos a dados. Ouvirá certamente a frase "esse negócio de dados é com a TI", quando das primeiras proposições de GD na área de negócios. Em função disso, há um conjunto de características que se espera dos CDOs de hoje: ter um alto poder de comunicação e ser um ótimo costureiro de relacionamentos. Isso abrirá as portas de um ambiente que não lhe será necessariamente amistoso e sorridente, principalmente quando a cultura da empresa for presa a "proprietarismos" de dados. O conhecimento sobre GD é fundamental, além de também falar com desenvoltura sobre conceitos de gerência de dados, Big Data, Metadados, Analytics, IA, etc. Esses conhecimentos técnicos aliados à demonstração de "paixão por dados" ou um "data geek" somará bastante na formação final. Ter um senso aguçado de estratégia lhe será demandado na medida que definir uma estratégia de dados para a empresa poderá ser o primeiro "para casa". O conhecimento sobre o negócio da empresa, obtido na própria ou trazido do mercado, é fundamental para que a credibilidade necessária seja estabelecida e esse requisito anterior seja bem desenhado.

h) Em algumas empresas já se fala do CDO como Chief *Digital* Officer, com a responsabilidade de supervisionar a transição para um mundo digital. A proliferação de CxOs (Chief *something* Officer), como CPO (Proteção), CRO (Risco), CFO (Financeiro), COO (Operações), CIO (TI), etc., deverá sugerir o cuidado com o aparecimento do ***CaOs***, que poderá advir da sobreposição das siglas e de suas atribuições discordantes.

Em resumo, pense simples, seja objetivo e sempre priorize a valorização dos negócios da empresa antes de tudo. Sempre através dos dados. E veja se chegou a hora de ter um CDO no seu organograma.

Capítulo 11

PMBOK E DMBOK

Este artigo foi escrito em conjunto com Andriele Ribeiro, especialista em PMBOK.

"Quando dois corpos se aproximam" poderia ser o nome de uma novela de TV ou de um livro qualquer de Nicholas Sparks. Na realidade, neste contexto, o objetivo é analisar a convergência e afinidade entre os frameworks PMBOK e DMBoK e, por aproximação, com outros BOKs existentes.

Os dois dos mais conhecidos "Body Of Knowledge" (BOK) há muito estavam somente se tangenciando pela simples presença das três letras em seus codinomes. Andavam se encontrando com BABOK e outras proposições semelhantes muito mais pelo nome e não pela discussão e afinidade de objetivos. Na realidade, há muito mais aproximação entre esses elementos do que sugerem os seus manuais pelo simples fato de que a gerência de projetos (foco do PMBOK) não pode prescindir da gerência de dados (foco do DMBoK), elementos que já deveriam ter se comunicado há tempos. Entretanto, muito pouco tem se destacado sobre essas afinidades e só recentemente o PMBOK trouxe para o seu âmbito essa discussão de dados de projetos com detalhes mais evoluídos. Falta ainda um pouco mais sobre a conexão entre esse tradicional framework de gestão de projetos e os conceitos de projetos de dados. Dados de projetos e projetos de dados, embora soem como um aparente jogo de palavras, têm aproximações. Na quinta edição do PMBOK Guide, houve, pela primeira vez, o desenvolvimento de alguns conceitos em direção ao patamar de Conhecimento, trilhando a hierarquia clássica de Dados, Informação, Conhecimento e Sabedoria, que recebeu o acrônimo DIKW (Data-Information-Knowledge-Wisdom). Essas definições, hoje já relativamente bem estabelecidas, ainda carecem de um consenso mais elaborado, principalmente nos dois últimos níveis, Conhecimento e Sabedoria, quando há a intervenção direta das sinapses humanas com a presença do bicho homem.

DI: DADOS E INFORMAÇÃO

Dados e Informação, os dois primeiros da cadeia, são classicamente reconhecidos e diferenciados. Por exemplo, um conteúdo mostrado como 10% e -6% são dois dados obtidos e armazenados em qualquer fonte, que representam pouco mais do que a configuração de bits para representar dois elementos granulares numéricos. Para eles se transformarem em informações, é necessário que se contextualize e apresentemos maiores informações sobre os metadados, como, por exemplo: o primeiro representa o desvio, em percentagem, do total de tempo gasto em horas no projeto com relação ao valor planejado. Ou seja, o Projeto P1 teve um desvio (para mais) de 10% do tempo planejado. O segundo dado representa a mesma coisa, só que um desvio negativo, ou seja, para menos, significando que terminou com 6% do tempo menor do que fora planejado. Assim, os dados, outrora meros elementos codificados, ganham uma contextualização inicial e se transformaram em informação. Os outros dados dos projetos P1 e P2, como os respectivos gerentes, o tipo de projeto, a equipe envolvida, o cliente atendido, o período de desenvolvimento, as particularidades da contratação, etc., se juntam para criar uma camada de informação mais rica que permitirá o alcance dos outros dois níveis superiores: o Conhecimento e a Sabedoria.

KW: KNOWLEDGE E WISDOM

Enquanto os dois primeiros não precisam das sinapses para entendê-los, pois são registros frios de fatos e dados/informação, os outros dois seguintes carecem desse processo de inteligência. Algumas definições de conhecimento podem ser trazidas para melhorar a nossa discussão: "Conhecimento é aplicação e o uso produtivo da informação", segundo Stan Davis e Jim Botkin. Já Karlsen e Gottschalk definem conhecimento como a "informação combinada com experiência, contexto, interpretação, reflexão, intuição e criatividade". Já Donk e Riezebos definem conhecimento como "o entendimento associado à habilidade de transformar informação em ações, as quais geram desempenho", aqui numa visão mais de conhecimento para controle estatístico de processo. Embora com variações, a percepção é de que o conhecimento transforma a informação, baseada em outros elementos processados pelo cérebro humano.

No caso do exemplo em andamento, os projetos P1 e P2, com seus elementos de informação, analisados pela visão humana baseada em experiência, contexto, interpretação, etc., é possível concluir que os dois, gerenciados pelo mesmo gerente, com tamanhos especificados em PF (pontos de função), ou estórias, de mesmo valor, atendendo o mesmo cliente e usando a mesma equipe, apresentaram variações significativas de desempenho por fatores, por exemplo, de contexto. Durante o período de desenvolvimento do projeto P1, a empresa estava imersa num contexto de fusão com outra empresa adquirida, onde o gerente de P1 teve papel relevante, com participações intensas no processo de "merge".

Isso poderia explicar, pelo conhecimento, os fatores que fizeram a provável diferença. É importante observar que esses elementos de conhecimento são obtidos pela percepção de pessoas envolvidas nos fatores e assim puderam observá-los e registrá-los como lições aprendidas. Esse ponto de registros de lições ao longo dos projetos é parte fundamental da Gerência de Conhecimentos, pois é ali que ele é retido e transmitido. A sabedoria, no último nível da escala, seria a equipe de PMO usar e aplicar esse conhecimento para evitar alocações semelhantes em momentos de fusões ou merges futuros.

Na versão do Guia PMBOK 5, houve um início de definição de graus de conformidade com a Gerência de Conhecimento, representada pela quadra DIKW. Os elementos foram segregados em três níveis:

- **Dados de desempenho de trabalho (Work performance data):** São as observações e medições em estado bruto, identificadas durante a execução das atividades de realização dos trabalhos do projeto. Exemplos incluem a percentagem registrada do trabalho fisicamente concluído, datas de início e término das atividades programadas, número de solicitações de mudanças e número de defeitos, custos reais, durações reais, etc.
- **Informações sobre o desempenho de trabalho (Work performance information):** Para se tornarem informações sobre o desempenho do trabalho, os dados de desempenho do trabalho são comparados com componentes do plano de gerenciamento, documentos e outras variáveis do projeto. Esta comparação indica como está o desempenho do projeto. Por exemplo, os dados de desempenho sobre custos podem incluir fundos que foram desembolsados. No entanto, para serem úteis, os dados têm que ser comparados com o orçamento, o trabalho que foi realizado, os recursos utilizados para realizar o trabalho e o cronograma financeiro. Estas informações adicionais fornecem o contexto para determinar se o projeto está de acordo com o orçamento ou se há uma variação. Também indicam o grau de variação do plano e, comparando-o com os limites de variação no plano de gerenciamento do projeto, podem indicar se uma ação preventiva ou corretiva é necessária. Interpretar os dados de desempenho do trabalho e as informações adicionais como um todo fornece um contexto que se torna uma base sólida para as decisões do projeto.
- **Relatórios de desempenho de trabalho (Work performance reports):** Nessa camada, o PMBOK não define "conhecimento" diretamente e estabelece que aqui esteja a representação física ou eletrônica das informações de desempenho de trabalho, compiladas em documentos de projetos, com o objetivo de gerar decisões, ações ou alertas. Entender as informações nesses veículos e traduzi-las em decisões precisas e ricas é função da competência de gerentes que leem os relatórios. Aqui, na realidade, estariam os conhecimentos gerados, observados, aprendidos e registrados por agentes partícipes do projeto, em pontos do seu ciclo, mas o conceito exposto não ficou tão claro naquele framework.

Na versão do Guia PMBOK 6, a criação de um novo processo denominado *Gerenciar o conhecimento do projeto* tornou esse guia ainda mais próximo do DMBoK. Esse processo passou a tratar de forma mais explícita a necessidade de se utilizar conhecimentos existentes e criar novos, seja para alcançar os objetivos do projeto (atual e futuros), seja para contribuir para a aprendizagem organizacional.

Esse processo divide o conhecimento em dois tipos:

- Explícito: conhecimento que pode ser facilmente codificado usando palavras, imagens e números.
- Tácito: conhecimento pessoal e difícil de expressar, como crenças, entendimentos, experiência e "know-how".

Ambos apresentam suas vantagens e desvantagens e, exatamente por isso, são tratados em conjunto para que um possa suprir as deficiências do outro.

O conhecimento explícito é mais fácil de codificar e compartilhar, mas nem sempre é entendido ou aplicado da maneira correta. Isso ocorre pois o usuário do conhecimento pode não ter participado da situação que o criou, e algumas informações de contexto mais específicas e granulares podem fazer falta na hora da interpretação. Um exemplo conhecido de conhecimento explícito é o registro de lições aprendidas. Um outro seria registros de produtividade da equipe, expressos em horas por ponto de função, segmentados por tecnologia, em uma base de dados organizacional.

Já o conhecimento tácito possui contexto incorporado, mas é muito difícil de codificar. Ele reside nas mentes dos especialistas individuais ou em grupos e situações sociais e normalmente é compartilhado através de conversas, interações entre pessoas, ferramentas de comunicação instantânea e "job shadowing".

CONFLUÊNCIA DOS CORPOS DE CONHECIMENTO (BOKS)

A governança de dados, casada com a gerência de dados, conforme a proposta do DM-BoK® V2, foca a sua preocupação com os dados nos diferentes âmbitos organizacionais. Embora não referenciado diretamente na versão final de 2017, o DMBoK® V2 (2ª edição) foi planejado com conceitos derivados de outros BOKs, como o PMI PMBOK e o IEEE SWEBOK (Software Engineering), conforme explicitado no documento DAMA DMBoK®2 Framework de 2014, de Patrícia Cupoli, Susan Earley e Deborah Henderson. O DMBoK® V2 trouxe também conceitos de governança de Data Science que se entrelaçam com o DS BoK, da Edison Data Science Competences Framework, focado especificamente nesse segmento emergente. Também a parte de segurança do DMBoK® V2 se encontra com CBK (Common Body of Knowledge), corpo de conhecimento para profissionais de segurança e privacidade de informação. Do BABoK (Business Analysis), a tangência com dados é clara. Vai da manutenção de regras de negócios ao ciclo de vida dos requisitos. A manutenção de regras de negócios se associa fortemente com a verificação da qualidade dos dados, um dos corpos de conhecimentos presentes em todos os frameworks de gestão de dados. A área de gerência de ciclo de vida de requisitos e de dados apresenta controles de tarefas para a gerência e manutenção destes elementos fundamentais, indo da concepção ao descarte. Os requisitos são os elementos DNA de qualquer projeto e, claro, envolvem os dados também, manifestos nos seus fluxos e derivados (na forma de casos de uso e histórias), servindo como base para o estabelecimento da linhagem de dados. Assim, se percebe claramente que, de certa forma, todos os BOKs apresentam tangências e conexões.

DADOS DE PROJETOS E PROJETOS DE DADOS

Depois dessa revisão sobre dados gerados em contextos de projetos que seguem processos, precisamos pensar nos Projetos de Dados e entender o entrelace entre dados de projetos e projetos de dados. Primeiro vamos definir este. Por exemplo, um projeto de DW, de BI, de Analytics, de IA, de MDM (dados mestres), de segurança de dados, de Big Data, etc., trata diretamente os dados, levando-os a um patamar de ativo organizacional gerenciado. Gerenciado significa entendido, integrado, controlado e mantido. Assim, um projeto de MDM com foco em integração de dados de pessoas na empresa será útil ao PMBOK no momento de se analisar a locação de gerentes e equipes de projetos, provendo informações integradas e com qualidade e confiabilidade. Isso também será válido no caso de integração de dados de clientes, num projeto que envolva vendas e relacionamentos. Outro ponto fundamental que já começa a ser adotado é a presença de gestores de dados (chamados de gestores de dados de projetos) nas equipes definidas para projetos, digamos, tradicionais. Esses recursos estarão presentes em projetos de sistemas com métodos tradicionais ou com métodos ágeis, exatamente para estabelecer essa visão de dados e de sua governança dentro daquele contexto. Poderão estar treinados em DMBoK®, aumentando mais ainda a aproximação dos dois corpos de conhecimento.

Em resumo, os projetos de dados permitirão a produção de fontes confiáveis de dados, informações e conhecimentos, seus metadados precisos e fundamentais, conceitos estes que poderão ser usados em quaisquer projetos na empresa. Logo, os projetos de dados são muito importantes no foco do uso do PMBOK. No fundo, esses BOKs todos (PMBOK, DMBoK, BABOK, CBOK, etc.) devem sempre andar juntos. São todos corpos de conhecimentos e conhecimento é a terceira camada no ciclo DIKW. Pense nisso...

CAPÍTULO 12

FINALIZAÇÃO: GD THINKING

OBJETIVO

Neste último capítulo, resolvi provocar o conceito de "thinking", tão comum hoje no batizado de novas ideias — design thinking, sketch thinking, anything thinking —, registrando num único desenho todo o conceito de governança de dados desenvolvido ao longo das muitas páginas anteriores. Usando os conceitos do 5W2H, estabeleci um diagrama com 8 pontos e, através deles, busquei sintetizar as ações que um consultor de GD deverá seguir. Claro, há inúmeros caminhos que uma consultoria em GD poderá trilhar para resolver os problemas de dados de uma empresa. Não tenho aqui nenhuma pretensão de que essa, esquematizada em 8 itens, seja a única ou até a melhor. Mas posso garantir que funciona desde que existam as condicionantes fundamentais. Concentremo-nos na figura 1. Ela mostra a sequência para se desenvolver um projeto de GD, com chances de sucesso, composta de 8 pontos. Detalharemos cada uma:

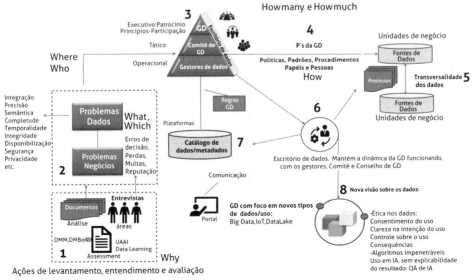

Figura 1: Modelo de Governança de dados: GD thinking

PARTIR DOS PROBLEMAS DE NEGÓCIOS, QUE PODEM AFETAR OU SEREM AFETADOS POR PROBLEMAS DE DADOS

O racional aqui é simples. É muito difícil você iniciar um projeto de GD sem que haja uma excelente razão de negócios. O projeto é complexo, tem viés cultural, envolve várias áreas e mexe com os dados que são considerados (por muitos) como propriedade particular. Assim, é fundamental ter um motivo "driver". Pode ser um problema recorrente de regulação e "compliance" que está impondo à empresa ofícios, multas, glosas, etc. Pode ser um problema crítico de gerência de dados (aquelas fatias que ficam em torno da rosácea da DAMA DMBoK®), como dados mestres, segurança, DW&BI, Big Data, data lake, IA, ou até mesmo os projetos obrigatórios de proteção de dados como GDPR, se você tem negócios na Europa, ou LGPD, em vigor no Brasil a partir de 2020. Assim, os problemas se desdobrarão em classes, digamos, de subproblemas. Se estivermos falando de dados regulatórios, você vai analisar os ofícios, autos de infração e poderá descobrir os dados, suas passagens por diversos sistemas, onde poderá haver definições ou conceitos diferentes para o mesmo elemento. Se for relativo a dados mestres, poderemos ter problemas de integração, com um elemento de dados manifestando-se em diversas fontes. Se forem cadastros centrais de dados críticos, poderemos ter valores faltantes, zerados, brancos ou com conteúdos inconsistentes. A forma de detecção dos problemas de negócios, que originam ou são originados de dados, pode se dar por entrevistas nas áreas afins, por análise de documentos, ou por métodos mais formais, como dinâmicas com grupos discutindo causas e soluções ou métodos de avaliação (assessment), baseados em frameworks clássicos, como DMM^{SM} ou DAMA DMBoK®. Falamos sobre isso no capítulo 3. Isso tem o sabor do *Why*.

ENTENDER E AVALIAR OS PROBLEMAS DE DADOS E CLASSIFICÁ-LOS POR CRITICIDADE E PRIORIDADE

O entendimento dos problemas e a sua classificação numa escala de criticidade é fundamental para você embasar os elementos de Patrocínio, que serão necessários para justificar um programa de GD e definir a ordem de suas ações. Veja que esses problemas detectados serão sempre classificados em uma ou mais das variadas escalas de qualidade de dados, discutidas no capítulo 8. Aqui se destacam os dados e metadados, que se relacionam com *Which* e *What*.

PENSAR NO ESTABELECIMENTO DE UM MODELO OPERACIONAL PARA ENFRENTAR OS PROBLEMAS DE DADOS

Agora que você já tem os problemas de dados relativamente bem avaliados, definidos e entendidos, poderá pensar em soluções tecnológicas, se for o caso, mas conjugar, independentemente, essa solução, com a abordagem de processos, propondo um programa de GD. Assim, você trará para o domínio da solução daqueles problemas, não somente a tecnologia, mas também aspectos organizacionais que garantirão uma solução mais sustentável. Nesse momento, você precisará definir um modelo operacional de GD, a ser discutido e aprovado com a alta gerência, que envolva camadas de gerentes e gestores, instituídos de uma autoridade que permita a aplicação de regras de controle sobre os dados. Estamos no *Who* e no *Where*. Aqui você já deverá ter observado as áreas envolvidas nos problemas de dados e uma matriz de responsabilidades poderá ajudar nessa fotografia. Um modelo operacional, conforme proposto anteriormente, passa por definir nas diversas camadas esses "stakeholders" envolvidos nas áreas e nos problemas de dados. Aqui você se prepara para responder as indagações do alto "board" sobre *How Much* e *How Many*. Nesse momento, você deverá dispor de três grandes pilares, definidos nos principais Ps da GD: Patrocínio, Princípios e Participação. Os capítulos 2 e capítulo 3 tratam desse assunto.

DEFINIR AS REGRAS PARA A MELHOR CONDUÇÃO DOS PROBLEMAS DE DADOS

Os problemas de dados, afora os aspectos tecnológicos, terão sua solução centrada em regramentos definidos no seu uso, compartilhamento e cuidados com a qualidade. Tudo partindo do modelo operacional de GD. Estamos falando dos outros Ps da GD, que envolvem a definição de Políticas, Padrões, Processos e Procedimentos, Pessoas e Papéis. Além disso, teremos os Indicadores de Performance para nos dar o guia do caminho adotado e dos alcances conseguidos. Aqui se concentram os aspectos de regras e procedimentos necessários para o funcionamento da GD. Tratamos sobre isso nos capítulo 2 e 3. Aqui chegamos ao *How*.

ENVOLVER OS PROCESSOS E AS ÁREAS ONDE ESSES PROBLEMAS DE DADOS SE MANIFESTAM COM MAIOR INTENSIDADE OU TRANSITAM COM MAIOR FLUIDEZ

É importante nunca se esquecer de que os problemas de dados podem passar também, de forma colateral ou direta, por problemas de processos. Assim, é fundamental entender os dados em si e também os seus movimentos. O ciclo de vida dos dados, passando por uma ou mais áreas de negócios (transversalidade) deverá ser bem entendida e decodificada para a definição de uma solução. Isso implicará no conhecimento e em eventuais modificações ou redesenhos dos processos do ciclo de vida dos dados.

PENSAR NA EXISTÊNCIA DE UM PEQUENO NÚCLEO (ESCRITÓRIO DE DADOS), QUE FAÇA O PAPEL DE DÍNAMO (NO SENTIDO DE FAZER AS AÇÕES DE GD SE MANTEREM NO AR), SABENDO O QUE E ONDE ESSAS AÇÕES SOBRE OS DADOS ESTÃO ACONTECENDO NAQUELE MOMENTO

A GD não anda sozinha. Além do modelo operacional, mostrado pela pirâmide, há que se ter uma contínua observação sobre os andamentos dos processos de dados e as soluções dedicadas aos seus eventuais problemas. Um escritório de dados é uma célula que objetiva estabelecer uma tela de radar sobre os movimentos sobre os dados na empresa. Enquanto o modelo operacional define regras (via Gestores, Comitês e Conselho de GD), o escritório de dados, juntamente com os gestores de dados de negócios e de TI, acompanham suas aplicações, suas pendências e encaminham discussões para os níveis acima.

DEFINIR ALGUMAS PLATAFORMAS QUE AJUDARÃO NA OPERACIONALIZAÇÃO DA GD, VISTO QUE EXCEL E OFFICE FUNCIONAM BEM, PORÉM PODEM ATINGIR LIMITES

A GD poderá se utilizar, até um certo ponto, de ferramentas tradicionais encontradas em todas as empresas (Excel, Office, SharePoint, etc.) A partir de um certo ponto, novas plataformas (outro P) serão exigidas, visando melhor desempenho quando, por exemplo, volumes crescem, novas funcionalidades mais específicas são demandadas, como um catálogo ou glossário de dados, ou uma melhor estratégia de comunicação exigirá um portal de GD.

NOVA VISÃO SOBRE OS DADOS

A GD, na era da sociedade digital, já está a exigir uma nova forma de olhar esses recursos. Estender a sua visão sobre os dados e entender que esses recursos estão mais fluidos, elásticos e presentes em outras camadas que não são as tradicionais com que sempre nos defrontamos com eles. Ontem eram bancos de dados, data warehouse, data marts e ODS. Hoje são usos de dados em outros domínios como SSBI (Self-Service BI) e IA (inteligência artificial), IoT, redes neurais profundas, com aspectos críticos de segurança, privacidade e, principalmente, ética. Assim, como GD também implica em entender e cuidar do uso dos dados e não somente as suas estruturas, as coisas ganharão nuances diferentes. Falamos sobre isso no capítulo 6.

Se chegou até essas últimas linhas, entendo que perceba a importância dos dados na vida das empresas, na inovação e na busca de novos caminhos de negócios. Espero que esse livro tenha incorporado um pouco mais de informação aos dados que balizam a sua vida como profissional da área. Lembre-se que, como já foi dito várias vezes, governança de dados é **nem tanto** Governança, **nem tanto** Dados, mas **fundamentalmente** as pessoas.

CAPÍTULO 13

DADOS COMO ATIVOS ORGANIZACIONAIS

MANIFESTO DOS LÍDERES DE DADOS

Em junho de 2017, estive em San Diego, na Califórnia, para participar da Conferência sobre Governança e Gerência de Dados e trazer ideias mais evoluídas para clientes e alunos, como, aliás, faço com frequência. Todas as vezes que vou, me encontro com Danette McGilvray, de quem fiquei amigo há tempos, para umas conversas sobre dados e também sobre a vida.

Para quem não conhece, Danette McGilvray é uma das maiores autoridades em qualidade de dados (e, de forma indireta, em gestão e governança de dados dos EUA) Autora de um livro clássico sobre QD, *Executing Data Quality Projects*, gira o mundo dando treinamento e consultoria nessa área. Nessa nossa conversa, Danette me falou sobre um movimento que ela, juntamente com outros especialistas da área de dados de lá, como John Ladley, Kelle O'Neal, James Price e Tom Redman, estariam fazendo para alavancar os conceitos de dados como ativo fundamental das empresas. Uma espécie de manifesto sobre os dados, "gritando" sobre a importância de se mexer com a cabeça dos que dirigem as empresas e ainda não se aperceberam do quão fundamental é cuidar bem desses ativos da organização.

O Manifesto dos Líderes de Dados guarda semelhança com o Manifesto Ágil, lançado em 2001, quando 17 relevantes autores, consultores e profissionais da área de desenvolvimento definiram uma posição sobre a importância de se pensar novos caminhos para o desenvolvimento de software. O Manifesto ganhou corpo e alma e hoje o movimento Ágil é uma realidade incontestável, adotada na grande maioria das empresas que fazem software no mundo. O Manifesto de Dados tem o mesmo objetivo e certamente seguirá o mesmo caminho.

O Manifesto dos Líderes de Dados foi traduzido para o português por Bergson Lopes Rêgo, atual presidente da DAMA Brasil, e por mim. No site criado pelos autores americanos para esse movimento, a versão em português do Manifesto foi a primeira tradução feita, seguindo a publicação do texto original. Hoje o documento já está traduzido para outras línguas e você pode acessar e ler o Manifesto dos Líderes de Dados nos links abaixo:

- https://dataleaders.org/manifesto/
- https://dataleaders.files.wordpress.com/2017/07/manifesto-portuguese.pdf (versão português)

Se você é da área de dados ou entende a importância deste ativo para a empresa e a sociedade digital, ajude a divulgar. Agradecemos por isso.

Capítulo 14
GERENTE E REGENTE: AS SUTILEZAS DE UM ANAGRAMA

A implantação de governança de dados demanda forte presença gerencial em todos os níveis. Além disso, uma equipe "cross-funcional" deverá trabalhar como uma orquestra afinada, em que cada um desempenha a sua função (por exemplo, os gestores de dados localizados em cada área de negócios com certo grau de independência), porém alinhados com uma gerência central que definirá as regras, via políticas, padrões, etc., e que resolverá pendências. Essa gerência central, por sua vez, deverá ser conduzida visando o alcance dos objetivos de dados e de negócios da empresa, tendo forte conexão com as áreas no seu entorno, com alta capacidade de comunicação, porém sem protagonismo. Um escritório de dados e as áreas envolvidas na GD que conduzirão a implementação na empresa deverão observar as sutilezas que separam as palavras "gerência" e "regência". Por isso, escrevi essas reflexões finais na forma de uma crônica livre, fruto de observações da vida e das experiências em consultoria, por muitos anos em dados e processos.

Domingo das cores de abril. Praça da Liberdade, céu azul de soneto, Orquestra Sinfônica e repertório dos Beatles. Melhor combinação, pra quê? Encosto numa das palmeiras imperiais da Liberdade. Gigantesca, tronco firme, malcuidada, com o verde da esperança, bem distante, lá longe, lá no topo... Parece o Brasil daquele momento. Pessoas se aglomeram. Repertório aberto, será que tocarão Anna?, sucesso dos anos 70, penso eu. Provavelmente não... Olho de lado e vejo que pessoas pisam na grama... Ana, grama... Esquisito, não é? Acho que meu hipotálamo inquieto tá querendo dizer algo, sei lá. Presto atenção no palco, embora com ângulo desfavorável. De repente olho o maestro. O maestro regente. Regente é anagrama de gerente. De novo uma mensagem subliminar. Ok, entendi... Thanks, cerebelo... Assim, me pus a pensar na diferença entre eles: o regente e o gerente. Os dois conduzem pessoas da sua equipe aos seus objetivos nobres e finais, cada qual na sua especialização. Um coordena o projeto, o outro a flauta doce. Um se vale do cronograma, o outro da partitura. Um segue um plano de projeto e o outro os caminhos da clave de Sol. Muitas coisas comuns alinhavam esses dois personagens. Há, entretanto, uma diferença fundamental. O Regente sugere ter uma certa propensão a destaque de bateria. Se posta como uma atração em separado, fisicamente à frente da equipe, embora de costas para o seu usuário final, o público. Não sei se por necessidade técnica, mas o regente tem todo um gestual próprio dos grandes protagonistas. Aponta a batuta com movimentos suaves e flutuantes de braço e tronco, que chamam a atenção para si e "discretizam" os verdadeiros heróis da equipe, que são os músicos. Apaga o clarinetista da cena, remove virtualmente o pianista do palco e se transforma no foco visual do espetáculo. O bom gerente faz o contrário, se mimetizando na equipe que coordena. Sua presença, mais do que vista, é percebida e sentida. Coordena pelo conhecimento, conduz pelos detalhes da presença e a sua batuta é a força da comunicação e o magneto da integração entre pessoas. Quando observa a sua equipe, o gerente deve ser somente mais um da orquestra. Ouso dizer que aqueles músicos da Sinfônica de domingo tocariam *Yesterday* sem a presença do regente. Mas nunca o regente faria aquela apresentação sem os músicos... É, faz sentido... Gerente deve ser mais mestre e menos maestro e ter cuidados para não ser um regente com tiques de destaque. *Here, there and everywhere...*

REFERÊNCIAS

ABELSON, H.; LEDEEN, K.; LEWIS, H. *Blown to Bits*: Your Life, Liberty, and Happiness after the Digital Explosion. Boston: Addison-Wesley, 2008.

AMARAL, F. *Introdução à Ciência de Dados*. Rio de Janeiro: Alta Books, 2016.

AMBLER, S.; LINES, M. *Disciplined Agile Delivery:* A Practitioner's Guide to Agile Software Delivery in the Enterprise. Indianapolis: IBM Press, 2012. E-book.

_____. *Introduction to Disciplined Agile Delivery*. [S.l.]: Disciplined Agile Consortium, 2015.

ARAUJO, C. S.; MEIRA, W.; ALMEIDA, V. Identifying Stereotypes in the Online Perception of Physical Attractiveness. In: SPIRO, E.; AHN, Y. Y. (eds). *Social Informatics*: SocInfo 2016. Lecture Notes in Computer Science, vol. 10046. [S.l.]: Springer, 2016. Cham.

AYRES, I. *Super Crunchers*. Rio de Janeiro: Ediouro, 2007.

BAKER, B. *How to design visual templates:* 99 examples. 2016. E-book.

BAKER, S. *Numerati*. São Paulo: ARX, 1995.

BATIA, P. *Be ready for GDPR*: Let us check your readiness for General Data Protection Regulation (GDPR). 2017. E-book.

BARBIERI, C. ; FARINELLI, F. Análise da Pesquisa-O perfil das empresas brasileira em gestão e governança de dados. FUMSOFT. Publicado em : jan. 2013. Disponível em : < http://bit.ly/2BU34Zg >, Acesso em 01 fev. 2013.

_____. Uma visão sintética e comentada do Data Management Body of Knowledge -DMBOK. FUMSOFT. Publicado em : jan. 2013. Disponível em : <https://cutt.ly/xJtPhO >, Acesso em 01 fev. 2013.

BARBIERI, C. *Canvas*. MGD: Melhoria de Gestão de Dados. CBCA Material de treinamento (2014-2015).

_____. *Canvas*. P da Governança de Dados. CBCA Material de treinamento (2014-2015).

Beck, K.; Beedle, M.; Bennekum, M.; Cockburn, A.; Cunnigham, W.; Greening, W.; Hingsmith, J.; Fowler, M.; Hunt, A.; Jeffries, R.; Kern, J.; Marick, B.; Martin, R.; Mellor, S.; Schwaber, K.; Sutherland, J.; Thomas, D. The Agile Manifesto-Manifesto for Agile Software Development. Disponível em: <https://agilemanifesto.org>. Acesso em: 31 mar. 2017.

BELL, G.; GEMMEL, J. *Total Recall*: How the E-Memory Revolution Will Change Everything. New York: Dutton, 2009.

BERG, N., BRYAN, R. *Walmart*: A estratégia vencedora do gigante do varejo mundial. São Paulo: Campus, 2012.

BERTOLLUCI, J. Big Data Analytics: Descriptive Vs. Predictive Vs. Prescriptive. Publicado em: 31 dez. 2013. Disponível em: <https://www.informationweek.com/big-data/big-data-analytics/big-data-analytics-descriptive-vs-predictive-vs-prescriptive/d/d-id/1113279?>. Acesso em: 12 fev. 2018.

BUILDING AN EUROPEAN AREA OF JUSTICE. Disponível em: <http://ec.europa.eu/justice/data-protection/index_en.htm#>. Acesso em: 4 jan. 2017.

BURBANK, D. Metadata Management. 6 Modules Online Training. Disponível em: <https://training.dataversity.net/lms/>. Acesso em: 12 ago. 2016. Dataversity Education, LLC, 2016.

CARRUTHERS, C; JACKSON, P. *The Chief Data Officer's Playbook*. London: Facet Publishing, 2018.

CHELLIAH, C. With Data Sovereignty, Location Isn't Everything. *Oracle UK*. Disponível em: <https://www.oracle.com/uk/cloud/paas/features/data-sovereignty/index.html>. Acesso em: 7 jan. 2018.

CMMI INSTITUTE. Data Management Maturity (DMM)^{SM} Model. Version 1.0. August 2014.

_____. Modelo Data Management Maturity (DMM)^{SM}. Versão 1.0. Agosto de 2014.

_____. Data Management Maturity (DMM)^{SM} Model. *Introduction*. University of Ottawa. dez. 2014.

_____. Introduction to DMM Concepts. *Course*. mar. 2015. Washington DC.

COMPUTERWORLD. Chief Data Officers ganham equipe, força e lideram empresas para o digital. Publicado em: 17 jun. 2017. Disponível em: <http://computerworld.com.br/chief-data-officers-ganham-equipe-forca-e-lideram-empresas-para-o-digital>. Acesso em: 10 fev. 2018.

COUNTOURAL. *What's the Difference Between Information Governance and Data Governance?* Publicado em 26 jun. 2014. Disponível em: <www.youtube.com/watch?v=CpohoQcApoc>. Acesso em: 11 jan. 2016.

CUPOLI, P.; EARLEY, S.; HENDERSON, D. DAMA DMBOK2 Framework. set. 2012.

DAMA INTERNATIONAL. *DAMA DMBoK:* Data Management Body of Knowledge. 2nd edition. Basking Ridge, New Jersey: Technics Publications, 2017.

_____. *The DAMA Guide to the Data Management Body of Knowledge*: DAMA DMBOK Guide. New Jersey: Technics Publications, LLC, 2009.

DARNELL, L. *The Internet of Things*: A Look at Real World Use Cases and Concerns. 2015. E-book.

DAVENPORT, T. *Big data @ work*: Dispelling the Myths, Uncovering the Opportunities. Boston: Harvard Business School Publishing Corporation, 2014. E-book.

DAVIS, S.; BOTKIN, J. The Coming of Knowledge-Based Business. *Harvard Business Review*. September-October 1994. Disponível em: <https://hbr.org/1994/09/the-coming-of-knowledge-based-business>. Acesso em: 7 jan. 2018.

_____. *The Monster Under the Bed*: How Business is Mastering the Opportunity of Knowledge for Profit. New York: Simon & Schuster, 1994.

DEBIZE, T.; BRAIK, M. Hadoop Safari: Hunting for Vulnerabilities. Wavestone. Disponível em: <http://archive.hack.lu/2016/Wavestone%20-%20Hack.lu%202016%20-%20Hadoop%20safari%20-%20Hunting%20for%20vulnerabilities%20-%20v1.0.pdf> Acesso em: 7 jan. 2018.

DEBIZE, Thomas; BRAIK, Mehdi. Hunting Hadoop vulnerabilities. Wavestone. Disponível em: <http://archive.hack.lu/2016/Wavestone%20-%20Hack.lu%202016%20-%20Hadoop%20safari%20-%20Hunting%20for%20vulnerabilities%20-%20v1.0.pdf>. Acesso em: 7 jan. 2018.

DEZYRE. Types of Analytics: Descriptive, Predictive, Prescriptive Analytics. Disponível em: <https://www.dezyre.com/article/types-of-analytics-descriptive-predictive-prescriptive-analytics/209>. Última atualização: 22 jan. 2018. Acesso em: 12 fev. 2018.

DONK, D. P.; RIEZEBOS, J. Exploring the Knowledge Inventory in Project-Based Organizations: a case study. *International Journal of Project Management*. v. 23. Issue 1. jan. 2005. p. 75-83.

EARLEY, S.; HENDERSON, D.; CUPOLI, P. *DAMA DMBOK2*. Framework. set. 2012.

ELMASRI, R.; NAVATHE, S. *Fundamentals of Data Base Systems*. Boston: Addison-Wesley, 2000.

ENGLISH, L. *Information Quality Applied*. Indianapolis: Wiley Publishing. Inc., 2009.

EU General Data Protection Regulation (EU-GDPR). Disponível em: <http://www.privacy-regulation.eu/en/index.htm>. Portal GDPR. Disponível em: <http://www.eugdpr.org/eugdpr.org.html>. Acesso em: 4 jan. 2017.

EU General Data Protection Regulation (GDPR). *An Implementation and Compliance Guide*. [S.l.]: IT Governance Publishing, 2016.

EUROPEAN COMMISSION. Regulation of the European Parliament and of the Council. Disponível em: <http://www.europarl.europa.eu/RegData/docs_autres_institutions/commission_europeenne/com/2012/0011/COM_COM(2012)0011_EN.pdf>. Acesso em: 5 jan. 2017.

FISHER, T. *The Data Asset*: How Smart Companies Govern Their Data for Business Success. Indianapolis: Wiley & SAS Business Series, 2010.

FOULSHAM, M.; HITCHEN, B. *GDPR:* Guiding Your Business to Compliance. 2017. E-book.

FOWLER, A. *NoSQL for dummies*. Indianapolis: John Wiley & Sons, 2015. E-book.

GASSER, U.; ALMEIDA, V. A. F. A Layered Model for AI Governance. *IEEE Internet Computing* 21 (6) nov-dec. 2017. p. 58-62. DOI: 10.1109/MIC.2017.4180835.

GIORDANO, A. *Performing Information Governance*: A Step-by-Step to Making Information Governance Work. Indianapolis: IBM Press, 2015.

GLEICK, J. *The Information*. New York: Pantheon Books, 2011.

GOEDERT, J. Patient Data Thefts Result in Sanctions for 21st Century Oncology. Publicado em: 3 jan. 2018. Disponível em: <https://www.information-management.com/news/patient-data-thefts-result-in-sanctions-for-21st-century-oncology?utm_campaign=security%20briefing-jan%209%202018&utm_medium=email&utm_source=newsletter&eid=aef02b912dc81019e81030ca97aa0f7d>. Acesso em: 9 jan. 2018.

GRAZIANO, K. *A Check List for Doing Data Model Design Reviews*. [S.l.]: Data Warrior LLC, 2012.

GRUS, J. *Data Science do Zero*. Rio de Janeiro: Alta Books, 2016.

HARIDY, R. The Quantified Vagina: This Startup Aims to Track Womens's Health Through Smart Tampons. Publicado em: 31 maio 2016. Disponível em: <https://www.fastcompany.com/3059799/the-quantified-vagina-this-startup-aims-to-track-womens-through-smart-tampons>. Acesso em: 23 dez. 2017.

_____. FDA Approves First Smart Pill that Tracks Drug Regimen Compliance from the Inside. Publicado em: 14 nov. 2017. Disponível em: <https://newatlas.com/smart-digital-pill-fda-approval/52187>. Acesso em: 26 dez. 2017.

HASSELBACH, G.; TRANBERG, P. *Data Ethics*: The New Competitive Advantage. [S.l.]: PubliShare, 2016.

HOBERMAN, S. *Data Modeling Made Simple*. Bradley Beach, NJ: Technics Publications, 2009.

IA cria filmes pornográficos fake com imagens públicas de celebridades. CanalTech [on-line], 13 dez. 2017. Disponível em: <https://canaltech.com.br/bizarro/ia-cria-filmes-pornograficos-fakes-com-imagens-publicas-de-celebridades-105126/>. Acesso em: 04 jan. 2018.

IBM. The New Hero of Big Data and Analytics. *IBM Global Business Services*. Disponível em: <http://www.isaca.org/Groups/Professional-English/big-data/GroupDocuments/The%20new%20hero%20of%20big%20data%20and%20analytics%20Chief%20Data%20Officer%20Exec%20Report%20v2.pdf>. Acesso em: 10 fev. 2018.

INFORMATICA BLOG. Disponível em: <blogs.informatica.com/2014/09/03/information-governance-vs-data-governance-who-cares/#fbid=PdxJV4o2rcm>. Acesso em: 11 jan. 2016.

IT GOVERNANCE PRIVACY TEAM. *EU General Data Protection Regulation (GDPR)*: An Implementation and Compliance Guide. [S.l.]: IT Governance Ltd, 2016. E-book.

JAGADISH, H. Ethics on Data Science (DS101X). Curso EAD. Universidade de Michigan, Disponível em: <https://courses.edx.org>. Acesso em: out. 2017.

KARBALIOTIS, C. The Nightmare Letter: A Subject Access Request under GDPR. Publicado em: 9 mar. 2017. Disponível em: <https://www.linkedin.com/pulse/nightmare-letter-subject-access-request-under-gdpr-karbaliotis/>. Acesso em: 9 mar. 2017.

KARLSEN, J. T.; GOTTSCHALK, P. Factors Affecting Knowledge Transfer in IT Projects. Disponível em: <https://www.researchgate.net/publication/276095532_Factors_Affecting_Knowledge_Transfer_in_IT_Projects.ResearchGate>. Acesso em: 2015.

KENT, W. *Data & Reality*. North-Holland: [s.n.], 1978.

_____. *Data & Reality*: Updated by Steve Hoberman. 3th edition. Woodmere Drive, Westfield, NJ: Technics Publications, 2012.

KETTENSTOCK, F. What's the Difference Between Data Sovereignty and Data Safety? *Protonet*. Publicado em: 13 jun. 2016. Disponível em: <https://protonet.com/blog/whats-difference-data-sovereignty-data-safety/>. Acesso em: 8 jan. 2018.

LADLEY, J. *Data Governance*: How to Design, Deploy and Sustain Effective Data Governance Program. Waltham, MA: Morgan Kaufmann, 2012. E-book.

LASPROGATA, G.; COLANER, N.; OLSEN, B. Curso EAD. Ethics and Law in Analytics and AI (DAT249x). Universidade de Seattle. Disponível em: <https://courses.edx.org>. Acesso em: nov. 2017.

LAUCHLAN, S. US Rule 41 Makes Data Sovereignty Even More Complicated for Cloud Buyers. *diginomica/government*. Publicado em: 5 dez. 2016. Disponível em: <https://diginomica.com/2016/12/05/us-rule-41-makes-data-sovereignty-even-complicated-cloud-buyers/>. Acesso em: 7 jan. 2016.

LEINWAND, A. Is Data Sovereignty a Barrier to Cloud Adoption? *Forbes Council*. Disponível em: <https://www.forbes.com/sites/forbestechcouncil/2017/04/11/is-data-sovereignty-a-barrier-to-cloud-adoption/>. Acesso em: 7 jan. 2018.

LOHR, S. *Data-Ism*: The Revolution Transforming Decision Making, Consumer Behavior, and Almost Everything Else. New York: HarperCollins, 2014.

LOUKIDES, M., MASON, H., PATIL, DJ. *Ethics and Data Science*. Gravenstein Highway North, Sebastopol: O'Reilly Media, Inc, 2018. E-book.

LOSHIN, D. *Master Data Management*. Burlington: Morgan Kaufmann, 2009.

LU, J. et al. Recommender System Application Developments: A Survey. *Decision Support Systems*, v. 74, jun. 2015, p. 12-32, ISSN 0167-9236. Disponível em: <https://www.sciencedirect.com/science/article/pii/S0167923615000627>. Acesso em: 7 jan. 2018.

MAGNO, A. *Happy Melli-Learning 3.0*. Material de Treinamento. Junilson Souza (Facilitador), 2015.

_____. *Learning 3.0*. Happy Melli. Material de Treinamento. Junilson Souza (Facilitador). 2015.

MARR, B. *Data Strategy*: How to Profit from a World of Big Data, Analytics and the Internet of Things. London: Kogan Page, 2017.

MATSUURA, S. Inteligência artificial detecta padrões cerebrais dos pensamentos suicidas. O Globo, Rio de Janeiro, 31 out. 2017. Disponível em: <https://oglobo.globo.com/economia/inteligencia-artificial-detecta-padroes-cerebrais-dos-pensamentos-suicidas-22015064>. Acesso em: 04 jan. 2018.

MAYER-SCHÖNBERGER, V. *Delete*: The Virtue of Forgetting in the Digital Age. Princeton: Princeton University Press, 2009.

McGILVRAY, D. *Executing Data Quality Projects*: Ten Steps to Quality Data and Trusted Information. New York: Morgan Kaufmann, 2008.

_____. Data Quality Essentials: What Everyone in Your Organization Needs to Know. 3 Modules Online Training. *DataVersity*, LLC, 2016. Disponível em: <https://training.dataversity.net/lms/>. Acesso em: 2 ago. 2016.

MICROSOFT AZURE. *What is Cloud Computing?* A Beginner's Guide. Disponível em: <https://azure.microsoft.com/en-us/overview/what-is-cloud-computing/>. Acesso em: 15 maio 2016.

MITAL, N.; KUMAR, S.; ASHISH, V.; FRANK, D. Enterprise Data Sovereignty: If You Love Your Data, Set it Free. Tech Trends 2018. *Deloitte Insights*. Disponível em: <https://www2.deloitte.com/insights/us/en/focus/tech-trends/2018/data-sovereignty-management.html>. Acesso em: 7 jan. 2018.

MITCHELL, T. M. *Machine learning*. New York: McGraw-Hill, 1997.

MODELO DATA MANAGEMENT MATURITY (DMM). Versão 1.0. CMMI Institute. Agosto de 2014.

MONTEIRO, R. Lei Geral de Proteção de Dados do Brasil: análise contextual detalhada. Disponível em: <https://www.jota.info/opiniao-e-analise/colunas/agenda-da-privacidade-e-da-protecao-de-dados/lgpd-analise-detalhada-1407201>. Acesso em: 7 ago. 2018.

MPS: Melhoria de Processo de Software. *Guia de Avaliação*: 2017, Parte 1.

MPS: Melhoria de Processo de Software. *Guia de Avaliação*: 2017, Parte 2.

MPS: Melhoria de Processo de Software. *Guia Geral de Software*: 2016.

NADIPALLI, R. Future-Proof your Data Lake with the Proper Architecture. Publicado em: 7 fev. 2018. Disponível em: <https://resources.zaloni.com/webinars/data-lake-future-proof-big-data-architecture>. Acesso em: 12 fev. 2018.

NEW YORK TIMES. Walmart Goes to the Cloud to Close Gap With Amazon. Disponível em: <https://www.nytimes.com/reuters/2018/02/14/business/14reuters-walmart-cloud.html>. Acesso em: 14 fev. 2018.

O´NEIL, C. Weapons of math destruction: How Big Data increases inequality and threatens democracy . New York: Broadway Books, 2016. [E-Book, Kindle].

O´NEIL, K. Data Governance. 7 Modules Online Training. *DataVersity*, LLC, 2016. Disponível em: <https://training.dataversity.net/lms/>. Acesso em: 12 jul. 2016.

OSTEWALDER, A., PIGNEUR,Y. *Business Model Generation:* Inovação em Modelos de Negócios. Rio de Janeiro: Alta Books, 2011.

PEÑA-GANGADHARAN, S.; EUBANKS, V.; BAROCAS, S. *Data and Discrimination*: Collected Essays. New America: Open Tecnology Institute, 2014. Disponível em: <https://na-production.s3.amazonasws.com/documents/data-and-discrimnation.pdf >. Acesso em: 29 mar. 2017.

PIPINO, L.; LEE, Y.; WANG, R.; FUNK, J. *Journey to Data Quality*. Cambridge: The MIT Press, 2010.

PLOTKIN, D. A complete Guide to Data Stewardship. In: *Data Governance Winter Conference*, 2016, Delray Beach. Apostila de curso. [S.l.]: DataVersityEditora, 2016.

_____. Data Stewardship: An actionable guide to effective data management and data governance. Amsterdam: MK-Elsevier, 2014. [E-Book, Kindle].

PMI. *Um guia do conhecimento em gerenciamento de projetos:* Guia PMBOK®. 5. ed. EUA: Project Management Institute, 2013.

PMI. *Um guia do conhecimento em gerenciamento de projetos. Guia PMBOK®* 6a. ed. EUA: Project Management Institute, 2017.

REDMAN, T. *Getting in front on Data*: Who Does What. Denville, New Jersey: Technics Publications, 2016. E-book.

SADALAGE, P.; FOWLER, M. *NoSQL distilled*. Boston: Addison-Wesley, 2013.

SAK, H.; SENIOR, A.; BEAUFAYS, F. Long Short-Term Memory Recurrent Neural Network Architectures for Large Scale Acoustic Modeling. In: *Fifteenth Annual Conference of the International Speech Communication Association*, 2014.

SARSFIELD, S. *The Data Governance Imperative*. Ely: IT Governance Publishing, 2009.

SEIFE, C. *Os números não mentem*. Rio de Janeiro: Zahar, 2010.

SEINER, R. 47 Percent Of Organizations Globally Have Major Doubts They Will Meet GDPR Deadline. Disponível em: <https://eugdpr.com/news/47-percent-organizations-globally-major-doubts-will-meet-gdpr-deadline/>. Acesso em: 4 fev. 2018.

_____. Agile and Data Governance. Bridging the gap. Webinar. DataVersity. Disponível em: <www.slideshare.net/Dataversity/realworld-data-governance-webinar-agile-and-data-governance-bridging-the-gap-43724309/>. Acesso em: 31 mar. 2017.

_____. Apply Data Governance to Agile Efforts. Webinar. *DataVersity*. Disponível em: <www.dataversity.net/rwdg-webminar-apply-data-governance-agile-efforts/>. Acesso em: 31 mar. 2017.

_____. *Non-Invasive Data Governance*. Denville, New Jersey: Technics Publication, LLC, 2014. E-book.

SHARMA, B. The Four Zones of Data Lake Architecture. Publicado em: 26 set. 2016. Disponível em: <https://resources.zaloni.com/webinars/four-zones-of-data-lake-architecture>. Acesso em: 12 fev. 2018.

SIMSION, G.; ROE, C. Big Challenges in Data Modeling. *DataVersity*, 2012. Disponível em: <http://content.dataversity.net/Q412BigChallengesinDataModeling_ResearchPaper.html>. Acesso em: 31 mar. 2016.

SINEK, S. *Start With Why*. São Paulo: Portfolio, 2009.

SMITH, K. Big Data Security: The Evolution of Hadoop's Security Mode. *InfoQ*. Publicado em: 14 ago. 2013. Disponível em: <https://www.infoq.com/articles/HadoopSecurityModel>. Acesso em: 7 jan. 2018.

SOARES, S. *The IBM Data Governance Unified Process*. Ketchum, ID: MC Press Online, 2011.

_____. *Big Data Governance*: An Emerging Imperative. Ketchum, ID: MC Press, 2012. E-book.

_____. *Data Governance Tools*: Evaluation Criteria, Big Data Governance, and Alignment with Enterprise Data Management. Boise, ID: MC Press, 2014. E-book.

SOARES, S.; GALLMAN, M.; BASIL, P. *Data Sovereignty and Enterprise Data Management*: Extending Beyond the European Union General Data Protection Regulation. Harrington Park, New Jersey: Information Asset LLC, 2017.

_____. Data Sovereignty. *Whatis.com*. Disponível em: <http://whatis.techtarget.com/definition/data-sovereignty>. Acesso em: 06 jan. 2018.

SOFTEX. MPS.BR. Guia de Implementação: Parte 6: Fundamentação para Implementação do Nível B do MR-MPS, 2009, maio 2009. Disponível em: <www.softex.br>. Acesso em: 21 mar. 2017

SPIJKER, A. *The New Oil*: Using Innovative Business Models to Turn Data Into Profit. Denville, New Jersey: Technics Publications, 2014.

STAMFORD, C. Gartner Survey Finds Chief Data Officers Are Delivering Business Impact and Enabling Digital Transformation. Publicado em: 6 dez. 2017. Disponível em: <https://www.gartner.com/newsroom/id/3835963>. Acesso em: 10 fev. 2018.

STARLING, H. *Data Governance Simplified*: Creating and Measuring Trusted Data for Business. [S.l.]: CreateSpace Independent Publishing Platform, 2015. E-book.

STEPHENS-DAVIDOWITZ, S. *Everybody Lies*: Big Data, New Data, and What the Internet Can Tell Us About Who We Really Are. [S.l.]: Dey Street Books, 2017. E-book.

SUTHERLAND, J. *Scrum*: A arte de fazer o dobro do trabalho na metade do tempo. São Paulo: Leya, 2014.

TANCER, B. *Click*. Rio de Janeiro: Editora Globo, 2008.

TDWI. Big Data Maturity Model and Assessment Tool. Disponível em: <tdwi.org>. Acesso em: 25 jun. 2015.

TECNOLOGIA adivinha orientação sexual por meio de reconhecimento facial. Forbes [on-line], 29 set. 2017. Disponível em: <https://forbes.uol.com.br/colunas/2017/09/tecnologia-adivinha-orientacao-sexual-por-meio-de-reconhecimento-facial/>. Acesso em: 04 jan. 2018.

THE UNIVERSITY OF UTAH. Programming and Prejudice: Utah Computer Scientists Discover How to Find Bias in Algorithms. Publicado em: 14 ago. 2015. Disponível em: <http://unews.utah.edu/programming-and-prejudice>. Acesso em: 7 jan. 2018.

VERIZON. Data Breach Investigations Report. Executive Summary, 2017. Disponível em: <www.verizonenterprise.com/verizon-insights-lab/dbir/2017/>. Acesso em: 20 jan. 2018.

VIGEN, T. *Spurious Correlations*: Correlation does not Equal Causation. [S.l.]: Hachette Books, 2017. E-book.

VISE, D.; MALSEED, M. *Google*: a história do negócio de mídia e tecnologia de maior sucesso dos nossos tempos. Rio de Janeiro: Rocco, 2005.

WIKIPEDIA. Microsoft Corp v. United States. Disponível em: <https://en.wikipedia.org/wiki/Microsoft_Corp._v._United_States>. Acesso em: 7 jan. 2018.

WIKIPEDIA. SQL. Disponível em: <https://en.wikipedia.org/wiki/SQL>. Acesso em: 07 jan. 2018.

ZACHMAN, J. A Framework for Information Systems. *IBM Systems Journal*, v. 26, n. 3, p. 276 (1987, 1988, 1991).

ZIMMERMANN, L. V. (Org.); PORTUGAL, B. (Coord.). *Governança corporativa para pequenas e médias empresas.* Contagem: Editora LTR, 2015.